다산의 생각을 따라

다산의 생각을 따라
—다산학을 말하다 2

초판 1쇄 발행 2023년 6월 15일

지 은 이 | 박석무
펴 낸 이 | 조미현

편　　집 | 강옥순, 박이랑
본문디자인 | 나윤영
표지디자인 | 지완

펴 낸 곳 | 현암사
등　　록 | 1951년 12월 24일 (제10-126호)
주　　소 | 04029 서울시 마포구 동교로12안길 35
전　　화 | 02-365-5051 | 팩스 02-313-2729
전자우편 | editor@hyeonamsa.com
홈페이지 | www.hyeonamsa.com

ISBN 978-89-323-2312-1 (04150)
ISBN 978-89-323-2310-7 (세트)

책값은 뒤표지에 있습니다. 잘못된 책은 바꾸어 드립니다.

다산의 생각을 따라

다산학을 말하다 2

박석무 지음

현암사

머리말

다산의 마음과 생각에
함께하기를 소망하며

나는 1960년대 초 대학생활을 하면서 조선 실학(實學)에 대해 관심을 기울이기 시작했다. 군 생활을 마치고 대학을 졸업한 뒤 대학원에 적을 두고 다산학 연구에 정성을 바쳐 1971년 가을 「다산 정약용의 법사상」이라는 석사학위 논문을 써서 법학석사가 되었다. 다산이 내 평생의 화두가 되리라는 거창한 꿈을 꾼 것은 언감생심이지만 비로소 다산학 연구자의 대열에 끼어 열심히 다산학에 관한 논문을 썼다.

다산의 저서는 500권이 넘는 방대한 분량인 데다 순한문으로 쓴 글이어서 일반인이 읽기가 어렵다. 더구나 다산이 워낙 박학다식해서 전문가라 해도 번역하고 풀이하기가 여간 어렵지 않다.

평생 다산학 공부에 노력을 기울여 온 나는 번역하고 풀이하는 일을 통해 다산의 학문을 일반인에게 알리는 일에 정성을 바치고 싶었다. 다산학이야말로 수기(修己)와 치인(治人)을 통해 사람다운 사람이 나라다운 나라를 만드는 이론과 방법을 담은 명실상부한 실학이라는 확신을 가졌다. 다산에게 배운 그 간절한 애국심으로 나라다운 나라가 되는 데 나도 조금 도움이 되는 역할을 하고 싶었다.

이러한 소명을 감당하기 위해 뜻을 같이하는 사람들과 2004년 사단법인 다산연구소를 설립했다. 애초 우리는 '다산으로 깨끗한 세상을!'이라는 구호를 내걸었다. 부정과 부패로 얼룩진 세상을 다산의 가르침을 통해 바로잡겠다는 목표였다. 다산을 주목한 것은 그가 근본적으로 민중을 역사발전의 주체로 간주하고, 백성 사랑의 인도주의에 기초를 두고 있으며, 제도개혁과 의식개혁의 병행을 통한 부패 척결을 사회발전의 요체로 역설하였기 때문이다. 연구소가 설립된 지 어언 20년 가까운 세월이 흘렀고, 우리 연구소는 학술대회, 실학 기행, 강좌, 칼럼 등을 통해 깨끗하고 청렴한 세상을 만들어야 한다는 다산의 뜻을 널리 알리고 있다.

나는 연구소의 태동과 더불어 '풀어 쓰는 다산 이야기' 연재를 시작했다. 그 글을 통해 탐관오리의 착취와 탐학에 시달리는 일반 백성의 고통과 아픔에 함께했던 다산을 알리는 일에 힘썼다. 강자는 누르고 약자는 들어올리며, 출신 지역이나 성씨 때문에 차별당하는 세상을 바로잡고, 기득권층과 특권층의 발호를 막아 만민이 평등하게 살아가자던 다산의 정책도 꼼꼼히 찾아내 글로 풀어냈다. 청렴한 공직자를 그렇게도 희구했던 다산의 간절한 마음을 전하고, 어떻게 해야 공정하고 청렴한 공직자가 되는가를 힘주어 역설했다.

그렇게 한 자 한 자 써 내려간 글이 어느덧 1,200회를 넘기고, 1만 매에 달하는 엄청난 원고가 쌓였다. 출판사의 호의에 힘입어 이 글을 간추리고 재구성하여 두 권의 책으로 펴내게 되었다. 다산의 전체 저작을 뒤져 소재를 찾고 그의 뜻을 헤아리며 오늘에 어떻게 적용할까를 고심한 결과물이므로 그야말로 다산의 전모를 다룬 책이라고 자부하고 싶다.

2권의 대주제는 '다산의 생각'이다.

다산학의 정수인 경학 연구와 일표이서(一表二書)에서 제시하는 실천 방안을 담았다. 다산학은 수기의 학문과 치인의 학문으로 구분된다. 다산은 「자찬묘지명」에서 사서육경은 수기를 위한 학문이고, 『경세유표』, 『목민심서』, 『흠흠신서』를 아우르는 일표이서는 나라를 통치하기 위한 학문이라 했으니, 본(本)인 수기와 말(末)인 치인의 두 학문이 본말을 갖춘 자신의 학문, 곧 다산학임을 분명하게 밝혔다.

다산은 공자의 본원유교를 가장 바른 학문이라 여기고, 본원유교를 잘못 해석하여 중세의 논리에 갇힌 주자학을 반박하였다. 다산의 232권에 달하는 사서육경에 대한 경학 연구는 바로 인간의 생각을 바꿔서 현실적이고 실용적이며 실사구시적인 생각으로 돌아오라는 주장이다. 다산경학의 뛰어난 업적은 바로 비현실성이 큰 주자학에서 다산학으로 새로운 경전 해석을 시도한 점이다.

'다산의 마음'을 대주제로 한 1권과 함께, 각 권 각 부별로 주제가 선명하게 드러나는 산문집으로 탄생한 이 책을 통해 독자들이 다산과 더욱 가까워지기를 기대해 본다.

책을 펴내는 현암사에 감사드린다. 원고를 꼼꼼히 정독하여 경어체의 편지글을 평어체로 바꾸고, 중복되는 부분을 정리해 같은 소재는 하나의 글로 묶어 재구성하는 등 수고를 아끼지 않은 편집자 강옥순 씨에게도 감사의 인사를 드린다.

2023년 5월 다산연구소에서

박석무

차례

다산의 마음과 생각에 함께하기를 소망하며 ◦004

1부 논어만은 평생토록 읽어야 한다

왜 『논어』인가 ◦014
『논어고금주』에 바친 정성 ◦019
경전의 잘못된 해석은 재앙을 부른다 ◦025
경의 뜻이 밝혀져야 마음이 바르게 된다 ◦029
정치는 백성을 편안하게 해 줘야 ◦032
공자의 본뜻을 이해하는 다산학 ◦035
공자와 안회의 즐거움 ◦040
지조를 바꾸지 않는 대장부가 되어야 ◦043
『논어』에서 배우는 정치 ◦046
교만하고 인색하면 볼 것이 없다 ◦051
더불어 살아가는 세상 ◦055
『논어』를 읽는 즐거움 ◦061
극기복례 ◦064
여자의 의미를 새롭게 해석하다 ◦067

2부 주자학을 넘어 다산학으로

다산이 성리학을 반대한 이유 ◦072
도심과 인심의 마음공부 ◦078
맹자의 성선설 해석 ◦082
『서경』의 정치철학 ◦085
우리도 성인이 될 수 있을까 ◦090

공자의 걸과 속 ◦097
근본이 바로 서야 말단이 정리된다 ◦100
정치의 핵심을 밝힌 『대학공의』 ◦103
군자선비와 소인선비 ◦106
수오지심이 없어진 세상 ◦111
다산의 인간 평등론 ◦116
군자는 의에, 소인은 이에 깨닫는다 ◦119
인은 사람이다 ◦122
안 해야 할 일, 하고 싶지 않아야 할 일 ◦126

3부 요순시대는 이상향인가

붕당정치, 보고만 있을 것인가 ◦130
당쟁의 뿌리 ◦133
패거리 정치는 끝내야 한다 ◦139
그립고 그리운 왕도정치 ◦144
선치는 정말로 없을 것인가 ◦149
임금의 존경을 받는 신하 ◦152
정치를 외면해서야 ◦156
선거제도는 지고지선인가 ◦161
율곡과 다산의 개혁안 ◦165
죄와 벌 ◦168
인재 등용과 낙하산 인사 ◦176
백성과 하늘을 두려워해야 ◦182
백성은 속일 수 없다 ◦187
얼굴을 마주보고 간쟁하라 ◦191
위급할 때일수록 신중하고 정확하게 ◦196
국가의 안위는 인심의 동향에 달렸다 ◦201
정치란 무엇인가 ◦208

4부 공정사회로 가는 길

공정한 사회가 건강하다 ◦214
밝은 세상, 평등한 세상 ◦218
사람다운 사람, 나라다운 나라 ◦221
손상익하 손부익빈 ◦226
부자의 갑질, 이렇게 야만적일 수가 ◦232
밉도다 완도의 황칠나무 ◦235
참스승이란 누구인가 ◦239
선비란 누구인가 ◦242
학자나 현자를 외면해서야 ◦246
세종대왕과 효종대왕 ◦249
동아시아를 탐구한 다산과 추사 ◦252
부끄러움을 모르는 세상 ◦256
거짓말 천국에서 벗어나려면 ◦259
천주학쟁이라는 호칭의 비극 ◦265
언론은 임금의 잘못을 공격해야 ◦270
다산과 4·19혁명 ◦275
칠서대전만이 능사는 아니다 ◦280
인격은 성적순이 아니다 ◦283
청년실업, 어떻게 할 것인가 ◦286
이별도 아프지만 작별상봉은 더 아프다 ◦289
국부 증진은 기술혁신으로 ◦293

5부 진짜 욕심쟁이는 청렴하다

다산 같은 목민관 ◦298
목민관을 어떻게 통제할까 ◦303
청렴이 목민관의 본무이다 ◦306
못난 사람 잘난 사람 ◦309
파직을 당할지라도 굴하지 말라 ◦312
국가 지도자의 몸가짐 ◦317
청렴은 천하의 큰 장사다 ◦321
공직자의 집안 단속 ◦324

시민여상 시공여사 ◦327
부패공화국이라는 오명 ◦333
누가 진짜 큰 도적인가 ◦336
청렴한 목민관은 가난을 걱정하지 않는다 ◦342
상명하복 말고 이정봉공 ◦347
벼슬살이, 아름답게 마무리해야 ◦352

6부

목민심서는 공직자의 교과서

지도자다운 지도자가 되려면 ◦358
의리의 신하, 배신의 신하 ◦364
진정한 애민은 극빈자 구제 ◦367
사회적 약자를 도와야 ◦371
믿을 수 없는 정부 ◦376
전염병 대책 ◦379
권분운동을 다시 일으키자 ◦385
결언례의 아름다운 전통 ◦388
대동세상으로 가는 길 ◦391
수사권 남용은 이제 그만 ◦395
정치검사가 웬말인가 ◦400
재판의 근본은 성의 ◦408
법에도 융통성을 두어야 ◦411
민원처리는 소아과 의사처럼 ◦414
큰 죄엔 너그럽고 작은 죄엔 가혹한 세상 ◦419
맑은 바람 같은 수사와 재판 ◦423
통치란 국민을 교육하는 일이다 ◦430
선거직 공직자 퇴출제도를 제안한다 ◦434

다산 연보 ◦440

1부

논어만은 평생토록 읽어야 한다

책을 읽는 일은 인간의 본질적인 직분이라고 했으니 그 중요함이 어느 정도인가를 알게 해 준다. 그렇다면 어떤 책을 읽어야 하는가. 육경이나 여러 성현의 글도 모두 읽어야 하지만, 특히 논어만은 종신토록 읽어야 한다. 모든 책 중에서도 유독 『논어』만은 종신토록 읽어야 한다니, 『논어』라는 책의 가치와 중요도가 어느 정도인가를 바로 알아볼 수 있다.

왜 『논어』인가

사람이 사람이기 위해서는 독서를 해야

유배 18년 동안 다산은 지인과 가족들에게 수많은 편지를 보내 사람이라면 어떻게 살아가야 하는가를 누누이 설명했다. 특히 아들과 제자들에게 간절한 편지를 많이 보냈는데, 인간의 가치가 무엇인가를 거듭거듭 반복해서 말해 주었다. 공부하는 일, 먹고 살아가는 일, 부모에게 효도하고 형제간에 우애하는 일, 어떤 책을 어떻게 읽고 어떤 저술을 남겨야 하는 일에 이르기까지, 자신이 터득한 삶의 지혜를 남김없이 전하면서 반드시 실천에 옮기도록 주문했다.

편지마다 가르쳐 준 지혜가 많기도 하지만 가장 많이 강조한 내용은 두 가지인데, 첫째는 효제(孝弟)요, 둘째는 독서였다. 유교의 기본 목표는 인(仁)을 행하는 일인데, 인을 하는 근본이 효제라고 못박아 효제가 바로 공자지도(孔子之道)라고까지 확언하였으니, 더 구체적인 이야기가 필요하지 않다. 문제는 독서이다. 독서의 중요성을 다산은 분명하게 말했다.

> 독서야말로 우리 인간이 해야 할 본분이다. 唯有讀書一事 此方是吾人本分 _「윤혜관에게 주는 말(爲尹惠冠贈言)」

책을 읽는 일은 인간의 본질적인 직분이라고 했으니 그 중요함이 어느 정도인가를 알게 해 준다. 그렇다면 어떤 책을 읽어야 하는가.

> 육경이나 여러 성현의 글도 모두 읽어야 하지만, 특히 『논어』만은 종신토록 읽어야 한다. 六經諸聖賢書皆可讀 唯論語可以終身 _위의 글

모든 책 중에서도 유독 『논어』만은 종신토록 읽어야 한다니, 『논어』라는 책의 가치와 중요도가 어느 정도인가를 바로 알아볼 수 있다. 유교가 '공자지도'인 이상 공자의 가르침을 따르기 위해서는 『논어』를 일생 동안 읽어야 함은 당연한 이야기이다.

다산 못지않게 사람이 사람이기 위해서는 독서를 해야 한다고 강조했던 율곡 이이는 '구인위기(求仁爲己)'를 위해서는 반드시 『논어』를 읽으라고 거듭 강조했다. 인을 구하고 인격을 갖춘 사람이 되려면 『논어』를 읽어야 한다고 했으니 너무나 당연

한 말씀이다. 기독교에서의 『성경』을 유교에서의 『논어』와 비교할 수 있다. 그러나 요즘 세상은 『성경』을 읽는 사람이야 많지만 『논어』를 읽는 사람은 많지 않다. 종신토록 읽어야 한다는 『논어』를 읽지 않는다면 인간의 앞날은 어떻게 될까.

인간성 회복을 위해 『논어』를 읽어야

손암 정약전이 아우 다산에게 보낸 편지에서 『논어』를 읽으면 겸손하고 자기 낮추기에 마음을 기울인 공자를 읽을 수 있으나, 『맹자』를 읽으면 기가 너무 세고 자존의 뜻이 강한 맹자를 읽을 수 있다면서, 아마 맹자의 제자들이 잘못 기록한 내용이 있으리라는 의심의 뜻을 말한 바 있다. 그 점에 대해 우리가 바로 판단을 내리기는 어려우나 『논어』를 읽어 보면 겸손하고 자기 낮추기에 정성스럽던 공자를 발견하는 일은 어렵지 않다.

어떤 질문에도 막힘 없이 척척 답변해 주는 공자에게 어떤 제자가 선생님은 생이지지(生而知之)한 분이 아니냐고 물었다. 공자는 천만의 말이라면서, 나는 옛것을 좋아하고, 열심히 공부해서 알아낸 사람이라면서, 타고날 때부터 모든 것을 다 알고 태어난 사람이 아님을 분명히 밝혔다. 또 말하기를, 세상 어디에도 충신(忠信)의 인물이야 있지만 나처럼 호학(好學)하는 사람은 없을 것이라면서 학문을 좋아한다고 했다. 공부하고 연구해서 무엇을 알아낸 사람임을 밝히면서, 자기가 특별한 천재적 인물이 아님을 강조했다. 제자 안연(顔淵)을 그렇게 아끼고 사랑하는 이유는 그가 가장 '호학'하는 사람이기 때문이라고 말하기도 했으니, '호학'이라는 두 글자야말로 공자나 안연이 공자이고 안연이었음의 본질이라는 것을 알게 된다.

『논어』를 평생토록 읽어야 할 책이라면서 송두리째 암기하고 평생토록 연구하여 『논어고금주』라는 40권의 책을 저술한 다산은, 공자의 '호학' 대신 '독서(讀書)'라는 두 글자를 그렇게 자주 언급하고 자주 사용하였다. 물론 다산도 공자의 '호고(好古)'와 '호학'은 그대로 자기 것으로 했기 때문에 자신의 사람됨을 말하면서 "어려서는 영특하고 커서는 호학했다.", "착함을 즐기고 옛것을 좋아했다."라고 정리해 놓았다.

그런데 유배지에서 두 아들에게 보낸 편지에는 구구절절 '독서'를 강조하였다. 호학과 독서는 같은 의미이기 때문에 다산의 바람인 호학하고 독서하라는 이야기는 우리에게 해 주는 이야기로 느껴진다.

유배 초기에, 자신의 고통도 감내하기 어렵던 때에 아들들이 훌륭한 사람이 되기를 간절히 원하는 부정(父情)에 눈시울이 뜨거워진다. 사람다운 사람이 되고 인격을 갖춘 인간이 되려면 호학하고 책을 많이 읽어야 한다는 평범한 진리를 다산의 입을 통해 듣다 보면, 사람다운 사람은 많지 않고 인격을 제대로 갖춘 사람이 많지 않은 오늘, 책 읽기를 좋아하라는 다산의 뜻이 더욱 그리워진다.

다른 나라에서는 전쟁이 일어나 아까운 생명이 수도 없이 죽어 가고, 삶의 터전이 불타고 허물어져 황폐화된 현실을 보며 인간성 회복이 간절하게 요구되는데, 사람 되는 길인 고전을 읽지 않고서야 인간성의 회복이 어디서 가능할까. 오직 자기 나라만 잘 살고 잘 먹기 위한 일에 광분하고, 자기 자신의 이익과 만족을 채우기 위한 일에 급급하여 국가와 사회의 도덕과 윤리가 무너져 가는 오늘, 독서를 통한 인간 본성의 회복 없이 어떤 문제가 해결될 수 있을까.

그래서 『논어』 읽기에 대한 이야기를 다시 하지 않을 수 없다. 새로 나오는 좋은 신간 서적인들 안 읽을 수 없지만 짧은 지혜보다는 무궁무진한 지혜의 보고인 고전을 읽는 일에 열중해야 하는 이유가 거기에 있다. 그래서 다산은 『논어』만은 종신토록 읽어야 한다고 그렇게도 강조했다. 우리 모두 『논어』 읽는 일을 시작하자. 사람 되는 길을 찾기 위해.

『논어고금주』에 바친 정성

하늘이 시간을 허락한다면

18년의 긴긴 유배 생활, 보통 사람이라면 고통에 시달리다가 좌절하거나 우울증에 걸려 삶을 유지하기도 쉽지 않았을 것이다. 그러나 학문에 대한 열정을 가득 지녔던 다산은 끝내 좌절하거나 큰 질병에 걸리지 않고, 마지막까지 버티며 살아나 학문의 대업을 이룩했다. 232권에 이르는 방대한 경전 연구서를 저술하여 주자의 성리학적 경전 해석에서 벗어나는 새로운 경학 체계를 세워, 이론 위주의 경전 논리를 실천과 행위의 논리로 확립해 내고 말았다.

공자가 유교를 창시하여 효제(孝弟)를 근본으로 삼아 수기치인(修己治人)을 통해 인류의 유토피아인 요순시대가 도래할 길을 열어 놓았다고 여긴 사람이 다산이다. 그래서 다산은 고경(古

經)을 제대로 해석하여 그대로 실천하면 요순시대를 오게 할 수 있다는 확신을 지니고, 고경의 올바른 해석에 생애를 걸었다. 경지(經旨)를 올바르게 밝히지 못한 당대의 학문 풍토에 불만을 지닌 다산은 경을 잘못 해석하면 어떤 현상이 오는가를 지적한다.

폐법이나 학정이 행해지는 일은 모두 경전의 뜻을 밝혀내지 못함에서 연유된다. 그래서 나는 나라를 다스리는 요체는 경전의 뜻을 바르게 밝혀내는 일보다 앞서는 일이 없다고 말한다. 弊法虐政之作 皆由於經旨不明 臣故曰 治國之要 莫先於明經也 _『경세유표』 10권

육경사서의 경에서 공자의 본뜻이 무엇인가를 밝혀야 나라를 다스리는 요체를 알 수 있다고 여기고, 『논어』를 재해석하는 일에 다산이 바친 노력을 살펴보면 다산의 뜻을 알 만하다. 다산은 자신의 해석을 담은 『논어고금주(論語古今注)』 40권을 저술하여 주자로 대변되던 논어에서 새로운 논리의 논어로 바꿔 냈다.

『논어』에 대한 고금의 학설을 모조리 고찰하여 그중에서 좋은 것을 취해다가 간략히 기록하고, 의견이나 대립되는 것은 취해다가 논쟁하여 단정했습니다. 그래도 고금의 학설을 두루 고찰해 보면 도무지 이치에 합당하지 않은 것이 있게 되는데, 이때에는 어쩔 수 없이 책을 덮고 눈을 감은 채 앉아서, 더러는 밥 먹는 것도 잊고 더러는 잠자는 것도 잊노라면 반드시 새로운 의미나 이치가 번

뜩 떠오르기 마련입니다._「형님께 답함(答仲氏)」

이로써 다산이 학문에 바친 정성을 알아볼 수 있다. 편지는 『논어』를 연구하면서 흑산도에서 귀양 사는 정약전 형에게 보낸 내용이다. 마지막 구절에 "나에게 세월을 주어 『논어』 연구 작업을 마칠 수 있게 해 준다면 그 책은 제법 볼만한 책이 될 것입니다."라고 말해 나름대로 정성을 바친 결과는 결코 만만찮은 책이 되리라는 자부심까지 표했다. 하늘은 다산에게 세월을 주어 방대한 저서를 마치게 해서 지금 그대로 전하고 있다.

주자 해석에 대한 병폐 지적

다산 이전의 『논어』 해석에서 가장 큰 병폐는 관존민비(官尊民卑)와 남존여비(男尊女卑)의 경향으로 윤색해 버린 잘못이다. 다산은 『논어』 곳곳에서 그 두 가지 병폐는 공자의 뜻이 그런 게 아니라 경을 잘못 해석해서 그런 폐단이 나왔다고 하면서, 그런 논리에서 벗어나는 방향으로 경을 해석했다고 했다. 그래서 우리는 『논어고금주』를 읽어야 올바르게 『논어』를 읽을 수 있다는 것을 알게 된다.

『논어고금주』는 『논어』를 새롭게 해석한 다산경학의 진수를 보여 주는 책이다. 이름 그대로 고금의 논어에 대한 주석들을 모아 놓고 바른 해석이냐 그른 해석이냐를 따지고는 주로 '보왈

(補曰)'이라는 용어를 사용하여 보충해서 해석하는 자신의 학설임을 열거해 놓았다. 『논어』는 우리가 잘 알고 있는 것처럼 삼호(三乎)로 시작된다.

학이시습지 불역열호	學而時習之 不亦說乎
유붕자원방래 불역낙호	有朋自遠方來 不亦樂乎
인부지이불온 불역군자호	人不知而不慍 不亦君子乎

문장의 끝이 호(乎)라는 글자로 끝나서 '3호'라는 용어가 나왔다. 조선 500년 동안에는 대체로 큰 이론 없이 주자(朱子)의 『논어집주(論語集註)』를 정통 교과서로 여겨 주자의 주(註)를 진리로 여기며 공부했던 것이 사실이다.

다산 또한 주자의 해석에 오류가 없는 경우는 그냥 그대로 따르며 다른 해석을 하지 않았지만, 자신의 견해와 다른 해석에는 과감하게 반박하면서 보충 의견을 제시하여 새로운 해석을 내렸다. 창의적인 다산의 해석은 우리가 놀라지 않을 수 없는 대안을 제시하고 있으니, 그의 높은 학문을 알아볼 수 있다.

'학이시습'이라는 구절을 '학소이지(學所以知)'라고 하며 학은 알기 위한 것이며 '습소이행(習所以行)'이라 해석하여 습이란 행하기 위한 것이니, '학이시습'은 '지행겸진(知行兼進)' 즉 지와 행이 함께 나아가는 것이라는 해석을 내렸다. 그래서 아는 것을 행동으로 옮겨야만 참다운 기쁨이 나오기 때문에 열(說)이라는 글자를 사용했노라는 설명을 했다. 습(習)은 연습하는 것이라는 주자의 해석과는 다른 풀이를 했다.

벗(朋)이라는 글자의 해석도 다르다. 주자는 벗이란 동류(同類)라고 해석했는데, 다산은 동문(同門)이나 동류가 아니라 '지동이합의자(志同而合意者)' 즉 벗이란 뜻이 같고 의사가 합치되는 사람이라고 해석했다. 3호 중에서 어려운 대목은 마지막의 남이 알아주지 않아도 성내지 않는다는 군자의 경우이다. 여기에서 다산의 학문적 깊이와 탁월함이 나온다. '삼호'란 성기(成己)와 성물(成物)의 전체를 말해 주는 문장이라고 말하고는, 배워서 행함은 성기, 곧 자신의 인격을 이루는 일이고, 인격이 이룩되면 남들이 알아주고 자신을 따르기 때문에 즐거운 일이라고 했다. 먼 곳에서 벗들이 찾아오니 얼마나 기쁘고 즐거운 일이겠느냐라는 뜻이다.

문제는 마지막 성물(成物)로, 자신의 인격 이외의 모든 사물을 제대로 이해할 수 있게 되는 경우라면서, 남이 알아주지 않아 자신을 높여 주지 않아도 성내지 않는 것을 말한다고 했다. 남이 나를 알아주느냐 알아주지 못하느냐는 그 권한이 나에게 있지 않고 타인에게 그 권한이 있기 때문에, 그가 나를 알아주지 않아도 성을 내서는 안 된다는 것이다. 그러나 그 일은 주자의 풀이대로 알아주지 않아도 성내지 않음은 역(逆)의 일이어서 어렵기 그지없으니 오직 덕을 이룬 군자만이 가능한 일이라고 했다.

문제는 이 대목이다. 모든 다툼, 모든 불화(不和), 모든 대립은 남이 알아주지 않아서 성을 내는 데서 출발한다. 자기 잘난 맛에 살아가고, 자기가 대접받는 재미로 살아가는 모든 인간에게 알아주지 않아도 성내지 않는 삶이 어떻게 가능할까. 정말로 노력해도 잘 안 되는 일이 바로 그 점이다. 『논어』의 3호를 읽으며 그 점에 접근해야 한다고 언제나 생각해도 미치지 못하는 나 자신도 부끄럽기만 하다.

경전의 잘못된 해석은 재앙을 부른다

권도라고 핑계하지 말라

다산 학문의 기본은 경학(經學)에 있다. 주자학의 성리학적 해석에서 벗어나 사서육경을 실학적으로 해석하여 다산학이 이룩되었다.

> 사람들과 함께 배울 수는 있어도 그들과 함께 도에 나아갈 수는 없으며, 도에 함께 나아갈 수는 있어도 함께 설 수는 없으며, 함께 설 수는 있어도 함께 권도(權道)를 행할 수는 없다. 可與共學 未可與適道 可與適道 未可與立 可與立 未可與權 _『논어』「자한」

학문이 성취되어 가는 단계를 설명한 공자의 말씀인데, 함께 배워 함께 도에 이를 수야 있고, 도를 얻어 함께 붙잡고 버티며 흔들리지 않고 설 수는 있지만, 함께 권도를 행할 수는 없다는 뜻으로, 구절마다의 해석은 학자들마다 견해가 달랐다.

정자(程子)의 해석은 엄정하였다. 권이란 저울의 추로써 경중의 한 중앙에서 가장 적당한 수량을 헤아릴 수 있는 극치의 경우가 권이기 때문에 누구와도 함께 갈 수 없는 최고의 학문 경지에 이른 학자만이 가능하다고 보았다. 그래서 반경(反經)으로 보아서는 안 되고, 권은 바로 경(經)이라는 해석을 내렸다. 주자도 이에 동의했으나 경과 권이 완전히 일치할 수 없다면서 약간의 차이가 있어야 한다는 뜻으로 해석하였다.

다산은 정자의 해석에 찬성하면서 자신의 견해를 밝혔다. 정자는 "한나라 유학자들이 경에 반하여 도에 합하는 것을 권이라 여겼기 때문에 권변(權變)이니, 권술(權術)이라는 말이 있는데 잘못이다. 권은 경일 뿐이다. 한나라 이래 권의 뜻을 아는 사람은 없었다."라고 했다면서 그 견해에 찬성하였다.

> 권이 추구하는 최종 목표는 중용(中庸)에 있다. 성인이 말한 '중용에서 선택한다.'는 뜻처럼 저울의 추를 제대로 활용하여 저울추를 안정시키는 것과 같다. 후세에 도를 논하는 자들은 중용은 경이고 반중용을 권이라 하여 초상에 법제를 지키지 아니함을 권이라 하고, 장례에 절차를 갖추지 아니함을 권이라 하고, 탐욕과 방종을 불법으로 저지르는 것을 권이라 하고, 찬탈하고 모역하며 인륜을 무시함을 권이라 하여, 온갖 천하의 패란하고 부정한 행위를 모두 권으로 핑계 삼았다. 이것이 세도의 큰 재앙이었으므로 정자가 논

한 바가 엄준했다. _『논어고금주』 4권

학문의 가장 높은 단계가 '권'이어서, 성인이 아니고서야 불가능한 경지의 높은 수준인데, 그것을 핑계 삼아 온갖 악행을 저지르는 뒷세상의 사람들을 혹독하게 비판한 사람이 다산이다.

"공동묘지에 가면 핑계 없는 무덤이 없다."라는 속담이 있듯이, 권력욕이라는 사욕을 채우려는 속셈으로 온갖 핑계를 내걸며 상도(常道)를 어기고, 패륜의 악행을 저지르며 인간의 천부적 인권인 자유와 권리를 박탈했던 독재자들을 생각하면 다산의 해석은 참으로 옳았다. '권도'를 행할 수밖에 없지 않느냐라는 무서운 핑계 때문에 우리 인류가 독재자들에게 당했던 고난을 생각하면 다산의 혜안이 높기만 한다. 경제개발을 위해서는 독재가 불가피했다는, 안보를 위해 수많은 양민을 학살했던 독재자들의 민낯을, 다산의 거울로 들여다본다면 터무니없는 그들의 핑계가 가소로울 뿐이다.

경의 뜻이 밝혀져야 마음이 바르게 된다

주자학에 머무르면 안 된다

다산은 유학의 큰 방향을 두 갈래로 보았다. 그것은 다산만이 아니라 공자 이래 모든 유학자가 추구했던 당연한 방향으로 본(本)인 경학과 말(末)인 경세학(經世學)이다. 경학은 위기지학(爲己之學)이자 수기(修己)의 학문으로 본(本)에 해당하고, 위인지학(爲人之學)이자 치인(治人)의 학문인 경세학은 말(末)로 여겼다. 이 두 학문을 제대로 익혀야 융합적인 학문세계가 완성된다고 여겼던 사람이 다산이다.

> 경전의 뜻이 밝혀진 뒤에야 도의 실체가 드러나고, 그 도를 얻은 뒤에야 비로소 심술이 바르게 되고, 심술이 바르게 된 뒤에야 덕을 이룰 수 있다. 그러므로 경학에 힘쓰지 않을 수 없다. 經旨明而

後 道體顯 得其道而後 心術始正 心術正而後 可以成德 故經學 不可不力 _「반산 정수칠에게 주는 말(爲盤山丁修七贈言)」

선비라면 덕을 이뤄야 하는데, 덕을 이루는 근본이 경전이므로 경전 연구인 경학에 힘써야 한다고 주장했다.

그렇다면 진짜 유학자라면 경전의 뜻을 밝혀야 하는데, 그게 아무나 하는 공부가 아니다. 공자나 맹자가 주장한 경의 뜻이 무엇인가를 밝히는 일이 어떻게 쉬운 일이겠는가. 한(漢)나라 이후 수많은 학자가 자기 나름대로의 뜻풀이를 했으며, 송(宋)나라 주자에 이르러 대대적인 경전 해석으로 이른바 '주자학'이라는 학문을 완성했다. 조선의 학자들은 대체로 주자의 학설에 만족하면서 크게 이의를 제기하지 않았으나, 다산은 주자학 풀이에 만족하지 못하고 무려 232권에 이르는 방대한 경학서를 저술했다.

『논어고금주』는 성리학적인 주자의 해석과는 다르게 다산의 해석으로 이룩된 경전연구서이다. 어느 날 공자가 곁에 있는 몇몇 제자에게 "자네들은 내가 숨기는 무엇이 있다고 여기는가? 나는 전혀 숨기는 것이 없네. 행하면서 모든 것을 다 보여 주지 않은 것이 없는 사람이 바로 나라는 사람이네.(子曰 二三子 以我爲隱乎 吾無隱乎爾 吾無行而不與二三子者 是丘也) _『논어』「술이」"라고 말하여, 공자나 맹자 시절에는 경학이라는 학문이 없어도 되는 형편을 공자 자신이 설명했다. 자신이 행동으로 보여 주는 내용이 경(經)이기 때문에 그것을 따로 해석할 필요도 없다는 것이다.

이런 대목에서 다산의 해석이 나온다.

> 행(行)이란 몸소 행하는 바이니, 말하지 않고 가르쳐 주는 일이다. 나는 하나의 일도 자네들에게 보여 주지 않는 일이 없으니 자네들은 마땅히 보고서 본받아야 하니 나는 숨기는 일이 없네.

공자·맹자의 시대가 지나 공맹처럼 행동으로 보여 주는 학자들이 없자, 이제 경에 나오는 글자까지 풀어서 설명해야만 했으니, 경학이 그때에 나타나게 된다.

"공자께서 네 가지로 가르쳤으니, 문(文)·행(行)·충(忠)·신(信)이다."라고 했을 때, 옳은 해석으로 "문은 선왕(先王)의 유문(遺文)이요, 행은 덕행(德行)이다."라는 해석을 뒷받침하여 다산은 말한다.

> 문과 행은 밖의 일이요, 충과 신은 내면의 일이다. 집에 들어와서는 효(孝)하고, 밖에 나가서는 제(弟) 하면 행함이요, 남을 향해 정성을 다하면 충이요, 남과의 지냄에서 배반하지 않으면 신이다.

이렇게 경학의 세계는 분명하고 바르다. 주자학의 잘못도 바로잡았지만, 그들이 미처 풀어서 말하지 못한 부분도 다산은 새롭게 풀어서 '다산경학'을 이룩한 셈이다. 그렇다면 공맹의 본질적인 유학을 제대로 이해하고 실천하려면 역시 다산경학을 통하는 길이 빠른 길의 하나임을 알게 된다. 성리학적 해석에서 실천 가능한 행위의 경학을 이룩한 다산의 업적은 역시 대단하다.

정치는 백성을 편안하게 해 줘야

어느 날 공자의 제자 자로(子路)가 공자에게 물었다.

"군자(君子)란 어떤 사람입니까?"

"공경스러운 마음 자세로 자신의 인격을 닦는 사람이다."

"그렇게만 하면 됩니까?"

"인격을 닦아서 남을 편안하게 해 주는 사람이다."

공자가 부연해서 답했다.

"그렇게만 하면 됩니까?"

최종 답변은 이렇다.

"인격을 닦아서 모든 백성을 편안하게 해 주는 사람이다. 그런데 그렇게 하기는 요임금과 순임금도 오히려 어렵게 여겼던 일이다."

요순(堯舜) 같은 성인 임금도 그 점에 대해서는 어렵게 여겼다는 내용은 '박시제중(博施濟衆)' 다음에 두 번째로 나오는 표현이니, 그런 일이 얼마나 어려운지 쉽게 알게 된다. 『논어』 「헌문(憲問)」에 나오는 문답인데, 다산은 그의 논어 연구서인 『논어고금주』라는 책에서 이 대목에 대해 탁월한 새 이론을 전개했다.

『논어』에 나오는 '군자'의 의미는 여러 가지로 표현되지만, 여기서는 먼저 나라의 최고 통치자를 의미한다고 풀이한다. 한 나라의 최고 통치자가 해야 할 세 단계에 대한 설명인데, 먼저 하늘과 어버이에 대한 공경심을 지니고 자신의 인격을 닦고 도야한 사람이 '군자'라는 사람이며, 다음으로 그러한 인격을 갖추고서 사람들을 편안하게 해 주는 사람이며, 최종적으로는 인격자로서 만백성이 편안하게 살아갈 수 있게 해 주는 통치자가 참다운 '군자'라는 의미라고 다산은 설명했다.

공경스러운 마음을 지니고 몸을 닦는 일은 '성의정심(誠意正心)'이고, 몸을 닦아 사람들을 편안하게 해 줌은 '수신제가(修身齊家)'에 해당되며, 몸을 닦아 만백성을 편안하게 살도록 해 주는 것은 '치국평천하'(治國平天下)'에 해당된다. 또한 치국평천하는 요순도 쉽게 여기지 않았음을 말해 준 글이라고 다산은 풀이했다.

백성들이 마음 놓고 편안하게 살아가게 해 주는 일이 정치의 최종 목표라면, 정치에 뜻을 두고서 최고 통치자가 되고 싶은 사람이라면 먼저 자신의 몸을 닦는 인격도야에 평생을 걸어야 함을 여기서 알게 된다. 요순도 어렵게 여겼다는 만백성의 편안, 그런 일을 해야 할 정치인들이 자신의 몸과 마음을 닦는 일은 팽개치고, 그저 높은 지위나 재물이나 탐하고 정권이나 잡으려고 허튼 꾀만 부린다면 나라가 어떻게 편안한 나라가 되겠는가.

남들을 편안하게 해 줌이란 효제와 돈목(敦睦)을 실행하여 온갖 친족을 편안하게 해 주는 것이고, 백성들을 편안하게 살게 해 줌이란 만민이 편안하게 살게 해 주는 것이라고 다산은 설명했다.

전쟁에 대한 불안, 경제적 위기에 대한 불안, 자연재해에 대한 불안, 정당 간의 싸움, 빈부의 갈등, 지역 간의 격차 등으로 인한 국민들의 불안을 어떻게 해결할까를 공자와 다산은 분명히 밝혔다. '수기이안백성(修己以安百姓)'이라는 여섯 글자는 '수기'라는 두 글자의 해결 없이는 인류의 불안은 가실 길 없음을 인식하게 해 준다.

"요순은 백성이 편안치 못함을 어려움으로 여긴 것이 아니라, '수기'를 제대로 못해 백성을 안정시킬 수 없음을 어려움으로 여겼다."라는 대목을 인용한 다산의 뜻은 하늘처럼 높다는 것도 이해해야 한다.

공자의 본뜻을 이해하는 다산학

가난해도 즐겁게 살고 부자여도 예를 좋아해야

『논어』를 읽다 보면 학문의 깊이와 의리의 무궁함에 무릎을 치며 탄복하지 않을 수 없는 대목이 참으로 많다. 「학이(學而)」 편에 나오는 한 대목만 보겠다. 공자의 제자 자공이 공자에게 물었다.

"가난하지만 아첨하지 않고, 부자이면서도 교만하지 않으면 어떤가요?(貧而無諂 富而無驕 如何)"

더 이를 데 없이 훌륭한 인격자임을 넉넉히 알아볼 수 있는 사람임이 분명하다. 자공은 공자가 그렇게 훌륭한 인품의 소유자가 누가 있겠느냐면서, 절대적인 찬성을 해 주리라 믿으면서 말했을 것이다.

그러나 공자의 답변은 그렇지 않았다.

"옳은 말이기는 하다. 그러나 가난함을 즐길 수 있고, 부자이면서도 예를 좋아하는 사람만은 못하다.(可也 未若貧而樂 富而好禮者也)"

공자는 진리와 의리의 무궁함을 확실하게 예를 들어 설명해 주었다. 공자야말로 자공의 수준에서 한 걸음 더 들어가 한 단계 더 높고 깊은 의리를 설파해 주었던 것이다. 그래서 주자는 공자가 자공에게 진리 위에 진리가 있고 학문 위에 더 의미 깊은 학문이 있어 의리가 무궁함을 자공이 알게 해 주었다고 해석하였다. 주자 또한 공자의 본뜻을 제대로 이해한 것이다.

다산도 경전에 대한 연구를 하면서 한 걸음 더 들어가 보면 새로운 의리를 발견하는 대목이 참으로 많다고 고백했다.

> 지금 세상에 『논어』를 제대로 연구하지 않는 사람은 사서(논어·맹자·중용·대학)에는 더 깊이 들어갈 분야가 없다고 말하는데 그렇지 않습니다. 여기에도 떨어진 볏단이 있고 저기에도 남은 이삭이 있으며, 여기에 거두지 않은 볏단이 있으며 저기에도 거두지 않은 늦벼가 있습니다. 어린 시절 새벽에 밤나무 동산에 나갔다가 갑자기 난만히 땅에 흩어져 있는 붉은 밤알들을 만나 이루 다 주울 수 없는 것과 같은 격이니 이를 장차 어찌할까요. _「형님께 답함(答仲氏)」

모든 연구가 대체로 끝났다는 사서에 대한 연구를 깊이 하다 보면 엄청난 분량의 새로운 논리를 찾을 수 있다는 견해를 말하였다.

유학이라는 학문을 창시한 사람은 공자이다. 공자의 학문인 경(經)을 연구하는 학문이 경학이다. 동양 최고의 경학자는 누가 뭐라 해도 주자이다. 그래서 주자가 이룩한 경학을 포함한 학문을 '주자학(朱子學)'이라 일컫고, 조선 최고의 경학자인 다산이 이룩한 학문 전체를 '다산학(茶山學)'이라 일컬어 오고 있다.

인이란 사람을 향한 사랑이다

공자가 창시한 유학의 중심사상은 역시 인(仁)이었다. 인을 어떻게 해석하느냐에 따라 경학의 갈래가 나뉜다. 공자는 사신의 말과 함께 행동으로 인이 무엇인가를 제자들에게 보여 주었을 뿐, 인이 무엇인가에 대한 구체적인 언급은 어떤 경서에도 나오지 않는다.

공자의 후계자 맹자 또한 인에 대한 구체적인 해석은 없다. 그도 역시 말과 행동으로 인이 무엇인가를 보여 주고 가르쳐 주었으므로 구체적인 설명은 생략했다고 보인다. 다만 공자와 맹자는 "인(仁)이란 인(人)이다."라고 말하여 인이란 사람이 하는 일이라고 했을 뿐이다.

『논어』에서 인이라는 글자는 학이편 "효제야자 기위인지본여(孝弟也者 其爲仁之本歟)"라는 글에 최초로 등장한다. 동양 최고의 경학자이자 철학자답게 주자는 인을 해석한다. "인이란 사랑의 이치요 마음의 덕이다.(仁者 愛之理 心之德也)" 인을 사랑의 이치(理)로 해석하여 송나라 때 이학(理學)이 성립되었다. 성(性)을 성즉리(性卽理)로 해석하여 '성리학'이 탄생했듯이 인을 이(理)의 세계로 해석한다.

> '인이란 두 사람이 서로 관여되는 것이다.(仁者 二人相與也)' 효도로 어버이를 섬기면 인이 되니 아버지와 아들 두 사람이다. 형을 섬기기를 공손하게 하면 인이 되니 형과 아우는 두 사람이다. 임금과 신하, 목민관과 백성, 남편과 아내, 붕우(朋友) 등 모두가 두 사람 관계이니, '두 사람 관계에서 자신이 행해야 할 도리를 다하면(凡二人之間 盡其道) 모두 인이다.(皆仁也)'

다산의 해석이다. 인이라는 공자의 기본 사상을 주자는 관념의 세계인 이(理)로 해석하고, 다산은 두 사람 사이에서 상대방에게 최선을 다해 주는 인간의 행위 즉, 행동의 개념으로 실천의 의미를 찾아냈다.

『논어』「옹야(雍也)」편에 "삼월불위인(三月不違仁)" 즉 세 달이란 길고 긴 시간 동안 인에서 떨어지지 않는다고 했는데, 여기에서 주자는 "인이란 마음의 덕이다.(心之德)"라고 해석하여 보이지도 잡히지도 않는 마음의 덕으로 말했다.

다산은 일을 행함이 겉으로 나타남과 동시에 마음속에 서로 실제의 사랑이 있어야 참다운 인이 된다고 했다.

인이란 사람을 향한 사랑이다. 아들이 부모를 향하여, 아우가 형을 향하여, 신하가 임금을 향하여, 목민관이 백성을 향하여 베푸는 사랑이니, 무릇 사람과 사람 사이 서로를 향하여 화기애애하게 베푸는 그 사랑을 인이라 한다. 仁者 嚮人之愛也 子嚮父 弟嚮兄 臣嚮君 牧嚮民 凡人與人之相嚮而藹然其愛者 謂之仁也

다산의 위대한 저서 『논어고금주』에 나오는 글들이다. '다산학'은 이렇게 '주자학'과 경을 달리 해석하면서 탄생한다. 우리는 어느 쪽을 따라야 할까, 두고두고 연구해야 할 질문이다.

공자와 안회의 즐거움

배우고 익히면 기쁘지 않은가

배워서 얻은 지식을 행동으로 옮기는 즐거움이 세상에서 가장 큰 희열이라는 것을 『논어』의 공자와 그의 제자 안회(顔回)를 통해 알 수 있다. 공자는 어느 누구에게도 양보할 수 없는 일은 바로 호학(好學), 즉 책을 읽고 배우는 일이라고 했다. 배우기를 좋아하고 거기에 희열을 느끼는 사람이 자기 아니고는 제자 안회라고 분명하게 말했다. "배우고 익히면 또한 기쁘지 않겠는가?"라는 글이 있다. 이 부분의 경(經)에 대하여 주자도 좋은 해석을 했으나, 다산 또한 의미 있는 해석을 내렸다.

> 학이란 가르침을 받는 것이며, 습이란 학업을 익히는 것이며, 시습이란 수시로 익히는 것이며, 열이란 마음이 유쾌한 것이다. 학

은 지이고 습은 행이니 학이시습은 지행이 함께 나아가는 것이다. 學 受敎也 習 肄業也 時習 以時習之也 說 心快也 學所以知也 習所以行也 學而時習者 知行兼進也

주자의 견해에 보충의 의견을 말하고, 더 명확하게 풀이했다. 이런 풀이 다음 덧붙이는 다산의 말이 의미 깊은 대목이다.

뒷세상의 학문은 배우기만 하고 행하지 않기 때문에 기쁠 수가 없다. 後世之學 學而不習 所以無可說也

아는 것을 행하지 못하는 세상을 한탄했다. 다산은 배우기라도 하는 세상에서 살았지만, 오늘 우리가 사는 세상은 행하기는 커녕 배우기조차 하지 않으니 어떻게 된 세상일까. 배움과 실천에 대한 이런 원칙을 기준으로 『논어』는 인간에게 삶의 길을 가르쳐 주고, 우리가 무엇을 배워야 하고 어떻게 실천해야 하는가를 간절하게 가르쳐 주고 있다.

공자는 수많은 제자 중에서 오직 안회만을 배우기 좋아하는 사람으로 꼽고, 제자 이야기만 나오면 안회를 거명하면서 가르치면 그냥 받아들여 곧바로 실행에 옮겨 삶의 기쁨을 만끽했던 제자로 추켜세웠다. "말해 주면 게을리하지 않는 사람은 안회일 것이다.(語之而不惰者 其回也與)"라는 공자의 말씀에 다산은 또 "안회는 나의 말에 기뻐하지 않은 것이 없다.(回也於吾言 無所不說)"는 공자의 말로 배워서 행동으로 옮기는 기쁨을 향유한 사람이 바로 안회라고 말하여, 게으르지 않음이 바로 기뻐함과 같다고 했다.

스승과 제자인 공자와 안회를 통해 우리가 배워야 할 것이 참으로 많다. 배우기를 좋아해야 하고, 책을 좋아해야 하고, 독서를 좋아하는 일이 없고서야 어떤 기쁨이 있을 수 있으며, 책을 읽어서 알아낸 것들, 스승에게 배워서 알아낸 지식, 그런 것들을 실제 일에서 행동으로 옮길 때에만 참다운 기쁨을 안을 수 있다는 공자와 안회의 일을 모르고서야 마음의 쾌함을 어디서 얻을 수 있을까.

출판사가 문을 닫고 책방이 사라져 가는 세상, 배우고 때때로 익히기 위해 스승에게 배우고 책을 읽어야 책방이 존재하게 된다. 공자 같은 스승에 안회 같은 제자들이 함께 가르치고 배워서 마음속의 희열을 얻는 방법인 『논어』라도 읽어 보면 어떨까. 그래서 다산은 말했다.

논어만은 일생 동안 곁에 두고 읽어야 한다. 唯論語 可以終身讀

지조를 바꾸지 않는 대장부가 되어야

무릎은 꿇지만 내 뜻은 굽히지 않겠다

고전이 주는 힘은 어떤 경우에도 적용이 된다. 차마 두고만 볼 수 없는 못된 세상에 의욕을 잃고 살아가다가도 고전에서 찾는 경구를 읽다 보면 번뜩 정신을 차리게 된다. 『논어』 「자한」 편에서 공자는 말한다.

> 3개 군단(1만2500×3)의 장수야 빼앗을 수 있으나, 한 개인의 의지는 꺾을 수 없다. 三軍可奪帥也 匹夫不可奪志也

『맹자』 「등문공(滕文公)」 하편은 어떤가.

> 천하의 광거(廣居, 仁)에 살며 천하의 정위(正位, 禮)에 서며 천하

의 대도(大道, 義)를 행해야 한다. 그리하여 뜻을 펴게 되면 백성들에게 혜택을 끼치고, 뜻을 펴지 못하는 경우라면 홀로 도를 행하면서 부귀에 아첨하지 않고, 가난하고 천해도 지조를 바꾸지 않고 위협적인 무력에도 굴복하지 않는 사람을 대장부라고 한다.

참으로 호호탕탕한 이야기이다. 위축되고 좌절감에 빠져 있다가도 이런 대목을 읽다 보면 마음이 흥기되면서 욕구가 살아난다. 다산의 『논어고금주』에도 필부의 의지는 빼앗을 수 없다는 의미를 맹자의 주장과 결부시켜 해석한 참신한 대목이 나온다.

의지를 빼앗을 수 없다는 뜻은 부귀에도 아첨하지 않고 빈천에도 지조를 바꾸지 않으며, 위협적인 무력에도 굴복하지 않는 것을 말한다. 不可奪志謂 富貴不能淫 貧賤不能移 威武不能屈

공자의 말씀과 맹자의 말씀을 합해서 한 인간의 의지가 얼마나 위대하고 큰 힘을 지녔나를 의미 깊게 해석했다.

인간이 지닌 굳은 의지가 그렇게 큰 위력을 지녔건만 오늘의 세상에는 왜 그런 필부는 사라지고 대장부는 나타나지 않는가라는 한탄을 금할 수 없다. 3만 7,500명의 군대를 지휘하는 장수야 붙잡을 수 있지만, 한 개인의 굳은 의지는 어떠한 경우라도 꺾을 수 없다는 그런 인간의 무서운 힘, 긴급조치 시절 엄혹하던 법정에서 "무릎이야 꿇을 수 있어도 내 뜻을 굽힐 수 없다."라고 당당히 맞서던 젊은 학생들의 모습을 떠오르게 한다.

그런 용감한 젊은이들과 민주인사들의 대장부다운 기개에서 조국의 민주주의가 그런대로 성장했건만, 그런 필부도 없는 요즘은 나날이 민주주의가 후퇴하는 꼴을 보면서 괜스레 대장부 타령이나 해 본다.

다산이 인용한 부분에 "3군이야 숫자야 많지만, 인심이 하나로 합해지지 않으면 그 장수는 뺏을 수 있다."라고 했다. 지금의 우리 세상을 빗댄 내용으로 보인다. 경제적·사회적·지역적·정치적 갈등이 갈수록 증폭되어 인심이 갈가리 찢겨 있는데, 나라에 무슨 힘이 있겠는가. 이래서 또 무력감, 무의욕, 졸장부의 생각만 가슴을 메우고 있다.

『논어』에서 배우는 정치

후안무치한 세상

『논어』의 높은 가치를 몇 마디 말로 표현할 방법이야 없지만, 이 대목을 읽어 보면 과연 공자는 성인임에 분명하다는 탄식을 금할 수 없다.

> 법제로 백성을 인도하고 형벌로 규제하면 백성은 법망에서만 벗어나면 수치심을 느끼지 못한다. 덕으로 백성을 인도하고 예로 규제한다면 백성은 수치심을 알게 되고 감화를 받게 된다. 道之以政 齊之以刑 民免而無恥 道之以德 齊之以禮 有恥且格 _『논어』「위정(爲政)」

나라의 통치란 법과 형벌로 하지 않으면 통제할 방법이 없다고 여기는 보편적인 상식에서 벗어나 법과 형벌보다는 덕과 예로 백성들을 보살필 때 인간이 수치심을 느끼며, 덕과 예에 감화되어 아름다운 질서를 회복하는 세상이 된다는 공자의 뜻에 동의하지 않을 사람이 없다. 공자의 정치철학의 핵심이 어느 정도로 높은 수준에 이르렀던가를 짐작할 수 있는 한 대목을 고르라고 한다면 위의 글귀가 아니고서 다시 어디에서 찾을 수 있겠는가.

공자의 세상에서 2,500년이 지난 오늘에 이르러 감화를 받아 수치심을 지닌 사람은 찾을 길이 없고, 이제 대부분 인간의 심장에는 잡초가 무성하여 아무리 못된 짓을 행하고 아무리 큰 죄악을 저지르고도 전혀 부끄럽게 여기지도 않고 수치심을 느끼는 사람조차 없는 세상이 되어 버렸다. 얼굴에다 철판을 깐 철면피의 인간이 아니고는 높은 지위에 오르지도 못하고, 고관대작의 직책을 얻을 수도 없는 세상이 되어 버렸다. 아무리 큰 범죄를 저지르고도 죄를 지은 일이 없다고 끝까지 부인하다가 용케 법망에서 빠져나가면 만사가 해결되었다고 여기기 때문에 죄를 짓고 잘못을 느끼며 부끄러움을 못 이겨 사죄하고 반성하여 뉘우침을 보이는 사람도 없어져 버렸다.

다산은 『논어고금주』라는 해석서에서 공자의 위 문장을 깊이 이해하며 찬탄을 금하지 못하고, 『예기』를 인용하여 격심(格心)이란 감화하는 마음이지만 둔심(遯心)이란 죄를 피해 도망치는 마음이라고 해석했다.

대저 백성을 덕으로 가르치고 예로 규제하면 백성에게는 감화하는 마음이 있지만, 법제로 가르치고 형벌로 제재하면 백성은 도망칠 마음만 생긴다. 夫民 敎之以德 齊之以禮 則民有格心 敎之以政 齊之以刑 則民有遯心

요즘 세상에는 덕과 예가 사라져 오직 '법꾸라지'라는 별명의 인간들이 판치고 있다. 공자와 다산의 말씀대로 법망에서 미꾸라지처럼 빠져나가면 아무리 큰 죄악을 짓고도 전혀 부끄러운 마음이 없는 사람을 일컫는 말이다. 덕례도 도의(道義)도 사라진 오늘, 얼굴에 철판을 깔고 재물과 권력만 추구하는 세상, 그래서 재물을 얻고 권력을 쥐게 되면 만인의 존경을 받고 큰소리치며 살아가는 세상이기 때문에 수치심은 인간의 마음에 자리할 곳이 없어졌다.

온갖 악행을 저지르며 국정농단에 깊이 관여하고도 법의 허점을 악용하여 구속을 면한 사람이 버젓이 행세하고 살아가는 세상을 보면서 공자의 말씀을 되새기지 않을 수 없다.

내가 바를 때 남도 바르게 할 수 있다

여당도 시끄럽고 야당은 더 시끄러워 온통 세상이 시끄럽기 짝이 없다. 그렇다고 정치 없는 세상은 있을 수 없으니 시끄러움을 견디면서 정치란 도대체 어떤 것이며, 이런 해에는 어떻게 해야 국민의 도리를 다하는 것이며, 정치인은 어떻게 해야 올바른 정치인이 되는가에 대한 논의를 펴지 않을 수 없다.

유교를 창시한 공자는 『논어』에서 정치란 어떤 것이고, 어떻게 해야 좋은 정치가 되는가에 대하여 참으로 많은 이야기를 했다. 정치에 대하여 질문하는 제자들의 인품과 능력에 따라 각각 답변을 달리하면서 여러 곳에서 정치에 대한 설명을 했다.

대표적인 공자의 답변을 나열하면서 그 답변을 해석한 다산의 입장은 어떤 것이었나를 간략하게 풀어서 써 보려고 한다. 공자의 제자 자장(子張)이 스승 공자에게 정치란 무엇이냐고 물었다. 『논어』「안연」편에 나오는 글이다. 공자께서 답한다.

> 바른 데에다 몸을 두는 것을 게을리하지 말며, 남을 바르게 하는 일을 실행할 때는 충심을 다해서 하라. 居之無倦 行之以忠

참으로 간단명료한 답변이지만, 그렇게 어려운 정치가 이렇게 간단한 일인가라고 의아해할 수도 있는 답변이기도 하다. 『논어집주』에 주자의 해석도 있는데, 다산은 주자의 해석에 이의를 제기하지 않고, 여기에 자신의 견해를 보충하는 방법으로 새로운 해석을 내렸다.

공자는 다른 제자의 질문에는 "정치란 바르게 해 주는 일이다.(政者正也)"라는 답변을 했던 바가 있어 다산은 우선 그 점을 인용하면서 해석을 내린다.

정치란 바르게 해 주는 일이니 자신을 바르게 하고 나야 남들이 바르게 되는 것이다. 거(居)란 몸을 바른 데에다 있게 하는 것이고, 행(行)이란 남을 바르게 해 줌을 뜻한다.

게을리하지 말라는 것은 맡은 일을 부지런히 하는 것이고, 충심으로써 한다는 것은 신실하게 정성을 다함을 말함이다. 無倦者 勤於職也 以忠者 孚以誠也

이렇게 말한 공자와 다산의 설명을 들어 보면 결코 정치가 그렇게 어려운 일이 아님을 바로 알게 된다. 정치란 바르게 해 주는 일이기 때문에 몸을 바르게 하는 일에 게으름이 없게 하여 자신의 몸이 바른 데에 있게 되면 남을 바르게 함이야 힘들지 않게 해도 가능하다는 주장이다. 바른 몸으로 맡은 직책에 게으름 없이 부지런히 일하고, 그러한 결과로 남들까지 바르게 되면 정치인의 임무는 끝난다는, 이 얼마나 간단하고 명료한 답변인가.

교만하고 인색하면 볼 것이 없다

주공 같은 성인도 인재 찾기에 공을 들였다

『논어』를 읽어 보면 공자가 사모하고 숭배하면서 따르려 했던 사람이 세 분이다. 요(堯)와 순(舜)이 최고라면 요순과 똑같이 여겼던 사람이 주공(周公)이다. 오죽했으면 평천하(平天下)의 꿈에 부풀어 천하를 경륜하려던 젊은 시절에는 밤마다 꿈에 주공이 나타났으나, 나이 들어 쇠약해지자 꿈에도 나타나지 않는다고 했을 정도로 주공은 공자의 멘토였다.

> 주공과 같은 재능과 아름다움을 지녔더라도 자신의 잘함만을 자랑하고, 잘못하는 일을 고치는 데 인색하다면 그 나머지는 볼 것이 없다. 如有周公之才之美 使驕且吝 其餘不足觀也已 _『논어』「태백(泰伯)」

주공과 같은 대성인에게도 교만과 인색함이 있다면 별 볼 일 없는 사람이 되는데, 더구나 일반 사람일 경우야 말해서 무엇하겠는가. 이 부분의 경문(經文)에 주자도 많은 주석을 달았다. 성호 이익(李瀷)의 『성호사설』에 이 경문에 대한 너무나 훌륭한 해석이 열거되어 있다.

> 교만하면 오만하여 남을 능멸하고, 인색하면 인재를 발탁해 현달시키려 하지 않을 것이니, 천하의 군자들 가운데 머리를 조아리며 함부로 나올 사람이 어디 있겠는가. 주공은 그렇게 하지 않았다. 벼슬하지 않은 선비에게 폐백을 가지고 찾아가 스승의 예를 갖추어 만난 사람이 12인이었고, 궁벽한 마을의 가난한 집으로 찾아가 만난 사람이 49인이었다.

남을 능멸하면 나라는 망할 수밖에 없으며, 주공이 어진 인재 찾기에 얼마나 공을 들였는가를 설명했다. 그러면서 주공에게 좋은 정책을 건의하는 사람이 100명이었고, 주공이 가르친 선비가 1천 명이며, 조정의 벼슬아치가 1만 명이었다고 말한다. 찾아오는 사람을 만나느라 먹던 밥을 입에서 세 차례나 뱉고 머리 감다가 세 차례나 머리털을 움켜쥐고 사람을 만나는 수고로움을 아끼지 않았다고 주공의 부지런함을 칭송했다.

잘못을 고치는 일에 인색하지 않아야

『논어고금주』에서 다산은 '인색'에 대해 독특한 해석을 내렸다. 인색이란 '색시(嗇施)'라고 풀이하여 베풀기에 인색함을 뜻한다 했고, 개과천선(改過遷善)에 인색하지 않아야 한다고 할 때의 인색의 뜻이 있다고도 했다. 베풀기를 꺼려하는 인색과 잘못을 고치는 일에 인색한 경우를 설정한 것이다. 그렇다면 공자가 바라던 인간상이 분명하게 드러난다. 어떤 지능과 기예의 탁월함을 지녔다 해도, 베풀기에 인색하고 잘못을 고치는 일에 인색하면 인격자가 될 수 없노라고 확언을 한 것이다.

가지지도 못했고 지위도 없는 사람들이야 인색할 것도 없고 교만을 떨 건더기도 없지만, 문제는 가진 사람들과 지위 높은 사람들이다. 사회적 갈등이 가시고 분열의 골이 메워지려면 가진 자와 지위 높은 사람들이 교만과 인색에서 벗어나야 한다. 공자와 다산의 말씀을 되새겨야 할 때가 바로 지금이다. 잘못을 고치기에 인색한 사람이 많고서야 어떻게 좋은 세상이 오겠는가.

정권이 바뀌면서 편향된 인사라는 비난을 받으면서도 그동안 민주화와 통일운동에 노력한 이른바 운동권 인사들이 대거 권력자의 지위에 올랐다. 그들의 공로가 아주 크고 능력까지 빼어나다면 얼마나 합당한 인사인가.

문제는 공자의 말씀에 있다. 행여라도 교만하여 남을 능멸하는 경우가 있거나, 자기만 뛰어난 인재라며 현능한 인재 고르기에 인색하다면 나라는 가는 길이 뻔하다. 이 정권이 어떻게 들어섰는가. 민주주의도 신장되고 남북문제도 화해로워지면서 희망적인 일들이 전개되고 있지만, 경제는 여전히 어렵고, 인재 발탁도 만족할 만한 수준은 못 된다는 것이 일반적인 평가이다.

때를 잘 만나 운이 맞아떨어져 권력자가 된 사람도 있다는 것을 염두에 두고, 제발 '교차인(驕且吝)'이라는 세 글자를 잊어서는 안 된다. 주공처럼 인재 찾기에 온 정성을 다하고, 자기보다 현능한 사람이 수도 없이 많다는 것도 잊어서는 안 된다. 권력은 유한하고 때는 가면 다시 오지 않는다. 정책을 건의하는 사람이 100명이 넘었다는 주공의 겸양을 배우기를 권한다.

◇ ◇

더불어 살아가는 세상

◇ ◇

공자의 뜻을 실천하는 세상이 그립다

어느 날 공자가 제자들과 함께 한가롭게 토론을 하고 있었다. 마침 그때 제자 중에서도 세상에 이름이 크게 알려진 자로(子路)와 안연(顔淵)이 함께 자리하고 있었다. 공자가 먼저 말문을 열었다.

"자네들 각자의 뜻을 한 번 말해 보지 않겠는가?"

자로가 먼저 자기의 뜻을 말했다.

"제가 타고 다니는 수레와 관복, 제복이나 가벼운 갖옷을 벗들과 공유하다가 닳고 해져도 아까워하는 마음이 없기를 원합니다."

다음은 안연이 답했다.

"능력이 있다고 자랑하지 않으며 공로가 있다고 떠벌리지 않기를 원합니다."

말을 마치자 자로가 공자에게 원하는 바가 무엇인가를 물었다.

"노인들을 편안하게 해 주고, 벗들에게 믿을 수 있게 해 주고, 젊은이들을 잘 품어 주고 싶다.(老者安之 朋友信之 少者懷之) _『논어』「공야장(公冶長)」"

정자(程子)나 주자가 이 대목을 쉽게 풀어서 해석했는데, 세 사람의 뜻은 공통적으로 "모두 남과 더불어 살아가는 삶에 대하여(皆與物共者也)" 말한 내용이라고 설명하여, 공동체 안에서 어떤 삶을 살 것인가를 토로한 뜻이라고 했다. 여기에 다산 정약용은 설명을 조금 보태 공자의 뜻을 설명했다.

> 봉양하여 편안하게 해 드리고(安之以養), 믿음으로써 믿게 하고(信之以信), 애정으로써 품어 준다(懷之以愛) _『논어고금주』

정자의 한 마디는 꼭 첨가해야 할 내용이다. 남과 더불어 살아가는 삶에서 어떻게 할 것인가를 말하는 내용이지만, 자로·안연·공자의 이야기에는 뜻의 "크고 작음의 차이가 있다.(有小大之差)"는 내용이다. 아무래도 자로의 뜻은 안연만 못하고, 안연의 뜻은 또 공자의 뜻에는 미치지 못하여 그들의 뜻에는 대소의 차이가 있다고 해석했다.

그러나 우리들 입장에서 본다면 개인 소유물을 사유화하지 않고 남과 더불어 사용하고도 전혀 아까워하지 않겠다는 자로의 뜻도 높고, 능력이 뛰어나면서도 능력 없는 사람에게 자랑하지 않고, 많은 공적을 이룩하고도 공적을 과시하지 않겠다는 착한 안연의 뜻도 높기만 하다. 그러나 천하를 평정하고 만인의 추앙을 받는 성인인 공자의 뜻은 어느 누구와도 비교할 수 없이 높은 수준임은 더 설명이 필요 없을 것 같다. 평천하(平天下) 할 수 있는 성인의 뜻이어서 물 흐르듯 자연스럽게 마음속에 담겨 있는 공자의 뜻을 우리 모두가 추구해야 할 일이다.

오늘날 인류의 가장 절실한 꿈은 세상의 모든 나라를 복지국가로 만드는 일이다. 공자의 마음에는 못다 이룩한 복지국가를 실현하려는 꿈이 가득하였다. 힘없고 연약하고 소득도 없는 노인들은 누군가 봉양하지 않으면 살아가기 힘든 사회적 약자이다. 이들이 편안한 노후를 살아가도록 하는 일, 지금 21세기에 해야 할 당연한 일을 2,500년 전에 공자가 원하고 있었다. 일자리가 없어 오늘의 젊은이들이 자살을 꿈꾼다. 이들은 사회적 약자가 아니면서도 사회적 약자로 전락한 것이 오늘 우리나라의 현실이다. 이들이 올바르고 정당하게 살아가도록 사랑으로 보살피는 일이 공자의 뜻이었으니, 지금에도 그대로 맞아떨어진다.

문제는 벗들이 자신을 믿도록 해야만 붕우유신(朋友有信)이라는 유교적 가치가 실현되기 때문에 공자는 벗이 믿도록 하는 것이 자신의 소원이라고 말했다. 다산은 "벗이 믿도록 하는 일은 자기가 속이지 않는 것으로 벗을 대우하는 것이다.(朋友信己待之以不欺也)"라고 말하여 자기를 믿게 하려면 남을 속이지 않을 때에만 가능한 일이어서, 벗과 벗 사이에는 속임이 없어야 한다는 말을 인용했다. 그렇다. 속임이 없는 세상이라야 믿음이 살아나는 세상이 되는데, 오늘의 세상은 온통 남을 속이는 일로 가득 찬 세상이 되어 버렸다.

남이 믿게 하려면 '속이지 않음(不欺)'이 대원칙인데, 그러려면 거짓말부터 하지 않아야 한다. 거짓말이 아니면 존재가 불가능한 오늘의 세상, 지위가 높은 사람일수록 돈이 많은 사람일수록 똑똑하면 똑똑할수록 거짓말로 삶을 유지해 가는 오늘, 어떻게 해야 남들이 믿어 주는 세상이 오게 할 수 있을까. 대통령을 지낸 사람들조차 믿어 주지 않는 말만 늘어놓고 있으니, 공자가 살아 계시면 얼마나 화를 낼까.

어려움은 나라 내부에서 온다

세상이 시끄럽고, 가난이 염려되고, 불안에서 벗어나지 못할 때는 『논어』를 읽고 논어를 새롭게 해석한 다산의 『논어고금주』라는 책을 읽어 보기 권한다. 어떻게 해야 나라가 가난에서 벗어나고 혼란에서 벗어나 안정을 되찾고, 외국인들까지 좋은 나라이니 그곳에 가서 살아가겠노라고 찾아오는 그런 나라가 되는 길이 『논어』와 『논어고금주』에 자세하게 나와 있다.

> 내가 듣건대, 큰 나라나 작은 나라를 통치하는 사람은 인민의 숫자가 적음을 걱정하지 않고 빈자와 부자의 균등치 못함을 근심하

며, 가난을 걱정하지 않고 편안하지 못함을 근심한다. 丘也聞有國有家者 不患寡而患不均 不患貧而患不安

대체로 분배가 균등하면 가난이 없고, 화합하면 국토의 좁음이 없으며, 나라가 편안하면 기울어질 일이 없다. 蓋均無貧 和無寡 安無傾

_『논어』「계씨(季氏)」

가난과 국토의 좁음은 국민의 화합으로, 나라의 위태로움은 백성의 편안함으로 극복이 가능하다고 말했다. 그렇게 되어야 먼 곳의 사람들이 그 나라로 살려고 들어온다고 말해, 외교적으로 문제가 없게 된다고 말했다.

균(均)·화(和)·안(安)의 세 단계, 즉 균등해야 화합이 오고, 화합해야 나라가 편안해지는데, 그렇게 되려면 재능이 뛰어난 인재를 적재적소에 등용하고, 능력이 부족하면 바로 자리에서 물러나야 원칙대로 된다고 말했다. 그러한 인재들이 제대로 등용되어야 위태로운 나라는 붙잡아 주고 넘어지는 나라를 부축하여 화합하고 편안한 나라가 세워진다고 했다.

여기에 다산은 "위(危)는 기울어지는 것이고 전(顚)은 넘어지는 것이며 기울어짐을 붙잡는 것을 지(持)라 하고 견고하게 붙잡는 것을 부(扶)라 한다."라고 해석하여 위태롭거나 넘어지는 나라를 굳게 붙잡아 줄 때에 통치자나 지도자들의 능력이 인정받는다고 했다. 의미 깊은 다산의 주장을 새겨들어야 한다. 위태롭거나 넘어지는 나라의 불행은 외국으로부터 오는 것이 아니라 내부의 가난, 화합하지 못함, 편안하지 못함에서 온다는 주장이다.

다시 말하여 모든 국가의 어려움이란 국가 안의 문제에서 오지, 외부에서 오지 않는다는 주장인데, 오늘날 우리나라의 현상에서 쉽게 찾아낼 수 있다. 이른바 남남갈등이나 쉼 없는 극한적인 정쟁으로 나라가 두 쪽으로 갈려 있으니 북한의 문제로만 미국이나 일본의 문제로만 넘길 수 없다는 것이다. 정부의 입지를 약화시켜야만 자신의 당파에 이롭다는 주장이 강해지는 한 내부의 갈등을 조정하기가 참으로 어렵게 된다. 트집 잡지 않아야 할 일에 사사건건 트집만 잡는 정쟁을 멈추어야 한다.

『논어』를 읽는 즐거움

너무 기뻐하지도 너무 슬퍼하지도 말라

『논어』를 읽다 보면 어떤 때는 통쾌하다 못해 참기 어려운 희열의 극점에 이르는 때가 있다. 송(宋)나라의 정자는 "의식하지 못하는 순간에 손과 발로 춤추고 뛰뛰는 지경에 이른다.(不知 手之舞之 足之蹈之)"라고 말하여 그 즐거움과 기쁨이 어느 정도인가를 설명했다. 『논어』를 제대로 읽고 그 의미를 제대로만 파악한다면 참으로 지극한 즐거움에 이를 수 있다는 것이다.

논어 「팔일(八佾)」 편에 "관저는 한없이 즐거우면서 음하지 않고, 슬프기 그지없지만 상하지 않는다.(關雎 樂而不淫 哀而不傷)"라는 말이 나온다. '음'과 '상'을 우리말로 정확하게 표현하기가 정말 어렵다. 남녀 간의 사랑과 애정이 한없이 즐거운 일이지만, 즐거움이 지나쳐 그 적당함을 잃어버림을 '음'이라고 주자는 해석한다. 또 주자는 슬픔이 지나쳐 화락한 마음에 해로움을 주는 것을 '상'이라고 해석했다. 올바른 해석이라고 생각한다.

다산은 주자의 해석에 동의하면서도 약간 다른 뉘앙스로 해석한다. 아무리 즐겁고 기쁜 순간에도 경(敬)을 잊지 않음이 '음' 하지 않음이라 하고, 아무리 하고 싶은 일을 하지 못해도 깊게 속상해하지 않음이 '상'하지 않음의 뜻이라고 해석했다.(不忘其敬 不永傷害)

주자와 다산의 해석은 큰 차이가 없다. 주자의 해석에도 화락(和樂)하면서도 공경(恭敬)을 잃지 않아야 한다는 뜻이 들어 있으니, 같은 의미로 보아도 크게 다르지 않다.

요즘의 세상일에서 공자의 높은 안목이 어느 정도인가를 생각해 보면, 그 깊은 의미에 찬탄을 금할 수 없다. 세상에서 가장 즐겁고 기쁜 일이 남녀 간의 사랑과 애정인데, 즐거움과 기쁨이 조금이라도 지나치면 '음'에 이르러 그 남녀는 삶의 파탄에 빠져 버리고 만다. 인간의 성욕이야 본능이다. 본능을 제대로 억제할 수 있으면 문명의 세계로 갈 수 있지만, 본능을 억제하지 못하면 당연히 파탄에 이르고 만다. 슬픔도 마찬가지, 정도(正道)를 지키는 슬픔이야 인간의 감정을 순화해 주는 아름다움이지만, 지나치면 화락한 심성에 상처를 주어 파멸에 이르는 수가 있다.

'관저'란 『시경(詩經)』의 편 이름으로, 시라는 예술이 도달해야 할 최고의 경지가 어디인가를 설명하면서 했던 말이다. 비단 시라는 예술에서만이 아니라 모든 예술이 즐거움과 슬픔에 대한 표현을 통해 인간의 감정을 순화시켜 주는 데 그 근본적인 뜻이 있다면, 당연히 공자의 말은 모든 예술 분야가 도달해야 할 경지를 말한다고 해도 타당한 내용이다. 공자가 다른 데서 이야기한 '과유불급(過猶不及)'과도 상통하는 이야기이다. 지나침과 미치지 못함이 결과적으로 같아져 버린다는 말이니, 지나침도 안 되지만, 미치지 못함도 안 된다는 뜻이다.

많은 예술 분야에서 즐거움만을 선사하려다가 음란에 빠진 경우가 얼마나 많으며, 지나친 비극을 표현하다가 비애의 도가 넘쳐 파탄에 이르는 경우가 많음을 생각하면 알 수 있는 일이다. 세상만사가 모두 연관되기도 한다. 남을 미워할 수야 있지만 지나치게 저주하고 증오해서 자신의 쾌감만 즐기다가 파탄에 이르고, 슬픔이 비관에 빠져 정도를 벗어나 겪는 불행을 생각하면 이해가 된다. 즐거움의 정도(正道), 슬픔의 정도는 높은 인격 수양을 통해 도달할 경지이리라.

극기복례

사욕을 이기고 예로 돌아가야

73세에 세상을 떠난 공자는 70세에 이르러서야 "종심소욕불유구(從心所欲不踰矩)" 했노라고 자신의 긴긴 수도(修道) 생활의 결과를 말했다. "마음에 하고 싶은 대로 행하여도 법도에 어긋나지 않았다."라는 뜻인데, 평생 자신의 사욕(私慾)을 이기는 극기(克己) 공부에 몰두했던 결과 70에 이르러서야 겨우 하고 싶은 대로 행하여도 정도(正道)에서 벗어나지 않는 행동을 할 수 있었노라는 토로이다.

『논어』에 나오는 이야기인데, 수제자 안연이 인(仁)이란 어떤 것인가를 묻자, 공자는 거리낌 없이 "극기복례위인(克己復禮爲仁)"이라고 답했다. 여기서의 '극기'가 어떤 뜻인가를 밝히는 일은 쉽지 않다.

조선시대의 큰 학자 율곡 이이는 '기(己)'는 "오심소호불합천리지위(吾心所好不合天理之謂) _『격몽요결』"라고 간단히 설명했다. 자신의 마음으로 좋아하는 것이지만 하늘의 이치와는 합치되지 않는 것이 바로 '기'라고 설명했다. 그렇다면 '극기'는 바로 자기 혼자서 좋아하는 일이지만 타당성과 합리성이 없는 것, 그것이 바로 '기'이기 때문에, '극기'란 그런 자신의 사욕을 이겨내서 타당하고 합리적인 가치를 지키는 것이라고 설명할 수 있다.

'극기복례' 문제에 대하여 다산은 그의 저서 『심경밀험(心經密驗)』에서 명쾌한 해석을 내렸다.

> 대체로 인(仁)이란 사람의 일이다. 사람과 사람 사이에서 자신이 해야 할 직분을 다하는 것이다. 蓋仁者人也 人與人之盡分也

이렇게 전제하고, 아버지와 아들, 임금과 신하 사이에서 행해야 할 예절을 제대로 지켜서 행하면 인이라고 풀이했다. 마음속으로는 귀찮고 꺼리는 일이지만, 그것을 이겨내고 착실하게 인간과 인간 사이에 지켜야 하고 행해야 할 예절을 지키는 것, 복례(復禮)만 하면 인을 행함이 된다는 뜻이다. 예절을 제대로 지키고 행하려면 그 전제가 자신이 하고 싶지만 도리에 어긋나고 천리에 부합하지 않는 사욕을 이겨내는 '극기'가 전제되어야 '복례'가 되기 때문에 '극기복례'가 인을 행하는 전제조건이자 그 자체라고 설명했던 것이다.

도(道)를 닦지도 않고, 자기를 이기는 극기공부도 하지 않은 범인(凡人)의 입장에서 종심소욕, 즉 마음 내키는 대로 해 버린다면 세상이 어떻게 되어 가겠는가. 범인이면서도 지위는 하늘만큼 높은 권력자들이 마음 내키는 대로 해 버린다면 참으로 무서운 세상이 될 것이다.

여자의 의미를 새롭게 해석하다

공자는 여성을 하대하지 않았다

다산의 학문을 깊이 들여다보면, 역시 창의력이 뛰어난 학자였다. 유교를 국가통치 이념으로 삼았던 조선왕조에서는 사서육경(四書六經)이 가장 중요한 교과서였다. 다산은 사서육경에 대한 해석이 올바르지 못해서 2천 년 긴 밤이 계속되고 있다고 하면서, 경에 대한 올바른 해석을 크게 강조하였다.

> 경전의 뜻이 밝혀진 뒤라야 도의 실체가 드러나고, 그 도를 얻은 뒤라야 비로소 심술(心術)이 바르게 되고, 심술이 바르게 된 뒤에야 덕을 이룰 수 있다. 그러므로 경학에 힘쓰지 않으면 안 된다. _ 「정수칠에게 주는 글」

다산은 유배 18년 동안 경전을 연구한 방대한 저술을 남겨 공자의 본뜻을 제대로 해석하고, 경학을 체계화했다. 『논어』 「태백」 편에 "민은 이치에 따르게 할 수는 있어도 그 원리를 알게 할 수는 없다.(民可使由之 不可使知之)"라는 경문이 있다. 많은 경학자들이 백성은 부려먹을 수는 있어도 이치의 소이연(所以然)까지를 알게 해 줄 수 없다고 해석하여 백성과 치자의 확연한 구분으로 이해하게 만들고 말았다.

여기에 다산은 왜 공자가 우민정책으로 백성을 낮잡아보는 말을 했겠느냐면서, 공자가 말한 민(백성)은 모든 백성이 아니라고 했다. 사(士)·농(農)·공(工)·상(商)의 4민 중에서 사(士)를 제외한 전문직에 종사하는 사람들이야 국가의 통치원리까지를 모두 알게 해 줄 수 없는 것이라는 뜻으로 해석하여, 민과 통치자가 계급으로 구별된다고 했던 말이 아니라는 내용이다. 그런 창의적인 해석으로 공자의 본뜻을 밝혀낸 학자가 다산이다.

『논어』 「양화(陽貨)」 편에 "오직 여자와 소인은 양육하기 어렵나니, 가까이하면 불손하고 멀리하면 원망한다.(唯女子與小人爲難養也 近之則不孫 遠之則怨)"라는 경문이 있다. 이거야말로 남존여비의 공자사상의 맹점으로 여겨 모두의 비난 대상이 되고 말았다. 여자를 무시하는 나쁜 사상이라는 비난이 그치지 않았다.

다산은 여기에서 참으로 창의적인 새로운 해석을 내렸다. 여자에 대하여 모든 여성이 아니라는 해석으로 새 논리를 찾아냈다. 양(養)을 휵(畜)으로 해석하여 길러 준다고 여기고, 여자나 소인은 일반 여성이나 벼슬 못하는 소인으로 여기지 않고, 『주역』 돈괘(遯卦)를 인용하여 "휵신첩 길(畜臣妾 吉)" _『논어고금주』처럼 공자가 말한 여자와 소인은 신첩, 즉 "남왈신 여왈첩(男曰臣 女曰妾)"의 뜻을 원용하여 해석을 내렸다. 공자가 말한 여자와 소인은 통상의 여자나 소인이 아니라, 하천(下賤)의 노예와 같은 교양 없고 인격이 얕은 사람을 뜻한다고 한정해서 풀이한 것이다.

일본의 작가가 여자와 소인에 대해 "예의범절과 배려의 미덕을 배우지 못하고 제멋대로 자란 사람은 진실한 인간관계를 쌓을 수 없다." _나가오 타케시, 『논어지어(論語之語)』라고 해석했음과 큰 차이가 없다. 여자를 하대하고 얕잡아보는 공자라고 그렇게 비난받았는데 다산을 통해 하천한 여인이나 교양 없는 소인은 다루기 어렵다는 뜻이라는 해석이 내려졌다. 그 전까지 모두 여자와 소인은 기르기 어렵다고 해석했으니, 경을 잘못 해석하여 긴긴 중세가 지속되었던 것이다.

다산의 창의적인 경전 해석이 얼마나 훌륭한가를 알게 해 주는 내용이다. 폐첩(嬖妾)·시녀(侍女)·복어(僕御)·근습(近習) 등 하천의 사람을 일반 사람과 구별했음을 이해하면 공자의 말을 바르게 이해하게 된다. 공자는 절대로 여성을 하대하지 않았다.

2부

주자학을 넘어 다산학으로

관념의 세계에 깊이 잠겨 있던 중세의 사변적 철학이 바로 주자학인데, 여기에 거대한 반기를 들고 만사만물은 마음속에 있는 이치가 아님을 선언한 철학이 바로 '다산학'이다. 1130년에 태어나 1200년에 세상을 떠난 주자보다 632년 뒤인 1762년에 조선에서 태어난 다산은 관념적인 주자의 성리학적 경학이론을 재해석하여 새로운 실용주의적 논리로 바꾸지 않는 한 세상은 제대로 발전해 갈 수 없다고 믿었다.

다산이 성리학을 반대한 이유

조선의 통치이념으로 자리 잡은 성리학

고려 말 중국에서 전래된 성리학(性理學)은 조선왕조에 들어와 통치이념으로 자리 잡아 학문의 주조(主潮)가 되었다. 조선 초기부터 학자라는 이름을 들으려면 우선 성리학부터 연구해야 하고 성리학에 깊은 조예가 있어야 학자라는 대접을 받을 수 있었다.

통치이념으로서의 성리학이 제구실을 제대로 하지 못해 임진왜란, 병자호란 등의 국난을 겪게 되고, 나라의 재정이 바닥이 나서 민생이 도탄에 빠지자, 성리학에 대한 비판이 일어나면서 백성과 나라에 실익(實益)이 되는 학문을 추구하자는 생각이 일어났으니, '실학'이라는 학문의 이름이 태동하기 시작한 것이다.

성리학은 유교 경전의 핵심적 내용인 성(性)을 이(理)로 해석하는 '성즉리(性卽理)'로부터 논리 체계가 세워진다. 성을 이(理)로 여김으로 해서, 유교 경전의 또 다른 중심 내용인 인(仁)·의(義)·예(禮)·지(智) 등 모두를 이의 틀에 넣어두고 '마음 속의 이치(在心之理)'에 의해서 세상이 존재하고 우주가 운행된다고 여기는 관념의 세계로 빠지게 되었다. 인이란 사랑의 이치(愛之理)요, 마음의 덕(心之德)이라 해석한 주자의 학설에 따라 덕(德)도 '온갖 이치를 갖춘 것(具衆理)'이라는 결론에 도달한다.

만물이 모두 마음 속의 이치이고 덕도 이치이기 때문에 그런 마음이 변하지 않게 간직하고(存心), 이치가 사라지지 않도록 길러 주는(養性) 일을 통한 수양만 제대로 함, 즉 존심양성(存心養性)을 통한 수양만 제대로 하면 유교 경전이 목표로 하는 세상만사가 모두 원활하게 해결된다고 보는 것이 간략한 주자학의 요체이다.

공자의 중심 사상이 인(仁)이라면 공자를 계승하여 유학(儒學)의 논리를 확대 발전시킨 맹자는 인에 의(義)를 첨가하여 인의의 사상체계로 유학의 근본 논리를 세웠다. 공자의 제자는 넓혀 보면 3천 제자이고, 좁혀 보아도 72제자, 더 좁히면 10철(哲), 최소로 좁히면 4성(聖)이라는 많은 제자를 두었다. 그러나 그 많은 제자 가운데 공자에게 어떻게 인을 실천하는가에 대하여 물은 사람은 있지만, 인의 뜻이 무엇인가에 대하여 물은 경우는 많지 않았다.

맹자의 경우도 마찬가지여서 『논어』나 『맹자』에는 "인(仁)이란 인(人)이다." 즉 인이란 사람이 하는 일이라고만 간단하게 설명한 대목이 나온다. 의(義)도 마찬가지로 많은 질문이 없었다.

공자와 맹자의 제자들은 공자나 맹자의 언행(言行)이 인의에 적합하기 때문에 질문할 필요도 없이 공맹의 언행을 관찰하면 저런 것이 인이고 의이구나라고 믿을 수 있었기 때문이다. 그러나 몇 백, 몇 천 년의 세월이 흐르면서 공맹의 언행이 보이지 않으니, 인이 무엇이고 의가 무엇인가를 논할 수밖에 없는 경학(經學)의 연구가 나타날 수밖에 없었다.

주자는 그간의 모든 경전연구 자료를 집대성하여 성리학의 논리로 인의를 해석하여 그렇게 보는 것이 공맹의 본뜻이었을 것이라고 여겨 '주자학'을 이룩했다. 인도 이(理)요, 의도 이(理)라는 관념적인 논리로 경을 해석하여 대단한 유학 체계를 세웠다.

관념의 세계에 빠져 버린 주자학

관념의 세계에 깊이 잠겨 있던 중세의 사변적 철학이 바로 주자학인데, 여기에 거대한 반기를 들고 만사만물은 마음속에 있는 이치가 아님을 선언한 철학이 바로 '다산학'이다. 1130년에 태어나 1200년에 세상을 떠난 주자보다 632년 뒤인 1762년에 조선에서 태어난 다산은 관념적인 주자의 성리학적 경학이론을 재해석하여 새로운 실용주의적 논리로 바꾸지 않는 한 세상은 제대로 발전해 갈 수 없다고 믿었다. 성(性)은 이(理)가 아니라 '기호(嗜好)'라고 단언하여 사서육경의 새로운 해석을 내렸다. 주자학에 안주하고 있는 한 세상의 변화는 불가능하고 의식 개혁은 더욱 어렵다고 믿고, 새로운 경학 체계를 관념의 경지에서 경험의 새 세계로 변이시켰다. 선(善)으로 향하는 경향의 성(性)을 행위로 옮기면 바로 그것이 덕(德)이라고 하여 성(性)+행(行)=덕(德)이라는 공식을 마련했다.

행동 없는 이론, 실천하지 못하는 양심, 이 두 가지 병폐 때문에 역사는 제대로 발전하지 못한다는 신념으로, 다산은 이(理)보다는 행(行)의 중요함을 강조했다. 실학·실용주의·실사구시의 종합은 다름 아닌 행, 바로 실천에 있다는 것이다. 말이 아닌 행동, 마음속에만 두고 있는 어떤 선량함도 행위로 옮기지 않는 것은 무용하다고 믿고, 그런 생각으로 바뀌어야만 의식의 변화가 가능하다는 것이 '다산학'의 요체이다.

나라와 백성을 살리는 다산학

실학자답게 다산은 자기가 살던 시대의 행세학이던 5개 학문에 비판을 가하면서(「오학론」), 다섯 개의 학문을 그대로 두고는 새로운 나라를 만들 수 없다는 결론에 이르게 된다. 그중 첫 번째의 학문이 바로 '성리학'이다. 왜 다산은 성리학을 반대하고 주류학문에 반기를 들 수밖에 없었을까. 다산학에 깊은 조예가 있던 위당 정인보의 주장을 통해 다산의 뜻을 알아본다.

이기(理氣, 성리학)의 학이 내려올수록 누에고치 실이나 소의 털끝 차이를 다투는 동시에, 갑론을박함이 더욱 심하여 자신들은 털끝도 나누고 자세히 분석한다면서 하늘이나 인간이 말할 수 없는 비밀을 다 알아낸 것처럼 자부하지만 끝내는 일용상행(日用常行)의 원칙에 도움이 없은즉, 오직 말만 많을 뿐 온종일 하는 일이 그것일 뿐 민국(民國, 백성과 나라)의 실(實)을 논외로 제치고 은둔만이 유일한 주장이고, 전곡(田穀)·갑병(甲兵)·송옥(訟獄)·외교(外交) 등 반드시 강구할 것을 모두 비속한 일이라 여겼다.

옛날의 풀이로 보면 사(士)는 사(仕)이니 벼슬에 나가 민국에 공헌함으로써 선비의 본분을 다하는 것이어늘 이제 은둔으로 최상을 삼으니 『중용』의 몸을 감추고 괴상한 일이나 함은 군자가 해서는 안 된다 함에 해당하니, 성리학에 빗대어 산림에 숨어 사는 편함이나 도모함은 당연히 분쇄하자는 이유에서였다._「유일한 정법가 정다산 선생」 서론

성리학을 파쇄해야만 백성의 일용상행에 도움이 되고, 민국에 실익이 되는 학문을 할 수 있기 때문에 당시 학문의 주류이던 성리학에 대한 반대의 깃발을 들 수밖에 없었다는 것이 정인보의 주장이자 다산의 의도였다.

다산은 국가와 민생에 실리(實利)·실익(實益)을 도모하는 학문이 아니고는 도탄에 빠진 백성을 건져낼 방법이 없다고 했다. 실리·실익에 도움이 되는 학문이 바로 실학이다. 전곡(田穀, 경제)·갑병(甲兵, 국방)·송옥(訟獄, 법원·검찰행정)·빈상(儐相, 외교

관 접빈) 등을 반드시 강구하여 나라와 백성의 실리와 실익에 도움을 주는 학문을 할 때에야 비로소 선비다운 선비가 될 수 있다는 결론이다.

이(理)다! 기(氣)다! 이렇게 따지면서 산림에 숨어 편안만 도모하던 거짓 선비들, 그들은 이기를 논하느라 백성이 도탄에 빠져도 치밀한 논리를 추구하노라 자랑하고 있었으니, 나라가 망하지 않을 수 없었다.

오직 다산만은 민국과 자신을 나누지 않고 민국을 살려내는 일이 바로 자신이 살아나는 일이라 여기고 500여 권의 저술을 통해 나라 살리는 길을 열어 놓았던 것이다. 나라를 살리고 싶은 애국자자라면, 다산의 저서를 통해 오늘 우리가 가야 할 길을 찾아보는 일에 게을러서는 안 된다.

도심과 인심의 마음공부

인심은 도심을 따라야

공자는 15세에 학문에 뜻을 두고 인격수양과 마음공부에 일생 동안 매진하여 70세에 얻은 성과, 즉 성인(聖人)의 경지에 이르렀음을 넌지시 말했다.

> 70세에야 마음이 하고자 하는 대로 따라 해도 법도를 넘지 않았다. 七十而從心所欲 不踰矩

주자가 말한 "최고 수준의 지혜로운 사람에게도 인심이 없을 수 없고, 가장 어리석은 사람에게도 도심이 없을 수 없다.(上智不能無人心 雖下愚不能無道心 _『중용』 서문)"라는 내용에서 보듯 인간이라면 누구나 인심과 도심을 지니고 있다. 이런 주자의 논리에 다산은 적극 찬동하면서 "성인이 나와도 바꿀 수 없다.(聖起不易)"고 하며 인심 도심에 관한 자신의 견해를 밝혔다.

다산은 그의 대저 『논어고금주』에서 공자의 주장을 해석한다.

> 도심이 주재가 되고 인심이 그 명을 들어 주면 마음이 하고자 하는 대로 해도 이것은 도심이 하고자 하는 대로 따르는 것이 된다. 그러므로 법도를 넘지 않는다. 道心爲之主 而人心聽命 則從心所欲 爲從道心之所欲 故不踰矩

도심과 인심으로 나누어, 도심이 하고 싶은 대로 하고 인심이 그대로 따라 준다면 어떤 일을 해도 법도에 맞는 올바른 일을 하게 된다는 것이다.

그렇다면 어떻게 해야 도심과 인심이 함께 있는 인간의 마음에서, 도심이 주재하여 인심이 따르게 할 수 있을까. 그런 경지에 이를 때에만 공자 같은 성인의 지위에 오를 수 있는데, 범인들이야 범접하기 어려운 경지이다.

그렇기 때문에 유학사상의 핵심은 어떻게 해야 인심이 도심을 따르게 할 수 있는가 하는 마음공부, 즉 심학(心學)에 최종적인 노력을 집중해야 하는 것으로 귀결된다. 인심과 도심의 문제는 『서경』 「대우모(大禹謨)」의 "인심은 위태롭기만 하고 도심은 미미하기만 하다.(人心惟危 道心惟微)"라는 두 구절에서 발단한다.

이 두 구절에 대해 다산은 "지극한 이치가 담겨 있고 비교될 수 없이 정확하다.(至理所寓 精確無比)"라고 말하고, "만세 심학의 종(萬世心學之宗)"이라고 평가하여 그 두 구절이 유학사상에 얼마나 큰 무게가 있는가를 강조했다.

하늘에서 받은 착한 성품을 따라야

다산은 유배지에서 경학과 경세학 저술을 대부분 마치고 이제 마음공부, 심학으로 돌아가겠다면서 『심경밀험(心經密驗)』이라는 높은 수준의 책을 저술했다. 그러한 연구 결과 '위미(危微)'의 논리가 심학의 으뜸 이론이라고 했으니, 그 뜻이 얼마나 심오한가를 알기 어렵지 않다.

다산은 『중용』의 천명(天命)이 성(性)이고 성품대로 따르는 것이 도(道)라고 할 때의 성이 바로 도심이라고 설명하여 하늘에서 받은 착한 성품대로 따를 수만 있다면 인간 마음의 문제는 해결된다고 보았다.

천명의 성품을 따르지 못하게 하는 인심을 어떻게 제어할 수 있을까. 인류의 문명사는 인간이 지닌 도심과 인심이 바르게 조절되면서 근대문명이라는 불안전한 업적을 이뤄 냈다. 이제는 인심과 도심의 조절이 무너지면서, 인심의 가장 큰 부분인 '물욕(物欲, 맹자의 주장)'이 도심을 가로막아 인심을 따르게 할 수 없게 되면서 문명의 위기에 봉착한 오늘의 세상이 되었다. 자본주의 논리가 극대화되어 물욕만이 인간의 마음을 주재하면서 도심이 약화되자 기후·자연 등의 온갖 재앙이 몰려오고 있다.

실학자들이 그렇게 이용후생(利用厚生)을 강조하면서도 반드시 그 앞에 '정덕(正德)'을 전제로 했듯이, 물욕을 제어할 도심을 키우기 위한 자기 수양과 인격 함양의 공부에 여생을 걸었던 다산의 지혜를 배워야 할 때가 지금인 것 같다. 그 길만이 파멸의 조짐이 역력한 위기의 자본주의 문명을 구제하리라 믿는다.

맹자의 성선설 해석

성선설은 공자의 본론이다

인간의 성품을 놓고 착한가, 악한가라는 큰 질문이 성리(性理) 철학의 큰 분야의 하나였음은 우리가 모두 잘 알고 있다. 맹자로부터 성선설(性善說)이 나오고, 순자(荀子)에게서 성악설(性惡說)이 나와 대립하다가 그 뒤 양웅(揚雄)에 의하여 성선악혼재설(性善惡渾在說)이 나와 성품은 본디 착하기도 하지만 악하기도 하니, 선과 악이 혼재해 있다는 논리가 나오게 되었다.

그렇다면 오늘의 우리는 어떻게 판단을 해야 할까.

세월호 사건으로 아들과 딸들을 비명에 보내고, 왜 그들이 비명에 죽을 수밖에 없었던가의 원인을 밝혀서 진실을 규명해 달라고 단식을 단행하며 광화문 광장에서 죽음을 각오한 싸움을 전개하고 있을 때, 단식을 풀고 진실규명의 일에서 손을 떼라고 농성장 곁에서 고기를 구워 먹으며 단식자들을 희롱했던 사람의 성품을 따져 보고 싶다. 쌀값의 폭락을 막아 농민들을 도와달라고 항의 시위를 하다 과도한 경찰의 물대포에 맞아 생명을 잃은 아버지를 중환자실에서 오랫동안 간호한 두 딸이 소홀하게 환자를 간호했다고 고발하는 극우 보수단체 소속 사람들의 성품은 어떤 정도인가도 따져 보고 싶다.

시비곡직을 가리지도 않고 정권에 불이익일 것만 같은 일에는 무조건 반대하고 희롱하여 인간의 슬픔이나 비애에 대한 기본적 감정까지를 말살해 버리는 그런 성품은 어디서 나왔을까. 사람의 성품은 착할까, 악할까. 아니면 선악을 함께 품고 있을까.

다산은 말한다.

> 성선은 공자의 본론이지 한 사람의 사적인 주장이 아니다. 性善者先聖之本論 非一家之私言也. _『심경밀험(心經密驗)』

성선설은 맹자만의 주장이 아니라 정통 유학사상의 기본 철학이라고 했다.

사람의 성품은 본래 선하다

다산은 성리학자들이 주장하는 성론(性論)에서 완전히 벗어나, 성은 기호(嗜好)라고 설명하여, 본연지성(本然之性)과 기질지성

(氣質之性)으로 나누는 것 자체를 반대하며, 본연지성으로 보면 성선이 맞지만 기질지성으로 보면 성악이 맞게 되므로 인간 성품의 한쪽만 본 순자는 성악설을 주장하고, 두 가지 성품이 함께 들어 있다고 본 양웅은 혼재설을 주장했다고 말한다. 그러나 공자 이래 다산에 이르도록 성선설에 입각하여 인간의 모든 문제를 해결하려 했던 것이 명확한 정론이었다. 다산은 더 설명한다.

> 인간의 정신 속에는 세 가지의 이치가 있으니 성품으로 말하면 착함을 좋아하고 악함은 부끄러워한다. 그래서 성선설이 나오게 된다. 형평성으로 보면 착할 수도 있지만 악할 수도 있다. 그래서 선악이 혼재해 있다는 양웅의 주장이 나온다. 행하는 일로 본다면 착한 일은 하기 어렵고 악한 일은 하기 쉽다. 그래서 순자의 성악설이 나왔다. _『심경밀험』

형평성이나 일을 행함은 본질이 아니므로 그런 성품 세 가지가 우리 정신 속에 들어 있는 것이 아니라고 다산은 결론 맺으며 성선설의 입장을 고수했다.

그렇다. 인간의 성품은 본디 착하기 마련이다. 그래서 솔성(率性, 성품에 따르고), 존덕성(尊德性, 본디의 성품을 높이 받들어)하여 인성을 지켜 나가는 것이 인간의 본분이다. 막된 일에 가담하여 본성을 잃고 하찮은 이끗에 정신을 잃고 사는 사람들, 제 정신, 본성으로 돌아와 주기를 간절히 바랄 뿐이다. 그러한 악을 행하고 살아서야 어디 인간이라고 말이라도 하겠는가.

『서경』의 정치철학

왜 요순정치가 실현되지 않는가

유교 경전으로 크게 '십삼경(十三經)'이 거론되지만, 흔히는 '사서육경(四書六經)' '사서오경(四書五經)'을 말하고, 작게는 '사서삼경(四書三經)'을 일컫는다. 유학자라면 13경에 달통해야 하지만, 최소한 7서(七書), 곧 사서삼경이라도 제대로 연구하고 공부해야 한다. '4서'는 『논어』, 『맹자』, 『대학』, 『중용』이고, 3경은 '시·서·역(詩·書·易)' 곧 『시경』·『서경』·『역경』으로, 유교의 기본 경전이다.

> 이 책에는 이제삼왕(二帝三王, 요·순·우·탕·문무)이 천하를 통치했던 대경(大經)·대법(大法)이 담겨 있다. _『서경집전』 서문

천하를 다스리는 정치철학이 『서경』에 들어 있다는 설명이다. 그렇다. 인류 모두가 그렇게도 바라는 요순시대는 그러한 통치 철학으로 천하를 이끌었기 때문에 인류의 영원한 이상향이 된 것이다. 동양의 군주나 정치가들이 『서경』을 정치의 바이블로 여겼던 것은 그런 이유에서였다.

그러나 『서경』이 담고 있는 통치철학을 실천한다는 것이 결코 쉬운 일은 아니었다. 그래서 요순과 3왕의 정치 이래로 끝내 요순정치는 실현을 보지 못했다.

다산 정약용은 왜 요순정치가 실현될 수 없었는지 그 이유를 간단명료하게 설명했다.

> 순임금은 고요(皐陶)라는 신하를 왕사(王師)나 천자의 자리를 물려줄 신하로 여기지 않았으면서도 좋은 정책을 건의하면 절하고 받아들이면서 천자로서의 존귀함을 나타내지 않았다. 성인 제왕이 겸공(謙恭)한 태도로 보탬이 될 일을 구하던 모습이 그와 같았다. 그러나 진(秦)나라 이후로는 전적으로 '군주는 높고 신하는 낮다.(尊主卑臣)'는 이론을 통치하는 가장 좋은 정책으로 여겼기 때문에 군주의 위세는 높아지고 벼슬아치는 날로 낮아져서 이제삼왕(二帝三王)의 통치는 다시 볼 수 없게 되고 말았다. _『상서고훈(尙書古訓)』

제왕이나 통치자라면 백성을 상전으로 여기고 신하를 함께 일하는 정치가로 여겨 겸손하고 공손한 자세로 좋은 정책을 건의하면 절하면서 받아들여야 하건만, 진시황 시절부터 자신만 존귀하고 신하나 백성을 얕잡아보면서 독선과 오만으로 세상을 이끌어 왔기 때문에 요순시대는 다시 오지 못하고 말았다는 탄식을 했던 것이다. 다산이 제시한 요순시대의 통치원리가 '겸공구익(謙恭求益)'에 있음을 알게 되면서, 오늘 우리나라의 정치가 왜 이렇게 형편없는 수준으로 타락하고 말았나를 쉽게 알아낼 수 있다.

제왕이나 군주는 겸손하고 공손해야 한다. 그래야 도움을 얻을 수 있다. 그러면서 통치자가 해야 할 일만 하면 된다. 『서경』에 나오는 내용이다. 만 가지 일이 무너져 내리는 이유를 말한다.

> 통치자가 밝고 신하들이 어질면 모든 일이 편안해진다. 통치자가 사소한 일이나 챙기면 신하들은 게을러지고, 만 가지 일이 무너져 버린다. 元首明哉 股肱良哉 庶事康哉 元首叢脞哉 股肱惰哉 萬事墮哉

『서경』 연구에 몰두했던 다산

『서경』은 『상서(尙書)』·『서전(書傳)』 등 여러 이름으로 불리는데, 그 책의 가치에 대해 많은 학자들이 정확한 평가를 내리고 있다.

조선의 대현(大賢) 율곡 이이(李珥)는 『격몽요결』에서 『서경』

이야말로 요순시대의 통치철학임을 분명하게 밝혔다.

다산도 다른 어떤 책보다 『서경』에 주목하면서 연구에 연구를 거듭하여 『상서고훈(尙書古訓)』 7권과 『매씨서평(梅氏書平)』 4권 등 주석서를 저술하였다.

1778년 다산은 17세의 소년으로 21세의 중형 정약전과 화순의 동림사에서 40일 동안 독서를 했는데 형은 『서경』, 자신은 『맹자』를 읽었다면서 눈 오는 밤에 잠을 이루지 못하고 두 형제가 요순시대를 구현하는 방법에 대한 토론을 했노라는 기록이 있다. 그만큼 그들은 젊은 시절부터 요순시대를 이룩하려는 꿈을 지녔다.

뒷날 흑산도에서 귀양 살던 중형과 강진에서 귀양 살던 다산은 편지를 통해 『서경』의 「익직(益稷)」 편을 토론하면서 고적제(考績制)의 올바른 시행을 통해서만 요순시대를 이룩할 수 있다는 논리를 전개하였다. 또 다산은 유배지에서 아들에게 "이번 겨울부터 반드시 『상서』와 『좌전(좌씨춘추)』을 읽도록 하라."고 권장했다.

그만큼 『서경』은 중요한 책이다. 정치지도자 한 사람이 현충원을 참배하고 방명록에 '민유방본 본고방녕(民惟邦本 本固邦寧)' 여덟 자를 기록으로 남겼다고 한다. 백성이 나라의 근본이니 근본이 튼튼해야만 나라가 안녕해진다는 뜻으로, 고대 동양 정치철학의 핵심인 민본주의(民本主義)를 주장한 내용이어서 세인의 관심을 받게 되었다. 『서경』 「하서(夏書)」에 나오는 구절이다. 요순시대에 대한 꿈을 피력한 내용이어서 그냥 넘길 수가 없다.

단순히 말로만 하지 말고 제대로 민본사상을 현실정치에 구현하여 요순시대로 가는 길을 열어 줄 것을 간절히 소망해 본다.

◇ ◇

우리도 성인이 될 수 있을까

◇ ◇

부족함을 모르면 성인이 아니다

기원전 551년에 태어난 공자는 주자보다 1681년 전의 인물이고, 주자는 다산보다 632년 전 인물이다. 이러한 시대적 차이 때문에 공자의 원문에 새로운 해석과 해설을 달지 않으면 원문의 정확한 의미를 파악하기가 어려웠다. 공자 이후 수많은 학자가 계속하여 『논어』의 해석과 해설을 달았고, 12세기에 이르러 주자가 모든 해석을 종합한 '집주(集註)'를 완성하여, 유교 이론을 집대성한 학자의 지위를 얻었다. 조선 500년 동안 큰 이의(異議) 없이 '주자학'이라는 이름으로 주주(朱註)가 대표적인 『논어』 해설서였는데, 600여 년 뒤 다산에 이르러 새로운 시대를 반영하는 새로운 『논어』 해설서가 나왔다.

『논어』「헌문(憲問)」 편을 보면 "수기이경(修己以敬)"이라는 구절이 나온다. 국가의 최고 지도자를 군자(君子)라고 할 때 "군자는 경(敬)으로 몸을 닦은 사람이다."라고 공자가 답했다. 한 단계 높은 답변을 요구하자 "몸을 닦아 남이 편안하게 살도록 해 주는 사람이다."라고 또 답했다. 한 단계 더 높은 답변을 요구하자 "몸을 닦아 모든 백성이 편안하게 살도록 해 주는 사람이다."라고 답하여 통치자가 해야 할 일의 최고 단계가 어떤 것인가를 밝혔다. 그러면서 공자는 모든 백성이 편안하게 살아갈 수 있게 해 주는 일은 "요순(堯舜) 같은 성인 군왕들조차 만족스럽게 여기지 못했던 일이었다."고 부연 설명했다.

'수기이안백성(修己以安百姓)'은 통치자가 노리는 최고의 목표인데, 요순 같은 성인 군왕들도 거기에는 만족스럽게 여기지 않았다는 데에 큰 의미가 담겨 있다. 주자는 만약에 요순이 만족스럽게 여기고 더 이상 할 일이 없다고 여겼다면 요순이 될 수 없었다고 해석했다. 언제나 부족하고, 잘못한 점이 많아 백성들 누군가는 편안하지 못한 사람이 있기 마련이라는 판단에서 요순 같은 성인 통치자들은 부족함을 느끼지 않을 수 없었다는 주자의 해석은 얼마나 탁월한 해석인가.

다산은 여기에 하나의 해석을 더 붙였다. 모든 백성이 편안하게 살도록 해 주는 일은 바로 '치국평천하(治國平天下)'에 해당되는 말이니 매우 지난(至難)한 일인데, 여기에 만족감을 갖는 통치자란 참다운 통치자가 아니라고 해석하였으며, 백성들이 편안하지 못함을 병통으로 여기고 만족하게 여기지 못함은 자기 자신이 제대로 닦이지 않아 백성들을 편안하게 해 주지 못함을 병통으로 여겼다는 뜻으로 해석해야 한다고 했다.

공자·주자·다산의 말씀 모두 옳고 바른 주장이다. 만백성이 편안하게 살 수 있는 '치국평천하'를 하려면 지도자 자신이 먼저 제대로 수양하고 인격을 갖춰야 한다는 것을 모든 지도급 인사들이 인식해야 할 것 같다.

보통사람도 성인이 될 수 있다

3천 명이 넘는 제자 가운데 공자가 가장 사랑하고 믿으며 크게 칭찬했던 제자가 안연이다. 안연이 두고두고 사용하던 말이 있으니 "순(舜)은 어떤 사람이고 나는 어떤 사람인가? 순임금처럼 노력하면 순임금이 될 수 있다.(舜何人也 予何人也 有爲者亦若是)"라는 내용이다.

율곡 이이(李珥)는 조선의 대현(大賢)이다. 16세에 사랑하는 어머니를 잃고 생사(生死) 문제로 고민에 고민을 거듭하다가 우연히 불교서적을 읽고 죽고 사는 문제에 대한 의구심을 풀어 보려고 금강산으로 입산하여 스님이 되었다. 그러나 오래지 않아 다시 깨닫고 불교에서 유교로 돌아와 자신의 다짐을 '자경문(自警文)'이라는 이름으로 작성했다. 자신의 다짐 첫 번째 목표는 성인이 되는 것으로 정하고 "성인의 목표에 이르지 못하면 할 일을 끝마치지 못한 것이다."라는 말까지 했다.

다산 정약용은 아들에게 보내 편지에서 "폐족(廢族)이야 벼슬하는 일에야 배척을 당하지만, 성인이 되는 일이나 문장가가 되는 일이나 통식달리(通識達理)의 선비가 되는 일에 무슨 장애가 있겠느냐?"라고 말하여 힘써서 안 되는 일이 무엇이 있겠느냐는 가능과 희망의 멋진 이야기를 해 주었다.

보통 사람으로서는 감히 넘보기도 어려운 성인에 대하여 옛날의 어진 이들은 그렇게 이야기하면서, 모두가 성인이 되도록 힘써야 한다는 경계의 말을 많이 했다.

더욱 쉽게 성인이 되는 것에 대하여 다산은 경전 해석을 통해 풀어서 이야기하고 있다.

> 요즘 사람으로 성인이 되고 싶어도 성인이 될 수 없는 세 가지 이유가 있다. 첫째는 하늘(天)을 이(理)로 인식함이고, 다른 하나는 인(仁)을 사물이 만들어 내는 이치(理)라고 인식함이며, 마지막 하나는 용(庸, 중용의 용)을 평상으로 인식해 버리는 것이다. 今人欲成聖而不能者 厥有三端 一認天爲理 一認仁爲生物之理 三認庸爲平常 _『심경밀험』

성리학, 즉 주자학의 관념적 사고 때문에 보통사람은 성인이 될 수 없다는 반주자학적 논리를 전개하였다. 누구라도 노력하면 성인이 될 수 있다는 안연·맹자·율곡·다산 자신의 이야기를 통해 성인이 되는 방법이 없도록 경(經)을 해석한 주자학의 문제점을 비판하고 있는 점에서 '다산학'의 창의적인 논리를 발견하게 된다. 주자는 하늘(天)을 이(理)로, 인(仁)도 이로, 중용의

용을 평상으로 해석하여 성리학을 집대성했지만, 다산은 성인이 되겠다는 방법으로는 적합지 않다는 내용으로 다산학을 이룩하게 되어 성인이 되는 길을 가르쳐 주었다.

> 만약 홀로 삼가 하늘을 섬기고, 애써서 관용과 용서로 인을 구하여 또 오래오래 쉼 없이 지속할 수만 있다면 그게 바로 성인이다.
> 若愼獨以事天 强恕以求仁 又能恒久而不息 斯聖人矣 _『심경밀험』

하늘이 이치이고 인(仁)도 이치라는 성리학적 해석, 수백 년 동안 지속되던 이(理)라는 관념의 세계를 사람의 행위라고 인(仁)을 해석한 다산학은 보통사람 누구라도 노력하고 힘쓰면 성인이 되는 길을 열었다. 그래서 위당 정인보는 다산의 경학에 '민중적 경학(民衆的經學)'이라는 평가를 내렸다. '하욤이 있는 사람(有爲者)'은 성인이 된다고 했으니, 우리 모두 다산의 뜻에 따라 성인 되는 일을 하도록 노력해야겠다.

광인도 성인이 될 수 있다

공자는 『논어』「양화(陽貨)」 편에서 미악(美惡)의 기질이 한번 정해지면 변화하기 어렵다는 주장을 폈다. "오직 최고로 지혜로운 사람과 가장 어리석은 사람은 그 수준에서 이탈하지 못한다.(唯上智與下愚不移)"라는 큰 진리를 선포했다. 주자는 이 부분의 해석에서 "사람의 기질은 서로 비슷한 가운데에도 착함과 악함이 한차례 정해지면 습관으로 이탈하지 못하게 함이 있다.(人之氣質 相近之中 又有美惡一定 而非習之所能移者)"라고 하였다.

다산은 여기서 주자학과는 분명한 선을 긋고 결정론적인 성리학에 절대적인 반대를 주장하며, 독특하면서도 합리적이고 진보적인 '다산학'을 설파했다. 우선 위 『논어』 구절 앞에 있는 "성품은 서로 비슷하나 습관은 서로 멀다.(性相近 習相遠)"라는 구절과 분리할 수 없이 서로 이어진 글이라 말하고, 주자 이론과 다른 주장을 폈다.

> 상지(上智)와 하우(下愚)는 성품을 구별해서 말하는 이름이 아니다. 착함을 지키려는 사람은 악한 사람과 아무리 어울려도 습성이 옮겨지지 않기 때문에 '상지'라고 하는 것이며, 악한 일에 안주해 버리는 사람은 아무리 착한 사람과 어울려도 습성이 옮겨지지 않기 때문에 '하우'라고 한다. 만약 사람의 성품이 본래부터 바꿀 수 없는 성품이 있다고 한다면 주공(周公)이 말한 "성인이라도 반성할 줄 모르면 광인(狂人)이 되고, 광인이라도 반성할 줄만 안다면 성인이 된다."라고 했음은 성품에 대하여 알지 못하고 했던 말이 되어 버린다. _「자찬묘지명」

주공 같은 성인도 광인이라도 후회하고 반성하여 자신의 잘못을 고칠 수만 있으면 성인이 된다고 했는데, 기질이 한번 정해지면 항상 하우로 남아 있다니 말이나 되는 거냐고 다산은 반대의 뜻을 표했다.

다산의 지킨다(守)와 안주하다(安)의 해석이 다산 행동철학의 명쾌한 논리이며, 인간의 발전과 사회변혁의 가능성을 예시한 진보성이다. 착하고 옳음을 끝까지 '지키려는 노력'만 있고, 악하고 나쁜 일에 '안주하지 않고' 항상 후회하고 반성하여 거기서 벗어나는 노력이 있다면 상지가 아닌 광인도 성인이나 현인이 될 수 있다고 주장했다.

부한 집안 자녀만 좋은 학교에 들어가고 좋은 학교를 졸업해야 상류가 된다는 결정론적 생각이 확산되는 오늘이다. 때문에 우리는 다산을 배워야 한다. 개인은 개인대로 그런 생각에서 벗어나야 하지만, 국가는 경제개혁과 경제민주화를 이룩하여 그런 구조적 모순에서 벗어날 길을 열어 주어야 한다. 그래야 다산의 논지가 세상에 펴질 수 있을 것이다.

공자의 겉과 속

『중용』을 통해야 공자의 내면을 알 수 있다

학자군주 정조는 참으로 학문을 좋아했다. 아무리 바쁜 생활에서도 틈만 나면 학문이 높은 신하들을 불러 토론을 멈춘 적이 없다. 다산이 벼슬을 시작한 때가 28세인 1789년이다. 봄에 문과에 급제하여 정식으로 임금을 섬기며 정책을 세우고 학문을 강론했다. 그해 가을이나 겨울에는 수시로 임금의 주문에 따라 많은 대책(對策)을 임금에게 바쳤다. 성적을 발표한 결과는 대체로 다산이 수석을 차지하곤 했다.

정조가 『중용』에 대하여 묻자, 다산은 독창적인 답안을 올렸다.

> 저는 일찍이 『중용』은 실제로 『논어』의 「향당(鄕黨)」 편과 서로 표리(表裏)가 된다고 여겨 왔습니다. 그 이유는 「향당」 편은 성인

(聖人, 공자)의 위의(威儀)와 문사(文辭)가 외부에 드러난 것으로 말하였고, 『중용』은 성인의 도덕이 내부에 충만한 것을 가지고 말하였기 때문입니다. 따라서 성인의 내부에 쌓인 것을 알려고 하는 사람이 『중용』을 버리고 어떻게 하겠습니까. _「중용책(中庸策)」

제자들이 공자의 일동일정(一動一靜)을 빠짐없이 기록하여 일상생활의 행동과 처신을 어떻게 하였나를 알아볼 수 있는 것이 『논어』의 「향당」 편이라면, 공자의 손자로 가정에서부터 공자의 내면까지 들여다보았던 자사(子思)는 『중용』이라는 책을 지어 공자의 성(性)·천도(天道)·도덕 등 사상의 정수(精髓)와 온오(蘊奧)를 제대로 기록했다. 공자의 제자 자공(子貢)이 "공자님의 위의와 문사는 알아볼 수 있으나 내면의 성·천도에 대한 말씀은 들을 수 없다."라고 했던 말이 그 때문에 나왔다고 다산은 말했다.

다산은 정조에게 더 부연해서 설명한다.

배우는 사람이 진정으로 「향당」 편을 읽고 외부로 나타난 위의와 문사를 제대로 체득하고, 『중용』을 읽고 함축된 도덕을 펼칠 수 있다면 공자라는 성인을 배우는 데 무슨 어려움이 있겠습니까?

공자의 겉과 속인 「향당」 편과 『중용』을 제대로 이해하여 실천한다면 공자를 제대로 배울 수 있다는 주장이다.

이런 다산의 주장에서 우리는 참으로 많은 지혜를 배울 수 있다. 공자의 일상적인 삶의 자세와 태도는 「향당」 편을 통해 배워야 한다. 앉을 때, 일어설 때, 식사할 때, 잠을 잘 때, 시골에서의 생활, 조정에서의 생활, 손님을 만나고 제자들을 대할 때 어떻게 해야 바르고 옳으며 정당한 행동인가를 거기에서 배워야 한다고 했다.

또 심성(心性)·천도(天道) 등 인간의 내면, 곧 마음씨의 활용인 용심(用心)과 착한 성품에 따르는 솔성(率性)의 문제를 『중용』에서 배운다면 인간의 능사(能事)가 해결될 수 있다는 것이다.

사람은 어떻게 행동하면서 살아가야 하고 어떻게 해서 인간의 도덕성을 제대로 발휘할 수 있는가의 문제가 가장 큰 일이다. 그게 풀려야 성인의 수준에 오른다는 것이 다산의 뜻이다. 금전에만 권력에만 매료된 우리 인간들, 다산의 지혜대로 행동과 도덕성이 올바르게 발휘되는 문제도 심사숙고해야 할 것 같다.

근본이 바로 서야 말단이 정리된다

수신제가치국평천하의 엄정함

동양 경서(經書)의 최종 목표는 위정자나 국민이 어떻게 해야 인류의 이상국가라는 요순(堯舜) 시대를 구현할 수 있겠는가라는 질문에 답을 얻는 방향으로 맞춰져 있다. 어떻게 해야 좋은 정치를 실현하겠는가라는 답을 주는 경(經)이 『대학(大學)』인데, 『대학』은 단도직입적으로 "수신제가치국평천하(修身齊家治國平天下)"라는 명쾌한 답을 내렸다.

실행과 실천의 순서로는 '수신'을 첫 번째 일로 여기고, '수신'을 위해서는 맨 먼저 자신의 마음을 바르게(正其心) 하고, 그 마음을 바르게 하고 싶다면 자신의 뜻을 정성되게 하고(誠其意), 그런 뜻을 정성되게 하고 싶다면 먼저 치지를 해야 하는데(致其知), 치지는 격물(格物)에 있다는 대원칙을 말하고 있다.

이러한 순서를 역으로 해서 물(物)을 격한 뒤에야 지지(知至)가 되고 지지 이후에야 뜻이 정성되고, 뜻이 정성된 이후에야 마음이 바르게 되고, 마음이 바르게 된 뒤에야 몸이 닦이고 몸이 닦인 뒤에야 제가, 치국, 평천하에 도달된다는 이론을 전개하였다. 그러한 내용을 종합하여 "최고 통치자로부터 일반 서민에 이르기까지 하나같이 모두 수신을 근본으로 삼아야 한다.(自天子以至庶人 壹是皆以修身爲本)"라는 결론에 도달한다. 때문에 공자는 『논어』에서 '수기이안인(修己以安人)'이라 하고, 다산은 '수기치인(修己治人)'이라 하여 수신 대신 수기가 근본이라고도 말했다.

『대학』은 또 말한다.

> 그러한 근본이 혼란하면 하부구조인 말(末)이 제대로 될 수 없다.
> 其本亂而末治者否矣

수신 즉 수기, 인간이 제대로 되지 않고서야 인간이 해내는 일이 제대로 될 수 없다는 것을 분명하게 말했다. 다산은 자신의 의견을 이렇게 피력했다.

> 지(止)를 안다는 것은 자식은 효도하지 않을 수 없음을 아는 것이요, 임금은 인(仁)하지 않을 수 없음을 아는 것이요, 근본을 안다는 것은 몸을 닦는 일이 천하 국가를 다스리는 근본임을 안다는 것이다.

이렇게 보면 세상이 올바르게 가고 나라가 제대로 다스려지는 일이 모두 수신과 수기에 있음을 알게 된다. 그러한 이유로 다산은 자신의 학문 영역이 수기치인에 있다고 전제하고, 사서육경으로는 수기하고, 1표2서(一表二書, 경세유표·목민심서·흠흠신서)는 천하 국가를 올바르게 하려는 뜻으로 저작했노라고 설명했다. 수기하려던 경서 연구는 본(本)이고 천하 국가를 위하는 일은 말(末)이라 하여 자신의 전체 학문은 본말을 갖추었노라는 이야기도 했다.

요즘 우리의 현실을 지켜보면 '본란말치자부의(本亂末治者否矣)'에서 한 치의 차이가 없는 난맥상의 연속이다. 정심, 성의도 안 되고, 수기도 수신도 안 되어 입을 열면 거짓말이고, 정직성과 신뢰성이 깡그리 무너져 거짓과 허위가 판을 치는 세상이다. 시정잡배도 감히 할 수 없는 언행이 난무하고 있으니, 이런 나라에 대하여 어찌 걱정을 하지 않을 수 있겠는가. 정말로 걱정된다.

정치의 핵심을 밝힌 『대학공의』

자율적으로 지선에 이르러야

사서육경(四書六經)에 대한 연구서인 230여 권에 이르는 '다산경학(茶山經學)'은 참으로 방대하고 정밀한 연구업적이다. 유교경전 자체가 그러하듯, 다산의 경학 또한 정치와 경제에 대한 내용이 핵심을 이루고 있다. 정치의 계절을 맞아 정계에 입문하고 정치인이 되기를 원하는 사람이라면 다산경학에 관심을 기울여 주기 바란다.

그중에서도 『대학』이라는 책의 핵심이 정치와 경제이듯이, 다산의 『대학』 연구서인 『대학공의』는 바로 정치인의 필독서라는 것을 밝혀 두고 싶다.

『대학』의 '재지어지선(在止於至善)'은 3강목(綱目)의 하나로, 해석하는 학자에 따라 학설이 분분한 부분이다. '지선(至善)'에

지(止)하는 데 있다라고 했을 때, 지선의 의미는 무엇이고 지의 뜻은 어떤 것인가에 대한 논의이다. 다산은 실학자답게 실학적이자 실제 행위개념을 도입한 해석을 내려 관념적인 해석을 넘어 실천이 가능한 논리로 해석하였다. 바로 주자의 심성론(心性論) 해석에 반대하는 입장이다.

> 지(止)란 목표에 도달하여 옮겨가지 않음이요, 지선이란 인륜의 지극한 덕이니 온 정성을 다함이 지극함이다. 止者 至而不遷也 至善者 人倫之至德也 誠則至

이어서 그렇게 해석해야 하는 이유를 자세히 설명했다.

> 사람의 아들이 되어서는 효(孝)에 도달해야 하고 신하가 되어서는 경(敬)에 도달해야 하고 국민과 교제함에 있어서는 신뢰(信)에 도달해야 한다. 그렇게 보면 무릇 인륜밖에 지선은 없다.

인간이 행해야 할 기본적 윤리에 정성껏 최선을 다함이 지선이라는 뜻으로 풀이하였다. 이런 해석에 이어서 다산의 돋보이는 풀이 하나가 나온다.

> 사람들이 그러한 일에 힘쓰도록 함에 있어서는 자율적인 수양을 통해서 가능하게 해야지, 사람을 다스려서 그들이 지선에 이르도록 하는 것은 아니니다.

아무리 좋은 일이라도 남이 강요해서는 안 되고, 자수(自修)와 자율적인 의지로 지선에 이르러야 한다는 탁월한 논리로 설명해 주고 있다. 그런 대목에서도 객관적인 증빙을 위해 다산은 『논어』의 공자 말씀을 인용한다.

> 인을 함이 자신으로 말미암지 남이 해 주는 것인가. 요순은 몸소 솔선수범하여 백성들을 인도하였을 뿐이지, 강제로 명령하여 백성들이 지선에 도달하게 하는 것은 있을 수 없다.

오늘의 정치지도자들, 조금만 높은 자리에 오르면 갑질이나 하면서 남이나 부려 먹고 명령하고 훈시하는 일을 능사로 여기는데, 다산의 학설을 통한 인식의 일대 전환이 와야 된다. 현재의 지도자들, 지도자가 되려고 정치의 계절에 뛰는 사람들, 몸소 위인(爲仁, 행동으로 옮김)하기 위해 수양하고 노지(勞之, 먼저 궂은일에 노력을 기울임)하여 남의 모범이 되어야만 요순 같은 등위에 오른다는 것을 다산에게서 배우기를 기대해 본다.

◇ ◇

군자선비와 소인선비

◇ ◇

도덕으로 민심을 얻는 사람이 군자선비

『논어』에서 공자는 제자 자하(子夏)에게 "너는 군자인 선비(君子儒)가 되어야지 소인인 선비(小人儒)가 되어서는 안 된다."라고 가르쳤다. 선비라면 모두 훌륭한 학자인 것으로 생각하는데, 거기에도 군자가 있고 소인이 있다니 선비가 되는 일도 쉬운 일이 아님을 알게 된다.

주자는 "선비란 학자를 일컫는 말이다."라고 했는데, 다산은 "선비란 도(道)를 배우는 사람이다."라고 뉘앙스가 다르게 해석했다. 그러면서 도를 배우는 사람(學道之人)의 학습은 시(詩)·서(書)·예(禮)·악(樂)·전장(典章)·법도(法度)라고 풀어서 말했다.

학습하면서 그 마음이 도(道)를 위하는 사람은 군자선비이지만,

그 마음이 명성을 얻으려는 데 있으면 소인선비이다.

쉽게 풀어서 설명하면, 학문을 연구하고 몸을 닦아서 도를 얻어내 참다운 군자가 되려는 뜻이 있으면 군자인 선비이지만, 명리(名利)를 얻으려는 마음이 있는 한 소인인 선비로 떨어지고 만다는 것이다. 그래서 주자의 집주(集註)에는 "군자와 소인의 차이는 의(義)와 이(利)의 차이일 뿐이다."라고 쉽게 말하고, "이른바 이(利)라고 하는 것이 돈과 재물을 벌어들이려는 마음만 말하겠는가. 사욕(私慾)만 남기고 공익(公益)은 없애 버려 자기에게만 적합하고 편하게 하느라 천리(天理)에 해롭게 하는 모든 것이 이(利)라는 것이다."라는 설명도 덧붙였다.

세상에는 군자인 선비도 많지만 소인인 선비도 많다. 어떤 의미에서 군자인 선비야 정당한 표현이지만 소인인 선비라면 말 자체가 매우 어색한 표현인데, 공자께서 사용한 말이니 어떻게 변통할 방법도 없다.

우리 집 사랑방에서 "소인 치고 글 못하고 말 못하는 사람이 없다."던 어른들의 말씀이 생각난다. 다시 말해 글 잘하고 말 잘하는 사람이 소인배가 되지, 글도 말도 못하는 사람은 소인이 될 수 없다는 역설적인 이야기이다. 신언서판(身言書判)을 제대로 갖추고, 누구보다 영리하고 재주가 있어야 하며, 잘생기기도 했지만 글씨까지 잘 써야만 큰 소인이 된다는 뜻이니, 소인인 선비라고 일컫는 말은 그런 지식만 지닌 소인배를 칭하는 것으로 이해하면 되겠다.

언뜻 생각하면 선비(儒)란 벼슬과는 거리가 먼 음전하고 예의 바른 신사(紳士) 정도로 여기기 십상이다. 그렇지만 조선 500년은 '선비의 나라'였으니, '선비정신'이 세상을 이끄는 기본적인 이념이 되었다고 할 때의 '선비'란 참으로 많은 의미를 내포하고 있다. 그래서 다산은 『주례』「천관(天官)」 편에 나오는 "도덕으로 민심을 얻는 사람을 선비라 한다."를 인용하면서 "선비라는 명칭이 그렇게 크도다.(儒之名不其大歟)"라고 감탄하였다.

조선이라는 나라는 긍정적인 측면도 많지만, 부정적인 측면도 많은 나라였다. 비록 선비라는 단어에는 문약(文弱)이라는 개념이 포함되어 있어 완전히 긍정적인 뜻만 있는 것은 아니지만, 그래도 조선이라는 나라에서 가장 긍정적인 하나의 개념을 찾아낸다면 '선비'가 아닐까 싶다.

참선비의 마음씨를 가져라

다산은 군자선비란 의미를 담은 '진유(眞儒)'라는 용어를 사용하여, '속유(俗儒)'나 '부유(腐儒)' 등과는 명확히 구별되는 '참선비'를 희구했다. 좋은 의미로의 '선비' 개념에 정치·경제·국방·문학 등 온갖 분야의 능력을 갖추어 나라를 경륜하고 백성을 건져낼 수 있는 인재를 다산은 '참선비'라고 결론을 맺었다.(「속유론」)

그렇다면 오늘 우리가 살아가는 세상에서 선비론은 어떻게 펼 수 있을까. 도덕으로 민심을 얻는 참선비는 찾아보기 어렵게 되었고, 썩은 선비인 부유, 비루한 선비인 '비유(鄙儒)', 천박한 선비인 '천유(賤儒)', 도적질 잘하는 '도유(盜儒)', 공소한 논리나 펴는 '공유(空儒)' 등이 판치는 세상이 오늘이다.

다산은 자신이 살아가던 시대에도 참선비는 찾아보기 어렵다고 개탄할 때가 많았다. 요즘 신자유주의 논리로 세상이 얽매어 있는데, 선비라는 이름으로 되는 일이 있을까. 예의를 차리고 염치를 아는 선비라면 존재 자체가 불가능한 세상인데, 참선비가 존재할 틈을 어디에서 찾을 수 있을까. 못된 일을 하면 할수록 높은 자리에 오르고, 못된 일을 많이 할수록 더 많은 돈을 버는 세상에서 선비타령을 하는 일 자체가 무의미하다. 그렇지만 다산의 글을 읽어 보면 선비다운 선비, 참선비가 나오지 않고는 올바른 세상도 좋은 나라도 될 수 없노라고 거듭 강조하였다.

유배살이 초기에 아들에게 보낸 편지에서도 "내가 밤낮으로 빌고 원하는 것은 오직 둘째가 열심히 독서하는 일뿐이다. 둘째가 능히 선비의 마음씨를 갖게 된다면야 내가 다시 무슨 한이 있겠느냐?"라고 자신의 소원을 말했다. '유자심두(儒者心肚)', 즉 선비의 마음씨를 갖는 일이 얼마나 중요한가를 계속 주장했다.

명문대학을 나와 참으로 어려운 사시나 행시에 합격하여 만인이 부러워하는 권력자가 되었고, 말 잘하고 글 잘하는 명성을 얻어 국회의원도 되고, 고관대작이 된 사람들이 공심(公心)에서 벗어나 사심(私心)으로 내려가 의(義)가 아닌 이(利)를 추구한다면 바로 그들이 소인인 먹물이 되어 버린다. 자신의 사욕과 자기 당의 이익만 위하여 입에 담을 수 없는 비난을 퍼붓는 소인 먹물들을 어떻게 여겨야 할까. 평상의 선비라도 되어야지 소인인 선비라면 그게 어디 사람의 도리로서 해야 할 일인가.

수오지심이 없어진 세상

부끄러움을 모르면 사람이 아니다

『맹자』「공손추(公孫丑)」편을 읽어 보면 어떤 마음을 지녀야 인간일 수 있는가에 대한 깊고 넓은 철학적 인간론이 전개되고 있음을 알게 된다. 맹자는 단도직입적으로 "사람은 모두 남에게 차마 못하는 마음을 지녔다.(人皆有不忍人之心)"라고 말했다. 매우 평범한 이야기로 들리지만, 면밀하게 따져 보면 인간이란 어떤 마음을 지녀야 하는가를 참으로 명료하게 설명해 주는 말이다. 맹자는 차마 지녀서는 안 될 마음을 버리고 천성적으로 지닌 네 종류의 마음을 확충해서 행동으로 옮길 것을 요구하였다.

이렇게 관찰해 보면, 측은한 마음이 없다면 사람이 아니요, 수오의 마음(부끄러워하는 마음)이 없다면 사람이 아니며, 사양하는 마음이 없다면 사람이 아니며, 옳고 그름을 판단하는 마음이 없다면 사람이 아니다.

측은지심(惻隱之心), 수오지심(羞惡之心), 사양지심(辭讓之心), 시비지심(是非之心)을 모두 인의예지(仁義禮智)의 단(端)이라 하여, 동양철학의 중요한 명제인 '사단(四端)'에 대한 학설을 창안해 냈다. 이 '사단'에 칠정(七情)까지 합하여 '사단칠정'에 대한 사상은 성리학의 대명제가 되어 특히 조선 500년 역사 논쟁의 한복판에 자리하면서 성리학의 발전을 이끌어 왔다.

다산은 『맹자요의(孟子要義)』라는 저서를 통해 주자를 중심으로 한 성리학자들의 견해와는 분명하게 다른 학설을 주장하여 다산경학의 체계를 새롭게 세웠다. '사단'의 단(端)이라는 글자의 의미에서 주자와는 다른 해석을 내리면서 주자학 이론과는 다른 다산학으로 체계화했다.

주자는 '단'이 '서(緖)' 즉 실마리라는 뜻으로 '인의예지'는 '마음속에 자리 잡은 이치(在心之理)'로 해석하였지만, 다산은 '단'이 '서'가 아니라 '시초(初)'라고 해석하여 측은지심, 수오지심, 사양지심, 시비지심은 '인의예지'의 시초이기 때문에 그대로는 덕(德)이 될 수 없고, 그러한 마음을 행동으로 옮겨야 인의예지라는 덕이 완성될 수 있다는 '행동철학'을 주장하였다.

인의예지란 이름은 일로 행한 뒤라야 완성되므로, 남을 사랑한 이후에야 인이라 이르고, 남을 사랑하기 이전에는 인이란 이름은 존립이 안 된다. 나를 착하게 한 이후에야 의(義)라 이르게 되지, 나를 착하게 하기 이전에 의라는 이름도 존립하지 못한다. 仁義禮智之名 成於行事之後 故愛人而後 謂之仁 愛人之先 仁之名未立也 善我而後 謂之義 善我之先 義之名未立也

남을 아끼고 사랑하는 마음을 행위로 실천하여야 인이라는 명칭이 성립되고, 부끄럽고 수치스러운 생각 때문에 자기를 착한 행위로 옮겨야 의라는 명칭이 제 뜻을 발휘한다는 내용이다.

부끄러움을 아는 것이 마음공부의 지름길

어떤 일을 하고 나서 부끄러운 생각이 든다면 바로 자신을 반성하게 된다. 부끄러운 마음을 지니지 않고서야 반성이라는 덕목이 나올 수 없다. 짐승들이야 자각하는 양심도 없고, 양심이 없는 한 어떤 경우에도 부끄러운 마음, 즉 수치심을 느낄 수 없다. 수치심이 없고서야 자신의 과실이나 허물에 대하여 반성하는 자세가 나올 수 없다.

그래서 공자 같은 성인도 『논어』 곳곳에서 잘못을 저지를 수야 있지만, 저지른 잘못에 대하여 반성하고 후회하면서 옳은 일로 고치기만 한다면 잘못이라고 할 수 없다는 말까지 했다. 다산 정약용도 회갑을 맞는 해에 자신의 일생을 돌아보며 지은 자서전 격인 글에서 생애 동안의 잘못에 대하여 반성하고 후회하면서, 다시는 그런 잘못을 저지르지 않고 인생의 목표인 '현인(賢人)' 수준에 이르겠노라는 굳은 각오를 표명했다.

> 1762년에 태어나 1822년을 맞았으니, 갑(甲)이 돌아온 60년의 회갑이다. 모든 해가 죄를 짓고 후회하면서 보낸 세월이다. 모든 잘못을 거두어 매듭짓고, 생을 돌이켜 금년부터는 정일하게 몸을 닦고 실천하면서 하늘이 내린 밝은 천명을 돌아보며 여생을 마치겠다. _「자찬묘지명」 집중본

우리 같은 범인의 입장에서는 다산이야 무슨 큰 잘못을 저지르고 죄악을 범했다고 여기지 않지만, 자신의 기록을 보면 '착함을 즐기고 옛것을 좋아함(樂善好古)'이야 좋았지만, 행동에 너무 과감했고, 포용력도 부족하고, 반대파를 너무 혹독하게 비판했고, 선현의 학설에 가혹한 지적을 했던 점에 대하여는 후회하고 반성하는 마음을 숨기지 않았다. 회갑의 해에서 운명하던 75세까지 15년의 여생 동안 자신의 저서에서 사용했던 과격한 용어나 점잖지 못한 단어도 바르게 고치는 노력을 기울였다.

『소학』의 교훈대로 행실을 가다듬고, 『심경(心經)』의 철학대로 '마음을 다스리고 성정을 보완(治心繕性)'하는 데 독실한 노력을 기울여, 과거의 허물을 제대로 바로잡은 뒤에야 눈을 감은 분이 다산이다.

그래서 다산은 마음 다스리는 공부의 요체로, 『서경(書經)』에 나오는 '극념작성(克念作聖)', 즉 후회하고 반성만 제대로 한다

면 성인이 된다는 구절을 여러 곳에서 인용하였다. '염(念)'이라는 글자가 바로 후회함이자 반성함이라고 정확히 해석해서 마음공부의 지름길이라고 말했다.

다산의 인간 평등론

인간의 성품을 어떻게 상품 하품으로 나눌 수 있는가

1970년대에 실학사상에 대한 연구가 활성화되면서 실학사상이 중세를 뛰어넘는 선진적인 논리를 지녔다는 주장이 나왔다. 조선 후기인 18세기에도 중세의 완고한 결정론에서 벗어나 인간의 성품은 상·중·하 3품으로 굳어져 있지 않고 노력과 실천을 통해 무한하게 발전할 수 있다는 생각을 하게 되었다.

성3품설이란 당(唐)나라 한유(韓愈)의 「원성(原性)」이라는 논문에서 발단한 이론이다. 최고의 지혜를 지니고 태어난 상품의 인간, 중품의 인간, 가장 낮은 지혜를 지니고 태어난 하품의 인간으로 구별하여 하품의 인간은 상품의 인간으로 발전하는 것이 불가능하다는 논리를 전개했다.

송(宋)나라 주자에 이르러서도 한유의 3품설에서 완전히 벗어나지 못하고, 한유의 논리와 유사한 이론으로 공자와 맹자의 경전을 해석하는 데 그쳤다. 이에 대하여 다산은 3품설이 나오게 된 경전의 원문을 인용하면서 경전의 뜻을 잘못 해석하여 그런 잘못된 결론을 얻어 인류의 발전에 큰 해독을 끼치고 말았음을 통박하였다. 『논어』「양화」 편에서 공자는 말한다.

> 성품은 서로 가깝고 습관은 서로 멀다. 상지와 하우는 옮겨지지 않는다. 性相近 習相遠 上智與下愚不移

다산은 이 부분을 한유가 잘못 이해하고 제대로 읽어 내지 못하여 공자나 맹자의 뜻과는 전혀 상통하지 않는 성3품설을 만들어 냈다고 여겼다.

> 공자의 말은 대체로 "요순이나 걸주(桀紂)의 성품은 모두 서로 가까우나 착한 사람의 습성을 익히면 착하게 되고, 악한 사람의 습성을 익히면 악하게 된다. 오직 지혜롭고 총명한 사람은 아무리 악한 사람과 서로 익숙하게 지내더라도 변화되지 않으며, 어리석고 우둔한 사람은 아무리 착한 사람과 서로 익숙하게 지내더라도 변화되지 않는다."고 했던 말이다. 본디 여기서 말하는 지혜롭다거나 어리석다는 말은 자신이 처신해 가는 일에서 잘하고 못함에서 생기는 명칭이지 이것이 어떻게 성품의 높고 낮음에 대한 명칭이겠는가.
>
> 만약 성품에 원래 지혜로움과 어리석음의 정해진 등급이 있다고

한다면 경전의 공자 말씀은 설명하지 못하는 대목이 많이 있게 된다. 그렇게 보면 상지와 하우는 성품이 아닌 것이 분명하다. 상지는 태어나면서부터 착하고 하우는 태어나면서부터 악하다 한다면 이러한 천성은 천하에 독을 끼치고 만세에 화(禍)를 끼치기에 충분한 점이 있다. 이것이야말로 인간에게 홍수와 맹수가 된다. 상지는 스스로 오만하고 잘난 체하며 죄악에 빠지는 것을 두려워하지 않게 되고, 태어나면서 어리석은 사람은 자포자기하여 개과천선에 힘쓸 생각을 하지 않게 될 것이다. 오늘날 배우는 사람들이 성인은 하늘이 내린 것이라 여겨 스스로 굳게 선을 그어 버리니 모두 이 성3품설이 화를 불러온 것이다. _『맹자요의(孟子要義)』

다산의 인간 평등론은 이런 철학적 바탕에서 중세의 결정론을 거부하고 발전과 가능의 철학으로 바꿔 근대적 논리에 접근하고 있다. 견고하게 굳어져 있던 중세의 신분제도에서 벗어나고 계급사회의 질곡을 뚫으려던 다산의 뜻은 그래서 위대할 수밖에 없다. 지혜로움과 어리석음은 인간의 노력 여하에 달려 있지 타고난 성품이 아님을 알아서 독선적인 사람들, 아랫사람을 천시하고 지시나 명령만 내리는 사람들, 자존망대하고 지고지선하다고 뻐기는 사람들, 본디 인간은 평등하게 태어난다는 다산의 성평등설에 마음을 기울여야 한다.

군자는 의에, 소인은 이에 깨닫는다

의는 도심, 이는 인심

공자는 기원전 551년에 출생했다고 알려져 있다. 2,500년 훨씬 이전에 태어난 분임이 분명하다. 온 인류가 성인으로 떠받드는 분이니 달리 찬사를 올릴 필요야 없지만 『논어』를 읽다 보면 인간의 삶이 어떻게 되어 가리라는 것을 대부분 알았던 분이었다고 생각된다. 자기가 살던 시대에도 벌써 "군자는 의에 깨닫고 소인은 이에 깨닫는다.(君子喩於義 小人喩於利)"라고 말하여 의는 깨닫지 못하고 이만 깨닫다 가는 소인, 곧 악인이 사는 세상이 되어 버릴 것을 걱정했다.

공자보다 2,300여 년 뒤에 태어난 다산은 이익만 추구하는 세상에서 살아가며 공자보다 더 절실하게 이만 깨닫는 소인들의 세상을 개탄하고, 그런 시대를 구제하려는 논리를 찾는 데 온갖 노력을 기울였다.

21세기인 오늘, 어느 때보다 이에만 함몰되어 의는 염두에도 없는 세상에서 다산의 해설에 마음을 기울여 본다. 다산은 군자를 신분이 높은 귀인으로 여기지 않고 그냥 착한 사람으로 보았다. 소인도 천한 사람이 아니라 착하지 못한 악인으로 여겼다. 이익만 추구하고 이만 깨닫는 악인들이 살아가는 오늘, 땅투기꾼들의 이익을 취하려는 탐욕 때문에 온 세상이 온통 난리가 났다.

다산은 심학(心學)의 이론에 따라 "의란 도심이 지향하는 바요, 이란 인심이 추종하는 바이다.(義者 道心之所嚮 利者 人心之所趨 _『논어고금주』)"라고 설명하고, 자학(字學)에 따라 의란 '선아(善我)'요, 이란 '도취화(刀取禾)', 즉 칼로써 벼를 베는 일이라고 해석하여, 이에는 착취가 따름을 설명했다. 다산은 의를 추구해서 군자가 되어 가는 착한 사람과 이를 추구하다 소인으로 변해 악인이 되어 버리는 과정을 자세히 열거하였다.

> 아무리 작은 것이라도 이(利)라면 사양하고 하나의 착함이라도 부지런히 실천하여 확고부동한 선인이 되면 군자가 되지만, 사람이 살아가는 것은 이일 뿐이다.

아무리 하찮은 이익도 사양하지 않고 계속 취하다 보면 악행이 쌓여 이만 깨닫게 되어 소인이 되어 버린다는 뜻이다. 애초에 인간은 모두 천연동류(天然同類)이지만 의를 택하느냐 이를 택하느냐에 따라 선인과 악인으로 변하고, 결국은 인간과 짐승으로 변해 버리는 비극을 맞게 된다는 것이 공자와 다산의 뜻이었다. 이 사람은 사람이 되고 저 사람은 짐승이 되어 버린다는 다산의 경고는 바로 오늘의 이야기로 새겨들어야 할 것 같다.

의에 깨닫느냐, 이에 깨닫느냐의 차이를 다산은 더 분명한 예를 들어서 말해 준다. 순임금이 되느냐, 도척(盜蹠)이 되느냐로 비교하고, 사람과 짐승으로 변해 버린다는 무서운 경고를 했다. 이에 깨닫는 사람이 최종으로 가는 길을 이야기하면서, 왕성한 소체(小體, 욕심)를 축소하기 위한 「전론」·「정전론」 등의 제도적 장치를 마련했다.

> 이리하여 도심은 없어지고 인심이 주인이 되며, 대체(大體, 본성)는 잃어버리고 소체가 왕성해지니 이것은 이에 깨달은 데에서 초래한 결과이다

지금 우리가 할 일은 왕성한 소체를 억눌러 잃어버린 대체가 살아나 마음을 주재하게 하는 일이다. 그 길이 땅투기가 근절되는 근본이지만, 그런 인격 수양과 병행하여 철저한 법제 개혁으로 제도적인 투기 방지 대책을 세워야 한다. 근본적인 대책에 일시적인 처방을 함께 해야만 토지 투기의 난국을 해결하리라 생각해 본다. 도심의 회복과 제도적 장치, 두 방법으로 투기를 못하게 만들어야 한다.

◇ ◇

인은 사람이다

◇ ◇

주자학 일색이던 조선시대

유교를 창시하여 동양철학의 대표적 사상의 하나로 발전시킨 성현은 공자와 맹자이다. 공자는 인(仁)을 중심사상으로 여겼고, 맹자는 인에 의(義)까지 합하는 사상으로 유교를 후세에 전했다. 조선 500년의 유교 국가는 고려 말엽 중국에서 유교가 전래된 이후로 오랫동안 주자학, 즉 성리학만이 유교를 대표하는 학문으로 여겨 주자의 철학과 사상을 온 세상에 널리 보급하여 그의 철학대로 살아가는 세상이 되는 일에 모든 국력을 기울였다.

공맹(孔孟) 이래의 유교철학은 수천 년을 흘러오면서 발전을 거듭했지만, 남송(南宋)의 주자(朱子)에 이르러 주자학으로 완성되고 집대성되면서 어떤 권위보다도 우월한 지위를 확보하여 동양의 유교국가에서는 가장 큰 위력을 과시하게 되었다. 중국만 해도 당나라 이후 불교도 매우 큰 위력을 과시하였고, 육왕학(陸王學)이라고 부르던 양명학(陽明學)은 명(明)나라에서 큰 권위를 인정받았다. 일본에서도 불교나 여타 학문이 그런대로 발전했으나, 유독 조선 500년은 주자학이 사회표면의 사상을 완전히 좌우해 버릴 정도에 이르렀다. 그것만이 공맹의 철학을 구현하여 요순의 시대로 가까이 갈 수 있다고 여겼던 것이다.

그야말로 주자학 일색의 나라가 조선왕조였다. 윤휴(尹鑴)·박세당(朴世堂) 등 당당한 학자들이 주자학의 문제점을 지적하면서 견해를 달리하는 논리를 폈으나 오히려 사문난적(斯文亂賊)이라는 혹심한 탄압만 받고 말았다.

그러나 세상은 항상 그대로 멈춰만 있지는 않는다. 실학자들이 등장하는 17세기 말~18세기에 주자학에 대한 비판적 목소리가 나오더니 19세기 초 다산에 의하여 사서육경에 대한 새로운 경학 이론을 전개하면서 주자학의 문제점이 적나라하게 드러났다.

사람의 어울림이 곧 인이다

공자의 『논어』나 맹자의 『맹자』에는 "인(仁)이란 인(人)이다."라는 간단한 풀이만 남아 있다. 묻는 제자들의 요구에 따라 인이 무엇이라는 것을 부연하여 설명했지만 가장 대표적인 답변은 "인은 사람이다."라는 답이다.

일생 동안 경학(經學) 연구를 통해 주자의 이론과는 다르게 공맹의 본뜻을 찾아내 실천하는 세상을 만들자던 다산은 「인자시(仁字詩)」를 통해 인의 개념을 밝혔다.

사람이 사람 다스리니 두 사람이니	人以治人是二人
두 사람의 어울림이 곧 인이로다	二人之際卽爲仁
동방 목덕의 생성해 내는 이치	東方木德生生理
군신 관계 부자유친에 무슨 관계랴	何與君臣父子親

주자는 『논어집주』에서 인이란 '마음의 덕(心之德), 사랑의 이치(愛之理)'라고 명확히 밝혔다. '생생지리(生生之理)'와 같이 인이란 '인간의 마음속에 들어 있는 이치(在心之理)'라는 해석이다. 그런 주자와는 달리 다산은 인이란 글자는 본디 사람(人)이 둘(二)이라는 뜻으로 만들어진 글자이니 두 사람 사이의 일을 정당하고 바르게 행하는 일이 바로 인이라고 했다. '부자(父子)', '군신(君臣)', '부부(夫婦)', '사제(師弟)', '형제(兄弟)' 등 인간의 관계는 두 사람으로부터 시작하는데, 그 두 사람 사이에서 상대방을 위해 최선을 다해 옳고 바르게 행동하는 사람의 일이 바로 인이라는 글자의 본뜻이기에 공자와 맹자는 "인이란 사람이다."라는 위대한 철학을 세웠다는 것이다.

주자는 인만이 아니라 인·의·예·지 모두를 마음속의 '이치'라고 했지만, 다산은 마음속의 이치가 무슨 결과를 낳는 행동이 되느냐면서 인은 두 사람 사이에서 해야 할 일을 실천하여 나타난 결과라고 해석해서, 행동을 해야 좋은 사람이 되고, 그런 사람들이 제대로 행동을 해야 좋은 세상이 된다는 행동철학을 세웠다.

아버지와 아들 사이, 아버지는 아들을 한없이 사랑하고 아껴주며 아들은 아버지에게 한없는 효도를 바치면 인이 되는 것이지, 마음으로 '아들을 예뻐해야지.', '아버지에게 효도해야지.'라고 생각만 하는 마음속의 이치는 아무런 결과를 낳을 수 없는 무용지물이 된다고 했다.

이래서 과거야 주자였지만 오늘은 다산이다. 참으로 믿을 수 없는 세상, 이렇게 막돼 가는 세상, 행동으로 보여 주는 일 아니고서야 무슨 변화가 있겠는가. 옛날의 군신은 오늘에는 국가와 국민이다. 국가와 국민 사이에 인(仁)이 되려면 국민의 올바른 행동 아니고 뭐가 있을까.

안 해야 할 일, 하고 싶지 않아야 할 일

인심을 극복하고 도심의 요구를 들어주어야

세상에 알 수 없는 것은 인간의 마음이고, 제대로 제어하기 어려운 것은 인간의 욕심이다. 인간이 양심에 따라 떳떳하게 행한다면 아무런 문제가 없지만, 사심(私心)이나 사욕(私慾)이 동해서 안 해야 할 일을 해 버린다거나, 하고 싶지 않은 일까지 해치움으로 인해서 세상만사가 빗나가고 잘못되고 있다. 그래서 일찍이 맹자는 "하지 아니할 일을 하지 말며, 하고 싶지 않은 일은 하고 싶어 하지 말아라.(無爲其所不爲 無欲其所不欲)"라고 말하고는 "이렇게만 하면 그만이다.(如此而已矣)"라고 결론을 맺어, 인간이 그렇게만 한다면 더 이상 바랄 것이 없다고 했다.

그러나 세상일은 그렇게 간단하지가 않다. 해서는 안 될 일을 해야만 높은 자리에 오르고, 하고 싶지 않은 일도 하고 싶은 듯 해치워야만 출세하는 세상이 오늘의 현실이다. 다산도 『맹자』의 이 대목에 큰 관심을 기울였다. 다산은 여러 경학자의 이론을 종합하여 『맹자요의』를 통해 자신의 견해를 설명했다.

> 사람에게는 항상 상반된 두 의지가 동시에 나타난다. 여기가 인간과 귀신 세계를 가르는 관건이며, 선악이 갈리는 곳이고, 인심(人心)과 도심(道心)이 싸우는 곳이며, 의(義)와 욕(慾) 중에 누가 이기느냐가 판가름나는 지점이다. 바로 이런 순간에 온갖 힘을 기울여 이기적 욕망을 극복하면 도(道)에 가까이 가게 된다. 해서는 안 될 일을 하지 않고 욕심내서는 안 될 일을 욕심을 내지 않는 것은 도심(道心)이 발한 것이니 곧 천리(天理)이다. 내서는 안 되는 욕심을 내는 것은 인심(人心)이 발한 것이니 사욕인 것이다. 하지 않고 욕심내지 않음은 인심을 극복하고 제압하여 도심의 요구를 들어준 것이니, 이것이 바로 극기복례(克己復禮)이다. 그래서 맹자는 '이것일 뿐이다.'라고 했으니, 이를 보면 도(道)는 이에 벗어나지 않으니, 오호, 지극하도다!

사람과 악귀의 싸움, 선과 악의 대결, 인심과 도심의 싸움판에서 의가 사욕을 이겨야만 인간 노릇을 제대로 한다는 결론이다.

"오호 지극하도다." 하는 다산의 탄식은 참으로 의미가 깊다. 사욕을 이기고 예(禮)를 회복하는 일은 인간이 도달할 수 있는 극점이다. 해서는 안 될 일을 하지 않고, 하고 싶지 않은 것을 하지 않는다면 인간의 능사(能事)가 지극함에 도달한다는 것이니,

그 얼마나 지극한 일인가.

인간이 행해야 할 도리가 무엇인가를 맹자는 분명히 밝혔으며, 그에 따라 다산은 어떤 마음, 어떤 욕심에 따라 행하는 일이 인간의 도리에 맞는 일인가를 세세하게 설명했다.

역사와 인간의 불행이나 비극은 그 출발이 사욕에 있다. 나라나 사회의 문제점도 거기에 있다. 하지 않아야 할 일을 해 버리고, 하고 싶어 해서는 안 될 바를 하고 싶어 하는 인간의 나약함, 그것을 극복하는 '극기(克己)'의 인간이 많은 나라가 될 때만 세상은 달라진다는 다산의 뜻이 아닐까. 지극함에 이르기 위해서라도 극기 공부에 나날이 매진해야 할 것 같다.

3부

요순시대는 이상향인가

요순시대의 정치를 복원하는 것이야말로 동양 유학자들이 꿈꾸던 가장 큰 바람이었다. 그러나 요순시대가 지나간 이후 참다운 요순시대의 정치를 복원해 내지 못한 것이 동양의 불행이었다. 그렇다면 왜 요순시대는 아직도 실현되지 못하는 것일까. 요순정치의 핵심은 인재를 제대로 길러 올바르게 등용하는 '용인(用人)'이 그 첫째요, 두 번째는 국부(國富)를 증진하여 국민들이 유족하게 살아가게 하는 '이재(理財)'에 있었다.

붕당정치, 보고만 있을 것인가

정파 사이의 양보 없는 싸움

요즘 여당·야당의 정치투쟁이나 진영논리로 쫙 갈라져 대결하는 국민들의 모습을 보면, 조선시대에 극성을 부렸던 붕당정치의 행태를 그대로 답습한다는 생각을 버릴 수 없다. 다산이 가장 숭배했던 학자는 성호 이익이다. 성호는 당파싸움이 일어나는 원인 가운데 하나가 벼슬자리는 적은데 벼슬을 하려는 사람이 많은 데 있다고 했다. 이는 곧 재화는 부족한데 먹을 사람이 많기 때문이라는 것이다. 그래서 당쟁은 바로 먹이다툼이라는 결론을 내렸다.

붕당싸움이나 당파싸움에 대한 다산의 인식 또한 성호의 생각과 큰 차이가 없었다. 나라는 가난한데 먹을 사람은 많아 그 양을 채울 수 없으면 많이 먹기 위해 싸움을 벌이지 않을 수 없다는 것이 다산의 생각이었다. 그런 문제의 해결에는 여러 가지 방법이 있겠지만 다산은 국부의 증진을 통해 먹이다툼이 줄어들게 하는 방법이 제일이라고 여기고, 이용후생(利用厚生) 정책을 강화하고 북학주의(北學主義)를 드높이자고 외쳤다.

오늘의 세상은 어떤가. 크게는 먹이다툼이지만 승자독식이 헌법으로 보장된 나라에서 권력을 잡지 않으면 벼슬자리 얻는 일이 불가능하기 때문에 어떻게 해서라도 권력을 잡으려는 싸움이 바로 오늘의 정쟁이자 정파싸움이다. 경쟁해서 정권을 잡으려는 정책의 대결이 아니라 상대방을 적으로 보고, 반대편은 어떻게 해서라도 죽게 만들어야만 자신들의 집권이 가능하다는 생각 때문에 반대파에 대해서는 살인에 가까운 막말과 인격 말살, 인간 모독의 온갖 작태를 연출하고 또 그런 쇼를 보여야만 된다고 여기고 있다.

싸움판으로 양심마저 가려지니	爭氣翳天良
티끌이나 겨자씨 잘못도 마구 죽인다네	纖芥恣殺戮
순한 양들 외치지도 못하고 죽으나	羔羊死不號
승냥이 호랑이 언제나 성난 눈	豺虎尙怒目
지위 높은 자 뒤에서 조종하고	尊者運機牙
낮은 사람 칼과 살촉 간다네	卑者礪鋒鏃
누가 있어 큰 잔치 베풀어서는	誰能辦大宴
금비단 휘장 친 화려한 집에	帟幕張華屋
일천 동이 술 빚어 놓고	千甕釀爲酒

일만 마리의 소 잡아서 萬牛臠爲肉
옛날 악습 고치기로 함께 맹세하며 同盟革舊染
평화와 복이 오기를 기약할 건가 以徼和平福

_「고시(古詩) 27수」

겨자씨만큼의 잘못을 저질러도 끝내 죽이고 마는 시파와 벽파의 싸움에서 처참하게 패한 자신은 정치적 희생물임을 냉정히 꿰뚫어본 혜안이다. 높은 사람들은 위에서 조종하고 그들에게 빌붙은 지위 낮은 공서파는 화살촉을 간다는 '신유옥사'의 본질이 보인다.

그때는 바로 죽이기까지 했지만 지금이야 죽이는 데까지 이르지 못하는 문명의 발달이 왔지만, 인격을 말살하고 한 가정을 파괴해 버리는 일에는 서슴이 없다.

정말 이래서는 안 된다. 일천 동이 술, 일만 마리 소를 잡아 대형 잔치를 베풀어 여야의 정치인, 대결하는 양 진영의 인사들이 함께 모여서라도 추악한 먹이싸움인 정쟁과 당쟁을 멈추게 해야 한다. 이렇게 나라가 시끄럽고 이렇게 세상이 소란스러운데 그냥저냥 보고만 지낼 수가 없다.

성호는 붕당의 반대는 '탕평'이라고 했다. 탕평의 세상은 이루지 못한다 해도 피투성이 싸움이나 극한적인 대결은 피해야 하지 않는가. 여야 모두의 '양심'을 살려내는 성찰이 있기를 기대해 본다. 제발 대화로 정책대결을 벌여 주기만 고대한다.

당쟁의 뿌리

선조 때 동인과 서인으로 시작된 당파싸움

산천은 변해 바뀔지라도　　河山有遷變
당파 짓는 나쁜 버릇 깨부술 날이 없구려　　朋淫破無日
한 사람이 모함하면　　一夫作射工
뭇 입들이 차례로 전파하네　　衆喙遞傳驛
간사한 사람들이 세력 잡았으니　　詖邪旣得志
정직한 사람 어느 곳에 둥지 틀랴　　正直安所宅

_「고의(古意)」

1800년 정조가 갑자기 승하하고, 당쟁의 불길이 솟아오른 세상을 간파한 다산은 질곡으로 빠져들 자신의 운명을 예견하면서, 당파싸움에 희생을 면하지 못할 불행한 미래에 불안을 떨굴 수 없던 마음을 시로 읊었다.

조선시대의 당쟁은 참으로 뿌리가 깊고 세월도 너무 오래 지속되었다. 선조(宣祖) 8년은 1575년, 450여 년 전이다. 다산은 300년의 길고 긴긴 뿌리이자 세월이라고 했다. 서쪽에 살던 심의겸(沈義謙)과 동쪽에 살던 김효원(金孝元)이 견해를 달리하며 일어난 붕당싸움, 심의겸을 편들던 사람을 서인이라 부르고 김효원을 편들던 사람을 동인이라 부르면서 동서분당의 서막이 열렸다. 권력투쟁과 학문이론까지 파당으로 나뉘며 죽기 아니면 살기의 싸움으로 극한적 대립이 계속되었다. 숙종시대에 이르면 살육작전이 감행될 만큼 이합집산의 파당싸움은 그칠 줄을 몰랐다.

다산의 기록에 숙종시대에 공론(公論)은 사라지고 편론(偏論)이 판을 치던 사례가 있다.

> 숙종 만년의 어느 날 유신(儒臣)들을 불러 맛있는 술을 하사하고 그들의 취한 모습을 살폈다. 술이 곤드레만드레 취했을 때, 학사 홍중정(洪重鼎)이 큰 소리로 외쳤다.
>
> "전하! 왜 오시복(吳始復)을 유배에서 풀어 주지 않습니까? 바로 방면하십시오."
>
> 오시복도 홍중정도 남인이었다. 그러자 학사 오도일(吳道一)이 큰 소리로 외쳤다.
>
> "전하! 그의 말을 믿지 마십시오. 모두 편파적인 주장입니다."
>
> 그는 서인이었다.

이어지는 숙종의 말이 기가 막힌다.

"이렇게 취했는데도 편파적인 당론을 잊지 않으니 어쩌면 좋단 말인가.(醉至於此 不忘偏論 可奈何矣)"

다산의 『혼돈록(餛飩錄)』에 나오는 이야기이다. 신하들의 본심을 알아보려던 숙종의 의도는 정확했다. 취중진담이라 하듯 아무리 취해도 그들은 본심을 숨기지 못했고, 찌들도록 마음속에 박힌 당습(黨習)을 버리지 못하고 실토하고 말았다는 내용이니, 당파의 대립이 얼마나 지독한 것인가를 알게 해 주는 일화이다.

역사는 진실을 증언한다

조선왕조 시대에 당쟁이 가장 격화되었던 시기는 숙종 때이다. 서계 박세당(朴世堂, 1629~1703)은 소론 계열로, 노론계의 우암 송시열에 맞서 강하게 대립했다. 반주자학의 학문적 입장에서 박세당은 사서(四書, 논어·맹자·대학·중용)의 주자 해석에 반대되는 학설로 『사변록(思辨錄)』이라는 책을 저술했다. 그러면서 박세당이 송시열을 심하게 폄하하는 글을 지어 세상이 요란해졌다. 그즈음 박세당의 아들 박태보(朴泰輔, 1654~1689)가 숙종비 인현왕후를 대신하여 장희빈을 왕후로 삼으려고 인현왕후의 폐비사건이 일어나자 결사반대하다 심한 고문으로 죽고 말았다.

노론계에서는 박세당이 우암을 폄하한 데다 주자학을 반대해 사문난적(斯文亂賊)으로 몰아 죽이려 했는데, 송시열이 박태보 같은 정의로운 아들을 둔 박세당을 죽여서는 안 된다고 주장하여 변방으로 유배형을 받았다. 그러나 정의는 묻힐 수 없고 진실은 숨겨지지 않아, 나중에 박태보는 높은 벼슬에 증직되고 문절(文節)이라는 시호를 받아 모두의 추앙을 받기에 이르렀다.

역사의 원리는 바로 그렇다. 황사영백서 사건으로 경상도에서 유배 살던 다산은 다시 체포되어 서울에 와서 국청에서 국문을 받았다. 1801년 10월의 일이다. 다산의 반대파는 이번에는 다산을 반드시 죽여야겠다고 벼르면서 온갖 모함으로 혹독한 고문을 가했다. 그 무렵 황해도 관찰사의 직무를 마치고 조정으로 들어온 유신(儒臣) 정일환(鄭日煥)이라는 분이 나섰다. 황해도에 근무하면서 그 지방의 여론을 들어 보니 황해도 곡산 도호부사를 지냈던 정약용이 너무나 훌륭한 선정을 베풀어서 모든 백성이 존경하고 사랑하고 있는데 정약용을 죽여서는 절대로 안 된다는 주장이었다.

황사영백서와 다산은 아무런 관련이 없어 법률상 죽일 수도 없었지만, 여론으로도 다산을 죽일 방법이 없었다는 하나의 증거가 그 일이다. 옳고 바르게 국가와 민족을 위해서 일한 사람은 그렇게 죽여서는 안 된다는 것도 좋은 역사적 교훈이다. 정치적 목적을 달성하기 위해 수단 방법을 가리지 않고 함부로 사람을 죽이는 야만의 정치는 사라져야 한다는 것도 이런 데서 배울 수 있다. 다산도 뒤에 규장각 제학에 증직되고 문도(文度)라는 시호를 받아 민족 최고의 학자, 사상가, 시인이라는 평가를 받고 있음이 모든 것을 증명해 준다. 정의와 진리는 아무리 세상이 변해도 죽일 수 없기 때문이다.

신유사화의 희생자 이기양

역사 기록을 읽다 보면 아무런 죄 없이 반대편의 정치적 목적 때문에 죽어간 억울한 죽음이 참으로 많다. 선조 8년에 서인과 동인으로 분당이 되면서 권력의 영속화를 위해 얼마나 많은 선비가 억울하게 죽은 사건이 많았는가. 사실 당파라는 붕당싸움 이전에도 조선에는 매우 많은 선비가 무참히 죽어간 사화(士禍)의 화란이 계속해서 일어났다. 조광조 같은 대학자가 억울하게 죽어간 기묘사화를 비롯하여 무오사화·을사사화 등 셀 수 없이 많은 사화 때문에 우수한 학자나 인재가 얼마나 많이 죽어갔던가.

동서분당 이후로는 더 큰 참화가 이어져 정여립 사건으로 죽어간 그 많은 선비들, 허견 등의 사건으로 일어난 경신대출척에 죽어간 그 수많은 고관대작과 큰 선비들, 모함에 걸리고 가짜 뉴스에 얽혀서 생죽음을 당했던 그런 참상은 생각만 해도 끔찍하다.

다산의 「복암 이기양 묘지명(茯菴李基讓墓誌銘)」을 읽으면 그런 화란이나 사화를 당해 죽어간 억울한 사람에 대한 이야기가 너무도 생생하게 기록되어 있어, 인간이 저지르는 죄악이 얼마나 크고 무섭다는 것을 금방 이해할 수 있게 해 준다.

이른바 남인 4인, 정조 시대에 거대한 노론에 맞서 자신들의 능력과 인품으로 정조의 신임을 받아, 그래도 조금 정치적 역량을 발휘하여 정조의 치세를 돕던 사람들이 있었다. 채제공, 이가환, 이기양, 정약용이 그들인데, 신유옥사라는 사화에서 가장 억울하게 당했던 이들이 이가환과 이기양이었다. 그중에서도 서양 서적 한 페이지도 읽지 않았으나 천주학쟁이로 몰려 함경도 국경 끝자락으로 귀양 가서 죽고 만 이기양의 이야기는 참으로 비참한 내용이다.

한음 이덕형이라는 어진 선조의 후손으로 먼 시골 조그마한 고을의 수령을 지내다가 정조의 인재 발탁에 포함되어 곧바로 문과에 급제하고 급기야 예조 참판이라는 고관에 오른 유능한 학자관인인데 다만 이가환·정약용 등과 가깝게 지낸 남인 출신이라는 이유로 천주학의 천(天) 자도 모르는 사람을 천주학쟁이로 몰아 극지로 귀양 보내 죽게 했던 사건이 바로 '신유사화(辛酉士禍)'라고 다산은 표현했다.

정조의 뒤를 이은 순조가 11세로 왕위에 오르자 열네 살에 60살이 넘은 영조의 계비(繼妃)로 궁중에 들어온 정순대비는 어린 증손자를 수렴청정하면서 노론 벽파를 위해 남인 시파를 철저히 탄압했다. 그런 정치적 소용돌이 속에서도 신유옥사 9년 뒤인 기사년(1809)에 이기양은 죄 없이 죽었다는 판단이 나와 옛날의 벼슬을 되찾고 복권이 되어 억울함에서 벗어날 수 있었다.

패거리 정치는 끝내야 한다

지역 차별도 패거리 정치

지금부터 200년 전 다산이 살아가던 시대에도 패거리 정치가 판을 치면서 몇몇 가문(家門)이 패거리를 짓고 온갖 권력을 휘둘렀다. 그런 패거리의 폐단에 분노한 다산의 시 「여름날 술을 앞에 두고(夏日對酒)」의 한 대목을 읽어 보면 당시의 사정을 충분히 알 수 있다.

세력이 단단한 몇 십 집안에서	落落數十家
대대로 나라의 녹을 다 삼키네	世世呑國祿
자기네끼리 붕당으로 나뉘어서는	就中析邦朋
엎치락뒤치락 살벌하게 싸우네	殺伐互翻覆
약자들이야 강자들의 밥이니	弱肉强之食

대여섯 세력가만 살아남아서 豪門餘五六
이들만이 경상이 되고 以玆爲卿相
이들만이 큰 고을의 감사 되고 以玆爲岳牧
이들만이 승정원 승지 되고 以玆司喉舌
이들만이 감찰하는 벼슬아치 되며 以玆寄耳目
이들만이 여러 벼슬아치 되고 以玆爲庶官
이들만이 수사와 재판 담당하네 以玆監庶獄

조선이라는 나라의 정치판이 어떻게 되어 있는가를 그림 그리듯 설명해 주고 있다. 당파끼리의 패거리, 지역적인 패거리, 씨족끼리의 패거리가 권력을 농단하면서 뒤엉켜 싸우던 모습이 선연하게 드러나고, 그들만이 권력을 장악하여 온갖 적폐를 양산하던 모습을 넉넉하게 상상할 수 있다.

다산은 그런 현상을 폭로하고 그런 패거리 정치를 개혁하고 타파하여 모든 사람이 동등한 권리와 동등한 기회를 가지고 평등하게 살아갈 수 있는 사회를 만들려는 희망을 지니고 있었다.

다산의 글 「통색의(通塞議)」를 읽어 보면 당파의 패거리나 벌열(閥閱) 패거리도 무섭지만 특히 지역 차별은 참으로 무서운 패악이었다. 함경도와 평안도, 황해도 등 북3도 출신도 푸대접을 받았지만 서울과 경기도, 충청도를 제외한 여타 지역 출신들은 아무런 이유 없이 태어난 지역 때문에 차별을 당하고 푸대접을 받아야 했으니 이런 황당한 일을 어디에서 또 찾을 수 있겠는가.

황해도·평안도 백성들 오랜 세월 억압받아 西民久掩抑
십 세토록 벼슬 한 장 없었네 十世閡簪紳
겉으로야 공손한 체하지만 外貌雖愿恭
마음속에는 언제나 불만이었네 腹中常輪囷
옛날에 일본이 나라 삼키려 했을 때 漆齒昔食國
의병이 곳곳에서 일어났지만 義兵起踆踆
서쪽 백성들이 수수방관했음은 西民獨袖手
참으로 그럴 만한 이유 있었네 得反諒有因

이 시도 「여름날 술을 앞에 두고」의 한 부분이다.

지금이라고 지역 차별의 폐단이 사라졌다고 말할 수 있을까. 무슨무슨 정권, 무슨무슨 라인이라며 패거리 지어서 여타 지역 출신은 한없이 소외받고 천대받아야 했으니 이런 불평등한 세상이 어떻게 존재할 수 있었을까.

당습에 얽매이면 사심이 나올 수밖에

'당습(黨習)'이란 자기 편, 자기 쪽 당만을 두호하며 옳다고 주장하는 편향된 마음이나 행위를 뜻한다고 풀이할 수 있다. 오늘의 한국 사회를 보면 어떻게 해서 이렇게까지 '당습'에 얽매인 세상이 되고 말았는지 참으로 큰 걱정을 하지 않을 수 없다. 다산의 많은 글을 읽다 보면, 다산 자신도 자기가 살아가던 세상이 '당습'에 얽매어 올바른 공도(公道)가 사라져 가고 있음을 진심으로 걱정하고 우려했다는 것을 여러 곳에서 발견할 수 있다.

> 학문이란 천하의 공물이다. 學問者 天下之公物也 _「심경질서 발(心經疾書跋)」

이 선언이야말로 다산의 학문 자세를 꿰뚫는 대단히 중요한 말이다. 『예기』「예운(禮運)」에 "대도가 행해져야 천하가 공공(公共)이 된다.(大道之行也 天下爲公)"라고 나오는데, 다산의 '공물(公物)'이나 『예기』의 공공은 크게 보면 같은 의미로 보인다.

공은 공정(公正)·공평(公平)의 의미에 사(私)와는 반대 개념으로 파악할 때 의미가 더 분명해진다. "짐은 국가다."라고 했을 때, 국가는 공이 아니라 사(私)라고 여기는 독재자의 발언이 되고 만다. 그래서 『예기』의 공에 대한 해석에 "크고 큰 천하를 사적으로 자손에게 물려주지 않고 천하의 현인이나 성인과 더불어 공적으로 함께한다.(不以天下之大私其子孫 而與天下之賢聖公共之)"라는 대목에서 공이 사의 반대 개념임을 설명하고 있다.

그렇게 보면 당습이야말로 공심(公心)이 아닌 사심(私心)과 연결되어 있음을 알 수 있다. 자신의 당파와 자신의 가정이나 자손만이 아닌 국가나 사회가 바로 공이다. 개인의 이익인 사익(私益), 공심이 아닌 사심이 가는 방향이 당습임이 여기에서 밝혀진다. 다산은 당습에 대해 심각하게 근심했다.

퇴계 선생의 시대에는 말하는 사람도 공심으로 말하고 듣는 사람도 공심으로 들었는데, 근세에는 '당습'이 고질화되어 사적으로 좋아하는 사람은 존경하여 형편없는 유자라도 종사(宗師)로 받들고, 사적으로 싫어하는 사람은 학덕이 높고 참다운 학자라도 배척하여 곡사(曲士)로 여겨 버린다. 그래서 하는 말도 공정하기가 쉽지 않고, 듣는 것도 공정하게 듣지 않는다. _「도산사숙록(陶山私淑錄)」

이 글은 다산이 충청도 금정 찰방으로 좌천되어 귀양살이 같은 벼슬을 하는 가운데 『퇴계전집』을 읽으면서 퇴계가 쓴 편지글에서 마음에 쏙 드는 부분을 골라 퇴계의 대공지정(大公至正)의 마음과 학문의 자세를 찬양하는 내용을 담은 글이다.

인용한 부분의 앞에, 퇴계가 선배 학자 등에 대하여 논하면서 거스르는 부분을 숨기지 않고 비판한 대목이 있는데, 그거야 공심에서 나왔으며, 당습은 전혀 없이 학자적 양심으로 했던 주장이기 때문에 전혀 문제 삼을 수 없다는 이야기를 하면서 나온 이야기이다.

정당끼리 정치인끼리 당습에 얽매여 터무니없는 사안으로 싸움질만 하는 오늘의 현실이 너무나 안타깝다. 퇴계나 다산의 공심·공공·공정·공평으로 돌아가는 날은 정말 오지 않는 걸까.

그립고 그리운 왕도정치

요순시대로 돌아갈 수는 없는가

다산의 저서 500여 권을 살피다 보면, 가장 많이 나오는 주제가 왕도정치, 바로 요순시대의 정치에 대한 그리움이다. 죽음의 함정에서 겨우 빠져나와 모진 유배살이를 하느라 다시는 정계에 복귀하여 요순정치를 실현할 정책을 펼 수 없다는 것을 명확히 알면서도, 꿈꾸고 바라던 바는 요순정치였다. 경전(經傳)의 뜻을 바르게 해석해야만 왕도정치를 실현할 수 있다면서, 사서육경(四書六經)에 대한 새로운 주석서 232권을 저술했고, 천하국가를 경륜하려면 일표이서(一表二書)의 경세서가 있어야 한다고 『경세유표』, 『목민심서』, 『흠흠신서』를 저작하기도 했다.

2,500수가 넘는 시는 평범한 이야기를 하는 것 같아도 따지고 보면 시를 통해서라도 요순시대를 앞당겨야 한다는 의미로

지은 시가 참으로 많다. 벼슬살이나 정치하는 일이야 진짜 선비라면 하지 않을 일이라면서 산속에 숨어서 도(道)만 닦는다는 썩은 선비들을 그렇게 비판했던 다산, 정치를 통해서만 국가개혁이나 사회개혁이 가능하다는 다산의 뜻이 다시 생각되는 순간이다.

공자께서 우리 유교를 강론하심에	魯叟講斯道
왕도정치에 대한 말씀 절반이었고	王政居其半
주자가 상소를 자주 했지만	晦翁屢抗章
논한 바는 대부분 나라 정치였네	所論皆廟算
요즘 선비들 성리학만 좋아하니	今儒喜談理
나라 정책과는 얼음과 숯이라네	政術若氷炭
깊숙이 숨어서 나오지도 못하고	深居不敢出
나오면 사람들의 웃음거리 된다네	一出爲人玩
마침내 경박한 자들로 하여금	遂令浮薄人
국사를 마음대로 하라 맡겨 버리네	凌厲任公幹

「고시 27수」라는 제목의 시 중 24번째의 시다. 백성들은 도탄에 빠져 온갖 고통에 시달리고, 탐관오리가 발호하여 백성은 가렴주구에 핍박받느라 살길이 없던 세상인데, 정치는 속된 사람들이나 하는 일이라며 도를 지킨다고 숨어 살던 사람을 다산은 그렇게도 싫어하고 비판했다.

봉건왕조가 생명력을 잃고 기울어 가던 조선 후기, 도탄에 빠진 백성을 구제하고 탐관오리를 징치하여 백성이 숨을 쉬고 배를 주리지 않게 해야 할 책임이 지식인에게 있는데, 그런 막중한 정치는 혐오하면서 이(理)다, 기(氣)다만 따지는 위선적 지식인에 대한 다산의 비판이 그때로 그쳐서는 안 된다. 그때나 지금이나 고통을 당하는 백성은 그대로 있고, 좋은 정치로 삶의 질을 개선해야 한다는 국민의 목소리는 끊이지 않고 있다.

다산의 정치론

다산은 그의 뛰어난 논문 「원정(原政)」에서 정치란 어떻게 하는 것인가를 밝혔다.

> 정치란 바르게 해 주는 일이요, 우리 백성이 고르게 먹고 살게 해 주는 일이다. 政也者 正也 均吾民也

바르게 고르게 해 주는 것이 정치라는 간단명료한 해답을 내놓았다. 그렇다면 오늘의 정치는 어떤가. 과연 정(正)하며 균(均)한가.

똑같은 죄를 범했으나 누구는 무사하고 누구는 큰 벌을 받게 된다면 그것은 절대로 정당하지도 바르지도 않은 정치이다. 온갖 불법을 감행하고도 누구는 고관대작에 오르고, 누구는 벌금을 물고 감옥에 가는 처벌을 받는다면 그것도 바른 정치가 아니다. 어느 당파의 정치인은 잘못해도 무사하고 어느 당파 정치인은 잘못하면 벌을 받아 불이익을 받는다면 공정하고 바른 정치라고 말할 수 없다. 어느 지역에는 국가 예산이 집중적으로 투입되고 어느 지역에는 적은 예산이 배정된다면 그것도 바르거나 고른 정치라고 말할 수 없다. 어떤 사회단체에는 국가의 예산지원이 넉넉하고 어떤 사회단체에는 예산지원이 적어진다면 그것도 바르고 고른 정치가 아니다.

다산의 정치론은 이어진다.

> 어찌하여 토지의 이익을 독차지하여 부자는 더욱 부자가 되고, 토지의 혜택을 받지 못한 가난한 사람은 더욱 곤란해진다는 말인가. 토지와 농민을 계산하여 공평하게 분배해야 한다.

빈부의 격차가 좁혀지고, 권력이 분점되며, 모두가 공평하고 고르다는 생각을 지닐 수 있을 때 올바른 정치라고 말할 수 있다는 것이다. 도시와 농촌의 차이, 지역 간의 차이, 가진 자와 가지지 못한 자의 간극이 갈수록 벌어지면서 힘없고 가진 것 없는 사람들의 삶은 팍팍하기 이를 데 없으니 제대로 된 정치라고는 말하기 어렵다.

경제성장률이 높아지고 국가재정이 넉넉해지더라도 고르지 못한 세상은 행복한 세상이 아니라는 것이 다산의 뜻이다. 아무리 '공정사회'를 외쳐도 되어가는 일이 공정해 보이지 않고, 국부(國富)를 나타내는 숫자가 높아지더라도 민간의 삶은 어렵기만 하다. 새해, 이처럼 희망찬 시절에 부디 피부로 느낄 수 있도록 공정한 정치가 이루어지고 서민경제의 질과 양이 나아지기를 또다시 기대해 본다. 국민 모두의 희망은 역시 바른 정치, 고른 정치에 있다.

선치는 정말로 없을 것인가

정조와 다산의 풍운지회가 길었더라면

세상과 나라를 걱정했던 옛날의 선비들은 "백세토록 선치는 없었다.(百世無善治)"라고 말하며 요순(堯舜)시대 이래로 '선치(善治)' 즉 국태민안(國泰民安)의 착한 정치가 없었다고 탄식하는 경우가 많았다.

다산 또한 정말로 좋은 정치가 열려 나라가 번창하고 국민 모두가 편안한 삶을 누릴 수 있기를 고대하면서 "백세에 선치는 없었다."라고 탄식을 할 때가 많았다.

다산의 정치 이론을 살펴보면 자나 깨나 선한 정치, 즉 좋은 정치가 행해지기를 그렇게도 간절히 바라고 원했음을 알 수 있다. 대의정치가 정착되고 여야로 나뉘어 정당정치가 보편적인 선한 정치임을 알게 되는 요즘과 다산의 시대를 대비하기는 어렵다. 다산이 살던 시대는 군주주의 국가로 임금이 통치를 전담하던 때여서, 임금을 보좌하는 대신이나 공경대부가 임금과 나라를 위해 어떻게 일하느냐에 따라 잘 하는 정치와 못 하는 정치로 구별할 수밖에 딴 도리가 없었다. 그래서 임금과 신하의 좋은 만남을 '제우(際遇)' 즉 뜻 맞는 임금과 신하의 만남이라 하여, 그런 때에 좋은 정치가 이뤄진다고 말하였다.

특별한 '제우'로 다산은 제(齊)나라의 환공(桓公)과 관중(管仲), 한(漢)나라의 소열황제(昭烈皇帝, 유비)와 제갈공명(諸葛孔明)을 예로 들면서 선치가 있으려다 말았다고 아쉬워했다. 그러면서 신하가 임금에게 존경과 신뢰를 받으려면 어떻게 해야 하느냐에 대하여 자세하게 설명했다.

가끔 군현을 맡아 외직으로 나갈 때는 자애롭고 어질게 다스리고 청렴결백하도록 힘써서 아전이나 백성 모두가 편하도록 해야 한다. 나라가 큰 난리를 당했을 때는 쉽거나 어렵거나 꺼려 말고 죽음을 무릅쓰고 절개를 지켜야 한다. 이런 사람을 임금이 어찌 존경하지 않을 수 있겠느냐. 이미 존경한다면 어찌 신뢰하지 않을 수 있겠느냐. _「학연에게 보여 주는 가계(示學淵家誡)」

임금이 옳고 바르게 일하는 신하를 존경하고 믿어서 정치를 잘하도록 해 줄 때에만 선치가 가능하다는 것이 다산의 뜻이다.

다산은 22세에 진사과에 합격하여 합격자들이 임금에게 사은(謝恩)하던 자리에서 최초로 정조대왕과 얼굴을 맞대면서 '풍운지회(風雲之會)'가 이뤄졌다는 기록을 남겼다. 성군과 현신의 만남, 그것이 바로 '풍운지회'이다. 그 두 사람, 정조는 다산을 한없이 존경하고 믿었으며, 다산 또한 신명을 바쳐 정조를 보필하여 나름대로의 선한 정치를 이룩하려 했다.

능력 있고 착한 사람들이 만나야 좋은 정치가 이뤄지는데, 갈라만지는 오늘, 통치자와 고관대작 사이에 강압적인 지시와 명령만 남발하는 오늘, 이런 속에서 어찌 '선치'를 바랄 수 있겠는가.

정조와 다산의 만남 10년, 이보다 더 길었으면 어떻게 되었을까. 너무나 짧았기 때문에 더 그립고 아쉬워하면서, '선치'에 대한 갈망을 토로하지 않을 수 없다.

임금의 존경을 받는 신하

임금과 신하가 제대로 소통해야

1810년은 조선 후기 순조10년으로 경오년이다. 그때 49세이던 다산은 10년째 귀양살이로 다산초당에 있는 동암(東菴)에서 학문연구로 더운 여름을 이겨 내고 가을을 맞았다. 입추가 지나 가을바람이 살랑거리자 고향의 아들이 생각나 긴긴 가계(家誡, 아들에게 내리는 가훈의 편지)를 썼는데, 하필이면 처서날이었다. 더위가 한풀 꺾이니 고향 생각 자식 생각이 날 만도 하였으리라.

다산의 저서 어느 것 하나 값지고 귀중하지 않은 것이 없지만, 아들들에게 내려주는 가훈이자 교훈의 글인 '가계'야말로 인간 삶의 도리를 참으로 깊고 넓게 밝혀 준 성인의 잠언 같은 글이다. 그중에서도 처서에 쓴 글은 유독 의미가 깊어 공직생활을 하는 사람으로서는 반드시 읽어야 할 내용이다.

임금을 보좌하는 방법이란 임금에게 존경을 받도록 해야지, 임금의 총애를 받는 사람이어서는 안 된다. 임금에게 신임을 받는 사람이 되어야지, 임금을 기쁘게 하는 사람이어서는 안 된다. 事君之法 要爲君所敬 不要爲君所愛 要爲君所信 不要爲君所悅)

아침저녁으로 가까이 모시고 있는 사람은 임금이 존경하는 사람이 아니며, 시나 글을 잘 읊는 사람도 임금은 존경하지 않으며, 글씨를 민첩하게 잘 쓰는 사람, 얼굴빛을 살펴 비위를 잘 맞추는 사람, 툭하면 벼슬을 그만두겠다는 사람, 품위가 장엄하지 못한 사람, 권력자에게 이리저리 붙기를 좋아하는 사람 등을 임금은 존경하지 않는다.

이어서 어떤 사람을 임금이 존경하는가를 요령 있게 설명했다.

언관(言官, 민정을 보고하는 벼슬)의 지위에 있을 때는 날마다 적절하고 바른 의론(議論)을 올려서 위로는 임금의 잘못을 공격하고, 아래로는 숨겨진 백성들의 고통을 알려야 한다. 또 사악한 짓을 하는 공직자는 물러나게 해야 한다. 이때는 지극히 공정한 마음으로 직책을 수행하여 탐욕스럽고 비루하고 음탕하며 사치하는 일에는 당연히 손을 써서 조치하고 자기에게만 유리하게 의리를 인용해서는 안 되고, 자기 편만 편들고 다른 편은 공격해서 엉뚱하게 남을 구렁텅이 속에 밀어 넣어서는 안 된다.

선조의 존경을 받은 이이와 성혼

선조 8년 동서(東西) 분당이 시작된 이후로 임금이 어느 쪽을 편들고 지지해 주느냐에 따라 권력이 변동되면서 세상이 조용할 날이 없었다. 이른바 당쟁시대가 도래되어 심한 경우는 살육전까지 벌여 나라가 위태로운 지경에 이른 경우가 한두 차례가 아니었다.

그 무렵 선조가 존경하고 믿는 두 사람이 있었다. 바로 율곡 이이와 우계 성혼이다. 그렇게 존경하고 믿는 사람을 편든다고 반대편에서 공격하자, 그렇다면 임금 자신은 당인(黨人)이 되겠다면서 "나는 이혼당(珥渾黨)이다."라고 할 정도였다. 물론 이이나 성혼은 반대파의 공격으로 온갖 수모를 겪기도 했으나 임금의 존경과 믿음의 주인공이었기 때문에 끝내 역사적으로 존경받고 신뢰를 받는 현인의 지위에 오르게 되었다.

다산은 이이나 성혼처럼 훌륭한 인격, 높은 학식, 탁월한 경륜을 제대로 갖춘 경국제세(經國濟世)의 능력을 지닌 신하만 임금이 존경하고 믿어 준다는 주장을 폈다. 정직하고 공정한 직책 수행으로 임금을 보좌하는 공직자가 임금의 존경을 받는 것이지, 지공지심(至公之心)은 버리고 당동벌이(黨同伐異)로 치우친 마음의 소유자는 임금의 존경을 받을 수 없다고 했다.

통치행위 중에서 역시 어려운 것은 인사(人事)이다. 과연 요즘의 인사에서 임금이 존경하고 믿는 그런 인물이 등용되었다고 말할 수 있을까. 위의(威儀)가 장엄하지 못한 사람, 측근 신하의 세력에 도움을 받으려는 사람도 임금은 존경하지 않는다고 다산은 말했다. 임금은 물론 모든 국민이 존경하고 신뢰하는 그런 공직자가 무수히 등장할 때 나라가 제대로 되어 가지 않을까.

옛날의 임금이 지금은 대통령이다. 대통령의 총애나 받고, 비위나 살펴 기쁨조가 되어서야 국민이 그냥 보고만 있지는 않을 것이다. 정신 바짝 차리고 다산의 뜻에 따라 임금의 존경을 받는 공직자가 되어야 한다.

정치를 외면해서야

소부나 허유가 능사인가

요순시대의 이야기이다. 요임금은 노쇠하여 정치를 그만하고 임금 자리를 허유(許由)라는 사람에게 넘겨주겠노라고 말했다. 그 소리를 들은 허유는 들어서는 안 될 소리를 들었노라며 영수(潁水)라는 냇물에서 귀를 씻고 또 씻었다. 이런 모습을 본 허유의 친구 소부(巢父)는 귀를 씻은 더러운 물을 소에게 마시게 하면 안 된다면서 소를 위쪽으로 끌고 가서 물을 마시게 했다. 마침내 두 사람은 기산(箕山)이라는 산속으로 들어가 은거하면서 일생을 보냈다는 고사가 있다.

정치만 싫은 것이 아니라, 임금의 지위를 준다 해도 거절했던 그들의 높은 기상 때문에 고사(高士)나 은사(隱士)들의 덕을 칭송할 때는 언제나 거론되는 고사성어가 다름 아닌 '기산영수'요

'소부허유'로 사람들에게 회자되었던 구절이다. 그렇게 싫고 혐오스러운 정치와 임금의 자리였건만, 대통령 선거전이 가열되면서 수단방법을 가리지 않고 대통령이 되겠다는 후보들의 열띤 선거운동을 보노라면 참으로 묘한 생각이 들기도 한다. 소부와 허유처럼 속세를 초월한 고결한 은일군자(隱逸君子)들이 어느 때나 있을 수 있는 존재가 아니라면, 어차피 인간은 정치적 동물이자 사회적 동물일 수밖에 없기 때문에 대통령에 당선시켜 달라고 목이 터져라 외칠 수밖에 없을 것이다.

소부나 허유와 같은 고결한 은일군자도 아니면서 정치라면 싫고, 정치인이라면 혐오하며 투표조차 꺼리는 국민이 많은 요즘, 다산의 정치관과 정치를 통한 애국심에 대한 정신을 짚어보자.

예나 지금이나 정치(政治)라는 두 글자는 가까이하고 싶어 하지 않는 것이 사실이다. 도대체 어떤 이유 때문에 정치라는 것이 그렇게 혐오의 대상이 되고 말았을까. 결론적으로 말하면 정치에 몸담았던 사람들의 책임이 아닐 수 없다.

여러 차례 이야기했던 대로, 다산은 정치란 바르게(正) 하는 일이자 백성들이 고루 잘살도록 해 주는 일이라고 했다. 그렇다면 정치에 몸담은 사람들이 공정하고 바른 세상이 되게 해 주고 약한 백성들이 빈부의 격차나 신분의 차별 없이 고루고루 잘살도록만 해 주었다면 정치에 대한 혐오증은 이미 없어지지 않았겠느냐는 생각을 할 수 있다.

옛날의 선비들도 정치 없이는 세상사가 되지 않는다는 것을 알면서도 정치라면 무조건 기피하며 허송세월로 세상을 마치는 경우가 많았다. 지금 세상의 선비나 학자도 '정치'라면 고개를 살래살래 흔들면서 거기에서 멀리할수록 깨끗하고 정직하며 학자다운 삶이라고 잘못 판단하는 경우가 많다.

시대를 아파해야 진정한 지식인

그러나 세상만사는 정치와 얽혀 있어 정치가 잘 되어 선정(善政)이 베풀어질 때에만 사람이 편하게 살아갈 수 있고, 역사가 발전해 왔던 것이 엄연한 역사적 현실이다. 그래서 동양의 고전인 유교 경전은 논의의 중심이 정치에 있었고, 정치와 경제를 통해서 요순시대를 복원하자는 것이 학문과 사상의 핵심적 가치였음을 부인할 수 없다.

다산은 어느 누구보다도 정치와 경제를 제대로 풀기 위해서 유교 경전의 재해석을 통해 실학적이고 실사구시적인 '다산경학'을 수립하여 인류의 영원한 염원인 요순시대 복원에 생을 바치며 경학 연구에 몰두하였다.

정치와 무관해야 하고, 권력이나 재산을 모두 뜬구름으로 여기며 수신(修身)이나 도덕만을 추구하는 것이 유학의 본분이라고 생각하는 사람들에게 다산은 크게 환영받을 사람이 아니었다. 다산은 정치적이었고 정치를 강조한 학자였다.

공자는 자로와 염구 등에게 언제나 정치적인 일을 가지고 인품을 논하였고, 안자가 도를 물을 때에도 반드시 나라를 다스리는 것으로 대답하였으며, 각자의 뜻을 이야기하라고 할 때에도 역시 정사(政事)를 하는 것에서 대답을 구하였다. 따라서 공자의 도는 그 효용이 세상을 경륜하는 데 있다는 것을 알 수 있다. _「반산 정수칠에게 주는 말(爲盤山丁修七贈言)」

유교의 창시자 공자의 근본 목표가 정치를 통해 요순시대를 이룩하자는 뜻이었다고 풀이한 것이다.

그렇다. 유교는 수신을 따지고, 도덕을 논하며 인문학과 인성(人性)을 중히 여기고, 수신제가(修身齊家)에 큰 비중을 두는 것도 사실이지만, 개인만 살아가는 세상이 아니라 인민 모두가 살아가는 세상이기에, 정치가 제대로 되지 않고는 좋은 세상이 올 수 없다고 여겨 궁극적으로 정치로 중심을 잡을 수밖에 없었다. 이런 논리를 가장 명쾌하게 설명하고 그렇게 경전을 재해석해야만 요순시대를 앞당길 수 있다고 학문적 노력을 집중시킨 학자가 바로 다산이었다.

참된 선비의 학문은 본디 나라를 다스리고 백성을 편안히 하고 오랑캐를 물리치고 재용(財用)을 넉넉히 하고 문식(文識)과 무략(武略) 등을 갖추려고 하는 것을 마땅치 않다고 여기지 않았다. 어찌 옛사람의 글귀를 따서 글이나 짓고, 벌레나 물고기 등에 대한 주석이나 내고, 소매 넓은 선비 옷을 입고서 예모만 익히는 것이 학문이겠는가? _「속유론(俗儒論)」

다산은 아들에게 보낸 편지에서 "시대를 아파하고 세속에 분개해야 한다.(傷時憤俗)"라면서 세상 돌아가는 일이나 잘못된 정치에 대하여 눈감고 음전한 모습으로 살아가서는 참된 선비라고 말할 수 없노라고 분명하게 말했다.

18년의 혹독한 유배살이, 국가와 정부로부터 그렇게 비참한 대우를 받으면서도, 국리민복(國利民福)을 위해서 방대한 저서를 남긴 다산의 뜻을 새기지 않을 수 없다. 따지고 보면, 다산의 시문(詩文)이나 경서 연구, 경세학에 관한 저작의 본질은 바로 정치 잘 하라는 내용이 주를 이루고 있다. 다산을 거론하면서 정치 이야기를 하지 않는다면, 그것은 절대로 다산을 제대로 알고 있지 못함이 분명하다.

제발 우리 모두 정치적 담론에 마음을 집중시켜야 한다. 어떤 정당을 지지할 것이며, 어떤 인물을 정치지도자로 선택할 것인가를 만나는 사람마다 토론하고 논쟁을 벌여야 한다. 오늘처럼 망가진 정치를 그냥 두고 볼 수는 없지 않은가. 참신하고 좋은 정치인이 정치를 담당하여 선정(善政)을 베풀어 줄 것을 기대하면서 좋은 선거를 치르자.

정치혐오증, 오늘의 위선적 지식인들의 공통된 태도이자 마음이다. 정치 없이는 세상 자체가 존재하기 어려운데, 정치라면 악의 상징인 양 혐오만 하고 있으니 안타까운 일이다. 조선시대의 역사적 악폐가 오늘까지 이어지고 있으니, 요순시대나 잘 되는 정치가 언제쯤 실현될까.

선거제도는 지고지선인가

선거의 원칙이 잘 지켜지고 있는가

200년 전에 다산은 요즘처럼 직접·보통선거는 아니지만 간접선거와 유사한 선거제도에 깊은 관심을 지니고, 그런 제도를 통한 정치의 선진화를 도모했으니, 당시로서는 참으로 획기적인 주장이자 선진적인 정치사상이었다.

> 천자(天子)의 지위는 어떻게 해서 얻어졌는가. 하늘에서 떨어졌는가. 아니면 땅에서 솟아났는가. 천자는 여러 사람이 추대해서 이루어진다. 여러 사람이 추대해서 이룩된 사람은 또한 여러 사람이 추대해 주지 않으면 이룩되지 못한다는 것이다.
>
> 뜰에서 춤추는 사람이 64명인데, 이 가운데서 1명을 선발하여 지

휘봉을 잡고 맨 앞에 서서 춤추는 사람들을 지휘하게 한다. 지휘봉을 잡고 지휘하는 사람의 지휘가 곡조에 제대로 맞으면 모두가 존대하여 '우리 무사(舞師)님' 하지만, 지휘봉을 잡은 사람의 지휘가 곡조에 맞지 않으면 모두가 그를 끌어내려 앞전의 대열로 복귀시키고 유능한 지휘자를 재선하여 올려놓고 '우리 무사님'하고 존대한다. 그를 끌어내린 사람도 대중이고 올려놓고 존대하는 사람 또한 대중이다. 대저 올려놓고 존대하다가 다른 사람으로 교체하여 올리는 사람을 탓한다면 이게 어찌 이치에 맞는 일이겠는가.

옛날에는 아랫사람이 윗사람을 추대하였으니 아랫사람이 윗사람을 추대하는 것이 순(順)이고, 지금은 윗사람이 아랫사람을 세우니 아랫사람이 윗사람을 세우는 것은 역이다. 古者下而上 下而上者 順也 今也 上而下 下而上者逆也

_「탕론(湯論)」

다산의 주장대로라면 그 당시 아래에서 위로 올라가는 상향식 선거제도는 역적으로 매도당했으나, 옛날의 뜻을 받드는 현대의 선거제도로 발전하여 상향식(下而上) 선거제도나 정치제도가 자리 잡은 일은 참으로 큰 역사 발전의 한 단계임이 분명하다. 그러나 오늘날 상향식 원리가 제대로 수행되고 있고, 그 원리에 맞는 모든 제도가 원칙대로 지켜지고 있는가는 또 다른 문제이다. 상향식의 원칙은 살아 있으나 하향식(上而下)의 낙하산 인사가 판치는 것만 보아도 원칙이 무시되고 있음을 금방 알게 된다.

악단에서 지휘자를 언제라도 교체할 수 있고, 천자도 수시로 바꿔 버릴 수 있었던 고대의 제도를 복원하지 못하고, 정해진 임기를 꼬박 기다려야 하는 대중들을 어떤 방법으로 위로해 줄 수가 있을까. 그래서 선거를 잘 해야만 한다.

절대적 올바름이란 없다

노자(老子)는 일찍이 화복에 대한 지극한 뜻을 올바르게 아는 사람이 많지 않다고 설파했다.

> 화란 복이 의지하는 곳이고, 복은 화가 숨어 있는 곳이다. 누가 그 궁극을 제대로 알랴. 禍兮福之所倚 福兮禍之所伏 孰知其極

노자의 주장에 뜻을 같이한 다산도 고락(苦樂)의 관계를 설명하였다.

> 즐거움은 괴로움에서 나오니, 괴로움이란 즐거움의 뿌리이다. 괴로움은 즐거움에서 나오니, 즐거움이란 괴로움의 씨앗이다. 樂生於苦 苦者樂之根也 苦生於樂 樂者苦之種也 _「우후 이중협에게 준 증별시첩 서(贈別李重協虞候詩帖序)」

노자의 화복과 다산의 고락에는 뉘앙스의 차이는 있지만 어떤 의미에서는 비슷한 뜻으로 해석하여도 큰 오류는 없다.

선거에 이긴 편은 즐거움에 빠지겠지만, 복락(福樂)에는 화와 괴로움이 뿌리나 씨앗으로 잠복해 있다는 것을 이해하라는 것이 바로 노자와 다산의 지혜이다. 이겼다고 복락에 취하여 앞으로 다가올 화나 괴로움을 잊어서도 안 되고, 패했다고 화란과 괴로움에 빠져 나중에 찾아올 복락을 잊고 지낸다면 반드시 정상적인 삶에서는 어긋나고 만다는 것이 진리이다. 더구나 임기가 정해진 선거라는 제도로 얻은 복락은 정해진 임기가 끝나면 자동으로 복락을 누리지 못할 처지에 놓일 수도 있고, 고통과 괴로움에 빠진 패자도 임기가 다가오면 또 새롭게 복락을 추구할 기회가 있다는 것을 안다면 어떻게 처신해야 할 것은 명약관화하다.

다시 노자의 말에 더 귀를 기울여야 한다.

> 절대적 올바름이란 없다. 바른 것이 기이한 것이 되고 선한 것이 요사스러운 것으로 변한다. 其無正 正復爲奇 善復爲妖

자신만이 절대로 옳고 바르기 때문에 승리했다고 주장하다가는 정말로 문제라는 것이다. 국민 과반수의 표를 얻어 당선되었으니 절대적 바름이자 착함이라고 착각할 수도 있지만, 세상에 그럴 이치는 없다는 것이 노자의 뜻이다. 선거란 언제나 병가상사(兵家常事), 지기도 하고 이기기도 하는 것이 전쟁이 아닌가.

율곡과 다산의 개혁안

현명한 인재를 뽑아 오래 근무하도록 해야

1583년 4월, 48세의 율곡 이이(李珥)는 불타는 애국심으로 잘못되어 가는 나라를 바로잡기 위한 6개 조항의 폐정 개혁안을 계(啓)로 올렸다. 그러나 율곡은 자신이 주장한 개혁안이 실현되는 것을 보지 못하고 다음 해 49세로 세상을 떠나고 말았다. 이른바 '육조계(六條啓)'라는 여섯 가지 개혁안은 450년 전의 내용이지만 나라를 통치하는 일에서 결코 쉽게 넘길 수 없는 고전적인 행정개혁의 핵심사항임을 알게 해 준다.

첫째는 임현능(任賢能), 둘째는 양군민(養軍民), 셋째는 족재용(足財用), 넷째는 고번병(固藩屛), 다섯째는 비전마(備戰馬), 여섯째는 명교화(明敎化)였으니, 어느 것 하나 행정과 정치에서 빠뜨릴 수 없는 중요 업무였음은 지금으로 봐서도 명백하게 옳은 주장이다. 내용이야 글자의 해석으로 충분히 알 수 있다. 어진 인재를 등용하고, 백성과 군대를 제대로 먹여 살리고, 재용을 넉넉하게 마련하고, 국경을 튼튼하게 지키고, 싸울 말과 무기를 제대로 준비하고, 교육·문화를 통한 국민교육의 올바른 정책을 펴라는 내용이다.

율곡의 첫 번째 개혁안은 올바른 인재를 등용하여 구임(久任), 즉 지혜와 능력을 제대로 발휘할 재임 기간을 오래도록 주어야 한다는 주장이다.

> 아침에 임명했다가 저녁에 옮겨 버리면 앉은 자리가 따뜻해질 시간도 없어 아무리 의욕이 넘쳐도 실현할 방도가 없습니다. 而朝拜暮遷 席不暇暖 雖欲察任 其道無由

이 내용에서 알 수 있듯이 재임 기간을 짧게 하고는 절대로 좋은 정책을 실천에 옮길 방법이 없다는 것이다. 율곡의 시대에서 300년이 지난 다산 정약용에 이르러서도 어질고 능력 있는 인재 등용을 그렇게도 강조했고, 한 번 임용하면 어짊과 능력을 발휘할 충분한 기간을 주는 '구임(久任)'이 절대로 필요함을 강조했다.

> 전문적인 공부가 없는 사람은 정밀하게 업무를 추진하지 못하고, 구임하는 법이 폐기되면 치적을 이룩할 수 없습니다._「인재책(人才策)」

현능한 인재를 발탁해서 등용하고, 한 번 등용하면 업무를 제대로 파악해서 새로운 정책을 실천할 기회를 충분히 주어야 한다는 뜻이다.

여러 차례 강조한 내용이지만, 다산이 제안한 개혁정책의 요체는 용인(用人)과 이재(理財)였다. 사람을 제대로 등용하지 않는 한 절대로 선치(善治), 잘하는 정치는 있을 수 없다는 것이다. 전문적인 공부가 되어 있는 사람을 그에 맞는 분야에 임명하고 능력을 발휘할 충분한 시간을 주어야 한다는 뜻이니, 율곡의 '구임'과 다산의 '구임'은 그렇게도 정확하게 일치한다.

그처럼 어진 이들이 한결같이 주장한 정책인데, 오늘 우리나라의 현실은 어떠한가. 현능(賢能)한 인재들이 발탁되기를 모두가 바라고 있으나 그렇지 못한 현실이다. 현능한 사람이란 우선 전문성이 뛰어나고 개혁적이며 도덕성을 제대로 갖춘 사람이어야 한다. 그런 현능한 인재를 발탁하여 그들이 능력을 제대로 발휘할 수 있도록 '구임'이 이뤄져야 하는데 그렇지도 못한 경우가 많다. 우리의 현실이 그렇지 못한 것이 사실이라면 지금이라도 현능한 인재가 구임케 하는 그런 정책으로 바뀌어야 한다. 어지러운 나라의 현실을 보면서 율곡이나 다산의 뜻이 지금이라도 펴지기를 기대한다.

죄와 벌

조정이 텅 빈 지 오래로다

조선시대에 조정(朝廷)이란 요즘으로는 정부(政府)라고 말할 수 있다. 엄밀하게 따지면 조정과 정부가 같은 뜻일 수 없지만, 그런 의미로도 해석할 수 있다는 것이다. 얼마나 형편없는 고관대작이 모인 조정이기에, 율곡 이이(李珥)가 당시 자신이 일하던 조정에는 사람다운 신하가 없어 조정이 텅텅 비어 있는 상태라고 말했을까.

다산의 『흠흠신서』를 읽다 보면 많은 살인사건과 그에 대한 수사와 재판이 얼마나 공정했으며, 실체적 진실이 밝혀졌는가 여부에 대한 이야기가 수없이 많다.

「절도사가 함부로 사람을 죽인 사건」이라는 제목의 글에서 다산은 사건의 개요를 설명하고, 그 사건의 수사와 재판에 대한 결과를 논하고 있다.

조선 선조 때 함경남도 절도사 소흡(蘇潝)이라는 사람이 개인적인 분노를 이기지 못해 함경북도 관노(官奴) 두 사람을 죽이고 의금부에 구속되어 조사를 받았다. 조사를 마치자 대신들은 '함부로 형벌을 내린 법규'에 따라 처벌하자고 논의했다. 수사와 재판을 맡은 실무자들이 "공적인 일로 자신의 관할 아래 군민(軍民)을 죽였다면 '남형(濫刑)'의 죄로 적용할 수 있겠지만, 사적인 분노로 자신의 관할 구역도 아닌 타도의 백성을 죽였으니 당연히 살인죄로 처벌해야 합니다."라고 주장했다.

그런 보고를 받은 임금이 2품(판서 이상) 이상 조정 신하들의 의견을 물으니 모두 살인죄로는 처벌할 수 없다고 의견을 모았다. 사헌부와 사간원에서는 계속 논쟁을 벌였으나 임금이 끝내 허락하지 않고 2품 이상의 의견으로 처리하고 말았다.

이런 내용을 뒤늦게 알게 된 율곡은 잘못된 수사와 재판에 대하여 올바른 비판을 하기에 이르렀다.

사람을 죽인 사람은 죽인다는 법이 있으니 용서해서는 안 된다. 순(舜)임금의 아버지 고수(瞽瞍)가 사람을 죽이면 순의 신하 고요(皐陶)는 당연히 고수를 구속할 것이며, 순임금의 힘으로도 그 구속은 막을 수 없었을 것이다. 소흡이 어떤 사람이기에 감히 멋대로 사람을 죽였는데 살인죄로 처벌하지 못한단 말인가. 법으로는 당연히 사형에 처해야 하고, 그러고 나서 혹 특별히 은전(恩典)을 입어 사형에서 감형될 수는 있다. 이제 살인죄를 남형죄로 처벌하는 규정을 적용했으니, 국법을 크게 문란케 했다. 2품 이상 한 사람도 정당한 주장을 하는 사람이 없었다니 조정이 텅텅 빈 지 오래로다. 어떻게 수사와 재판이 바르게 되겠는가?

죄 지은 사람에게 지나친 형벌을 적용하는 것과 죄 지은 사람을 죽이는 일은 완전히 그 죄질이 다르다. 이에 대한 정확한 판단을 못 한다면 높은 벼슬아치의 자격이 없다. 역시 율곡은 현명한 신하였고, 할 말을 하는 직신이었다.

사면제도를 남용하는 잘못은 막아야

국가의 형사정책처럼 중요한 일도 많지 않은데, 죄를 지은 사람에게 처벌을 내리는 일도 중요한 일이지만, 범죄자들에게 일정한 기한이 지나면 죄를 용서해 주는 사면 또한 매우 중요한 정책의 하나이다. 그러나 역대 정권의 사면정책은 올바르게 집행된 적이 별로 없었다.

조선의 대표적인 법률가였던 다산은 지금부터 200년 전에 사면정책에 대한 귀중한 논문을 써놓았다. 「원사(原赦)」라는 짤막한 글 한 편에 그의 뜻이 고스란히 담겨 있다.

중국의 높은 정치가가 죽음에 임해서 황제에게 '신무사(愼無赦, 신중하게 재판하여 한번 처리된 범죄인은 사면해 주어서는 안 된다.)'라는 세 글자를 아뢰었다.
그런 이후 세상에서는 모두 그 정치인의 말이 요령 있는 말이라 여겼다. 그러나 내가 볼 때 그 말이야말로 크게 어질지 못하고(不仁) 또 매우 지혜롭지 못한(不智) 말이다. 형벌을 내리는 근본 뜻이 그 사람을 아주 미워하여 고통과 아픔을 계속 당하도록 하려는 것이겠는가. 고통과 아픔을 당함으로써 그 사람으로 하여금 개과천선할 수 있게 하려는 것이다.

개과천선한 사람이야 지체 없이 사면하자는 주장을 폈다. 그러면서 또 말한다.

죽을 때까지 죄인을 사면해 주지 않는다면 한 번 형벌이나 법의 함정에 빠지면 그냥 자포자기하여 죽이지 않은 것이지만 실질적으로는 죽이는 것과 같다. 더구나 그 사람의 죄상이 모두 진실된 사실이고 결코 의심할 여지가 없을 수도 없거니와 더러는 참소나 무고를 당하여 죄를 얻는 경우도 있고, 더러는 분노 때문에 법에 걸려든 사람도 있는데, 정말로 모두를 사면해 주지 않는다면 그들이 원망을 품지 않을 수 있겠는가.

다산은 고경(古經)에 나오는 사면의 대원칙, 형사정책의 요체를 인용한다. 인도주의 형벌론이다.

공경스럽고 신중하게 벌을 내리되 형벌을 받은 사람을 긍휼히 여기라. 欽哉欽哉 惟刑之恤哉 _『서경(書經)』「여형(呂刑)」

문제는 조선시대나 현대에서 국경절에 사면하는 제도를 아주 막아야 한다는 주장이다. 최소한의 기한을 정해 놓고 그 기한 안에 개과천선의 실체가 확인되면 지체 없이 사면해야지, 전혀 개과천선은 없는데 국경절이라고 그냥 사면하는 나쁜 제도는 반드시 폐지해야 한다는 주장이다.

진실로 개과천선한 범죄자야 반드시 사면해야 하지만 반성도 뉘우침도 없는 악인들을 사면하는 제도는 반드시 막아야 한다는 것을 다산에게서 배워야 한다. 지역화합이니 국민통합이니 화해 분위기라는 등의 법 논리 밖의 이유로 사면하는 일은 절대로 없어야 한다.

최측근부터 바르게 다스려야

1794년은 다산이 33세인 해이다. 그해는 심한 흉년이 들어 백성들의 생활이 매우 어려웠다. 그런데도 이곳저곳에서 탐관오리들이 착취의 버릇을 못 버려 백성들이 도탄에 허덕였다. 이를 안 정조대왕은 특단의 조치를 내렸다. 서울에서 가까운 경기도 일대에 10명의 암행어사를 파견하여 백성들이 당하는 고통의 실태를 파악하여 탐관오리들의 잘못을 적발해 징치하여 민생을 돌보라는 조치를 내렸다.

벼슬이 홍문관 교리에서 수찬으로 바뀐 다산은 경기 북부의 네 고을을 염찰하라는 명을 받았다. 양주를 거쳐서 들어가는 적성(파주)·마전(이북 땅)·연천·삭녕(이북 땅)이 목표 지역이고 파주를 통해서 나오도록 했으니, 실제로는 여섯 고을을 암행하게 되었다. 그해 음력 10월 29일에서 11월 15일까지 보름의 기일을 정해 주고 "수령의 잘잘못을 조사하고 민간인의 고통을 찾아내는 것이 암행어사의 직책이다."라고 임금은 출발하는 암행어사들에게 훈시했다.

암행을 마치고 돌아와 다산은 임금에게 보고했다.

> 먼저 적성에서 삭녕에 이르기까지 마을 구석구석을 드나들며 천민들 사이에서는 신분을 감추고 각별히 염탐하여 확실한 사실을 얻어 냈으며, 혹 출두하여 샅샅이 조사하기도 하고, 혹 자취를 숨기고 다시 살펴본 다음에 해당 고을 수령의 옳고 그른 일에 대해 소상하게 열거해서 논했고, 지나가는 각 고을의 실태에 대해서도 빠짐없이 들어서 논했습니다.

빈틈없고 철저한 성격의 다산은 참으로 충실하게 염찰의 업무를 마쳤다. 그러한 뒤 서울로 돌아와 임금에게 보고서를 올렸는데, 들려오는 소식은 다산의 뜻과는 달랐다. 직전의 연천 현감 김양직(金養直)과 삭녕의 전 군수 강명길(康命吉)은 수령이라는 제도가 생긴 이래로 들어본 적이 없을 정도로 착취를 일삼던 탐관이었음을 밝혀 중벌에 처할 것을 요구했지만, 김양직은 궁중의 지관(地官)이며 강명길은 궁중의 어의(御醫)로서 임금의 최측근이란 이유로 처벌이 어렵다는 소식을 들은 것이다.

처벌하기가 어렵다는 당로자(當路者)들의 반대에 다산은 굴하지 않고 임금에게 직보(直報)를 올렸다.

> 백성의 재물을 빼앗고 탐관오리로서 엄연히 법을 어겼는데 그대로 놓아두고 죄를 묻지 않으신다니 어리석은 신의 소견으로는 이해가 되지 않습니다. 대체로 '법을 적용할 때는 마땅히 임금의 최측근으로부터 시작해야 합니다.(用法宜自近習始)' 신의 생각으로는 이 두 사람을 속히 의금부로 하여금 면밀히 취조하고 법에 따라 처벌하여 '민생을 소중히 여기고 국법을 존엄하게 해 준다면(以重民生 以尊國法)' 못내 다행스럽겠습니다. _「경기어사 복명 후의 상소(京圻御史復命後論事疏)」

이 상소를 받은 정조는 가차 없이 두 사람을 징치했다. 법의 기강을 세우고 국기가 튼튼해지려면, 법의 적용에서 권력의 최측근부터 손을 봐야 한다는 다산의 주장이 정말로 옳다. 만약 법을 어긴 권력의 실세를 징치하지 못하는 법의 적용은 법의 존재를 부정하는 통치자의 죄악이 아닐 수 없다.

또한 경기도 관찰사이던 서용보라는 사람의 비행까지 밝혀 상세하게 임금께 보고하여 그들이 처벌을 당하게 하였다. 서용보라는 세력가는 권신인지라 만만찮은 저항에 부딪혔다.

정조의 붕어 뒤 정승에 오른 서용보는 마침내 신유옥사의 재판관이 되어 다산에게 무서운 보복을 감행했지만 다산을 죽이지는 못했고, 오히려 긴 유배생활로 겨를을 제공해 학문적 대업을 성취하는 기회를 마련해 주고 말았다. 사적으로야 서용보는 부귀영화를 누렸으나 그는 역사의 필주를 받았으며, 일생동안 다산에게 보복했던 죄악으로 역사적 비판은 지금에도 벗지 못하고 있으리라 믿는다.

공과 사를 분명하게 구별했던 정조와 다산, 그것과는 반대로 권력을 사적으로 집행하는 요즘 통치자의 사면권 남용을 목격하면서 참으로 개탄을 금할 길이 없다. 최측근부터 벌을 주어야 옳은 일인데, 최측근을 모두 사면해 준다면 그게 어떻게 공권력의 집행이 되는가. 공과 사를 구별하지도 못하면서 부끄러워할 줄도 모르는 통치자가 있으니 이 나라의 형편이 너무 딱하기만 하다.

인재 등용과 낙하산 인사

학자군주 정조의 인사정책

요순시대의 정치를 복원하는 것이야말로 동양 유학자들이 꿈꾸던 가장 큰 바람이었다. 그러나 요순시대가 지나간 이후 참다운 요순시대의 정치를 복원해 내지 못한 것이 동양의 불행이었다. 그렇다면 왜 요순시대는 아직도 실현되지 못하는 것일까. 요순정치의 핵심은 인재를 제대로 길러 올바르게 등용하는 '용인(用人)'이 그 첫째요, 두 번째는 국부(國富)를 증진하여 국민들이 유족하게 살아가게 하는 '이재(理財)'에 있었다. 결국 인재 등용에 실패했고, 국부 증진에 성공하지 못했던 이유로 요순시대는 오지 않고 있다고 여기게 된다.

인재를 제대로 알아보지 못하는 통치자는 절대로 유능한 통치자가 될 수 없음은 역사가 증명해 주고 있다. 세종대왕은 천하의 인재를 불러 모아 집현전(集賢殿)에서 인격을 도야시키고 능력을 기를 기회를 마련해 주었다. 성삼문·박팽년 같은 충신도 나왔고, 신숙주·정인지 같은 능력 있는 인재들도 집현전을 통해 배출되었다. 정조대왕은 규장각(奎章閣)을 개설하여 재위 24년 동안 숱한 인재를 양성하여 자신을 보필하는 소임을 다하게 해 주었다. 그러한 인재들이 제대로 역할을 다해 준 덕택으로 정조대왕의 훌륭한 정치가 가능하였고, 그런 인재들의 능력을 알아보고 활용했던 세종과 정조의 사람을 알아보는 탁월함은 또 그것대로 큰 찬사를 받아야 마땅하다고 생각한다.

다산 정약용이야말로 학자군주 정조에 의하여 발탁되었고, 규장각에 들어가 갈고닦은 능력과 지혜로 정조를 보필하여 정조 치세의 훌륭한 정치를 실현할 수 있었다. 세종의 인재 등용이라는 올바른 통치에서 그래도 조선왕조의 기틀이 잡혔고, 정조의 4색 당파를 초월한 능력 위주로 고른 인재 등용정책으로 조선 후기 '문예부흥기'라는 평가를 받을 수 있었다.

박지원의 『연암집』에서 규장각 4검서관의 한 사람인 형암 이덕무(李德懋, 1741~1793)의 일생을 기록한 「형암 행장(炯菴行狀)」을 읽어 보니, 정조의 인재 사랑과 인재를 아끼던 지극한 정성이 어느 정도인가를 알아보면서 느낌이 참으로 컸다. 다산의 벼슬살이 10년을 살펴보면 정조가 얼마나 다산을 아끼고 사랑했으며, 그의 능력을 철저하게 활용하여 당시의 개혁정치를 수행했었나를 알아보기 어렵지 않았는데, 실학자이자 박식하기로 유명했던 이덕무를 제대로 알아보고 신분도 조금 낮은 처지의 그를 그렇게 아끼고 사랑하면서 그의 능력을 제대로 발휘하게 해 준 점을 보면, 정조의 인재 알아보는 능력과 인재를 중용하던 그의 통치능력에 감복하지 않을 수 없다.

연암은 세상 아무도 모르던 이덕무의 능력을 오직 정조는 정확히 알아보고 그를 중용했다는 평가를 내렸다.

> 우리 성상(정조)께서 문치(文治)를 숭상하는 정치를 천명하고 인재를 뽑는 길을 넓히사, 이덕무는 궁벽한 여항에 사는 한낱 가난한 선비인데도 날마다 임금을 가까이 모시게 되니, 성상은 이미 그가 오래 쌓아 온 학식을 알고 계셨다. 그래서 그는 구중궁궐에 달려나가 문헌 편찬사업에 이바지하였으니, 세상이 미처 알지 못했던 것을 성상이 유독 아셨고, 사람들이 기특하게 여기지 못한 것을 성상이 유독 기특하게 여기신 것이다.

진즉 천주교에 마음을 끊었던 정약용을 기회 있을 때마다 비방하고 모함하여 그를 넘어뜨리려는 반대파의 기세가 등등하였을 때도, 정조만은 다산의 능력을 알아보고 중용했다. 신분이 낮아 크게 중용할 수 없었던 이덕무를 그렇게 아끼고 사랑하여 적임의 자리를 맡겨 능력을 제대로 발휘하게 해 준 정조, 역시 그는 인재를 알아보고 제대로 부린 통치자임이 분명하다.

인재를 등용하려면 사사로움과 치우침에서 벗어나야

다산은 일찍이 『대학』이라는 유교의 통치철학에 의거하여 국가 경영의 요체는 '인재(人才)와 경제(經濟)'라고 단언했다. 이와 관련해 다산의 「인재책」이라는 탁월한 글 한 편을 살펴본다.

다산은 28세인 초봄에 문과에 급제하여 정조와 함께 긴밀히 접촉하면서 나라 일을 논의하고 좋은 세상 만들기에 심혈을 기울였다. 그해 겨울, 정조는 신하들에게 인재정책에 대해 물었다. 어떻게 해야 훌륭한 인재를 제대로 발탁할 수 있고, 어떤 인재를 등용해야 나라가 제대로 통치될 수 있는가에 대한 큰 질문을 던진 것이다. 이런 큰 물음에 다산이 답변한 글이 바로 「인재책」이라는 장문의 내용이다.

요체만 정리해 보면, 정조의 물음은 '편사(偏私)'를 벗어나는 방법이었다. 인재 등용의 문제점 중에 하나가 바로 치우침(偏)과 사사로움(私)인데, 이의 해결책을 다산이 명쾌하게 답변했다. '편사'를 없애야겠다는 정조의 마음은 정말로 훌륭한 덕이요 지극한 뜻이라고 평가하면서, 그 해결의 요체는 '붕당(朋黨)'에서 벗어나야만 한다고 했다. 당파성에서 벗어나지 않고는 절대로 훌륭한 인재는 구해지지 않는다는 뜻이었다. 당파싸움은 '먹이다툼'이라고 규정한 다산의 입장에서는 자신들의 당파만 많이 먹어야 하고 다른 당 사람은 먹어서는 안 된다고 생각하는 한 인재는 없다는 것이다. 요즘의 말로 참다운 '대통합'을 이룩하려면 먼저 당파에서 벗어나야 하고, 그 다음으로는 신분이나 지역에서 벗어나야 한다고 했다. 출신 성분, 출신 지역, 학벌 등이 개재되면 인재는 제대로 발탁될 수 없다는 뜻이다.

다산은 과거(科擧) 합격자 중에서만 인재를 고르는 것은 절대로 안 된다고 했다. 인재 추천과 천거의 의무와 책임이 있는 대신이나 고관의 추천과 천거를 받아야 인재가 발굴된다고 했다.

그러나 1800년 뜻밖에 49세의 왕성한 나이의 정조가 세상을 떠나고, 극보수 정권이 들어서자 1801년 '신유옥사'를 거치며 정조시대에 양성되었던 인재들이 퇴출되면서 마침내 조선은 망국의 길로 접어들었다. 신유옥사에서 천주교도가 아닌 사람들조차 정권의 반대편이라는 이유로 비참한 최후를 맞았던 정조의 신하들 운명에서 그런 비극을 금방 이해할 수 있다.

> 이해(1800년) 6월에 정조대왕이 세상을 떠나시고 다음해(1801년) 봄에는 내가 장기로 유배당하고 초정 박제가도 경원(慶源)으로 귀양갔으며, 의원 이씨(李氏)도 자기 진영의 생각과 다른 사람이라고 무고하게 고문을 당해 죽게 되니 마침내 마마 종자가 끊어지고 말았다._「종두설(種痘說)」

마마라는 악성 전염병이 사람을 죽음으로 몰아넣던 시절에, 정약용과 박제가는 공동연구를 통해 종두술(種痘術)을 개발하는 과학적 성공을 거두고, 의원 이씨에게 시술하게 하자 대부분의 환자가 살아나는 획기적인 치료가 이뤄졌다. 그런 의학 인재들인데도 집권자들의 견해와 다른 사람이라는 이유로 배척받아

파멸하던 실상을 다산이 폭로한 것이다.

유능한 의학자까지 퇴출하던 세상, 그렇게 인재를 아낄 줄 모르고서 어떻게 나라가 바르게 가겠는가. 요순은 아니더라도 세종과 정조의 본을 받아 참다운 인사정책이 시행된다면 어떨까.

백성과 하늘을 두려워해야

약한 백성이 홍수보다 맹수보다 무섭다

다산 정약용이 얼마나 뛰어난 지혜를 지닌 사람이었던가는 세월이 흐를수록 더 명확하게 알게 된다. 다산은 유학(儒學)의 민본(民本) 사상에 확고한 신념을 지녔던 선비로서 공자나 맹자의 지혜를 철저히 받아들여 자신의 지혜로 삼았으며, 한 걸음 더 나아가 고대의 지혜를 현실에 맞는 지혜로 재해석하여 "백성이 나라의 근본이다.(民唯邦本)"라는 『서경』의 참뜻을 구체적으로 밝혔다. 백성(民)을 다산은 민중(民衆)으로 다시 풀어쓰면서 천자도 백성이 추대하여 지위가 만들어진다고 설명하였다.

> 제후들 모두가 함께 추대한 사람이 천자가 되는데, 천자는 민중이 추대하여 만들어진다. 諸侯之所共推者 爲天子 天子者 衆推之

而成者也 _「탕론(湯論)」

대한민국 헌법 제1조에 "모든 권력은 국민으로부터 나온다."라고 했을 때, 천자의 지위도 모든 국민이 추대하여 만들어지고, 그래야 비로소 천자로서의 권력을 행사할 수 있기 때문에 다산은 200년 전에 벌써 권력이 국민으로부터 나온다는 지혜를 지녔다. 다산의 지혜는 거기에 그치지 않고 추대하여야 천자가 되지만 민중이 추대해 주지 않으면 바로 천자의 지위에서 내려와야 함도 강조하였다.

무릇 민중이 추대하여 만들어진 지위는 또한 민중이 추대해 주지 않으면 지위가 유지될 수 없다.

하늘에서 떨어지는 것도 아니요, 땅에서 솟아나는 것도 아닌 것이 천자라면서 백성들의 힘에 의하여 천자가 되고, 백성들의 힘에 의하여 천자의 지위에서 내려올 수밖에 없는 것이 천자라는 생각, 그게 바로 오늘의 민주주의라는 만고불변의 큰 진리이다.

다산은 또 말한다.

지극히 천하여 어디에 호소할 데도 없는 사람들이 약한 백성들이지만 높고 무겁기가 태산과 같은 사람들 또한 약한 백성들이다. 때문에 약한 백성들의 도움을 받아 싸우게 되면 아무리 높은 상사(上司)라도 굽히지 않을 사람이 없다. _『목민심서』

백성만이 나라의 주인이고, 나라에서 가장 큰 세력을 행사할 힘을 지닌 존재라고 말했다.

허균(許筠)도 그의 유명한 글 「호민론(豪民論)」에서 "온 세상에서 두려워해야 할 것은 오직 백성일 뿐이다.(天下之所可畏者唯民而已)"라고 말하며 권력자가 백성을 두려워하지 않았다가는 반드시 큰 환란을 당하고 만다는 경고를 했다. 홍수보다도 화마보다도 맹수보다도 더 무섭고 두려운 것이 바로 천하고 약한 백성이라니, 그들의 지혜에서 오늘의 권력자들도 배워야 할 것이 많다.

근본을 바르게 세우는 세상

고대 중국의 정치철학에 관한 대표적인 경(經)의 하나는 『서경(書經)』이다. 요(堯)·순(舜)·문왕(文王)·무왕(武王)과 주공(周公)의 성인(聖人) 정치의 요체가 무엇이고, 어떤 정사를 펴야만 요순시대를 맞이할 수 있는가를 주된 내용으로 담은 책이다. 『서경』에서는 "백성만이 나라의 근본이니 백성이 굳건하게 살아갈 수 있어야 나라가 평안하다.(民惟邦本 本固邦寧)"라는 대원칙을 천명하였다. 근본이 튼튼해야만 나라가 편안한데, 그 근본이 바로 백성이라 했으니 백성의 지위가 어떤 정도인가를 금방 알게 해 준다.

『서경』은 또 "두려운 존재는 백성이 아닌가.(可畏非民)"라고 말하여 치자(治者)의 입장에서는 어떤 것보다도 무섭고 두려운 존재가 백성이라고 강조했다. 백성을 얕잡아보고, 백성을 두려워하지 않는 통치자는 반드시 뒤끝이 좋지 않고, 현명한 치자일 수가 없다는 뜻이다.

『서경』의 논리에 따라 '위민(爲民)'과 '애민(愛民)'의 정신을 '외민(畏民)'의 수준으로 끌어올려 백성들의 편안한 삶을 가장 간절히 희구했던 사람이 다산이라는 실학자였다. 민심(民心)이 천심(天心)이라는 것을 알았던 다산은 통치자가 백성과 하늘을 두려워할 줄 안다면, 나라는 분명히 제대로 다스려질 것으로 여겼다.

> 왕정(王政, 요순의 정치)이 폐해지자 백성들이 고단하고 백성들이 고단하자 나라가 가난해지고, 나라가 가난해지자 백성들의 부담이 많아지고, 부담이 늘어나자 인심(人心)이 떠나고 인심이 떠나자 천명(天命)까지 가버리니 가장 급한 일은 올바른 정치다. _「원정(原政)」

민심이 떠나면 천명까지 떠나가 통치의 정당성이 사라진다고 경고했다. 존재할 이유가 없는 권력은 국민이 절대로 원하지 않는다고 다산은 주장했다.

『대학』에서 "근본이 난맥상이면 말단의 일은 해결될 수 없다.(本亂而末治者 否矣)"라고 했다. 본말(本末)과 치란(治亂)을 연관하여 본(本)이 어지러운데 말(末)이 제대로 해결될 수가 없다는 것이다. 국민정신이 본이라면 일을 처리하는 것은 말이다.

금전만능·권력만능주의에 찌든 국민들, 수단방법을 가리지 않고 돈만 벌면 최고이고, 수단방법을 가리지 않고 높은 지위에 올라 권력만 잡으면 최고라는 썩어빠진 정신이 바로 근본이 혼란해진 것이며, 재난의 사고처리가 말인데, 그것이 제대로 될 방법이 없는 것이다.

백성을 두려워하고, 하늘을 두려워하는 일이 본(本)이라면, 윗사람의 눈치나 보고 상부만 무서워함이 본란(本亂)이다. 본란인데 말치(末治)가 어떻게 가능한가. 한 사람의 생명이 백성이고 하늘이다. 모두가 생각부터 뜯어고쳐 근본을 바르게 세우는 세상을 만들어야 한다. 돈과 권력, 그 마력에서 벗어나는 그런 세상이 그립다.

백성은 속일 수 없다

진실은 감출 수 없다

세상만사는 진실을 속일 수 없다. 아무리 마음속에 숨겨 두어도 사람의 양심은 속일 수 없다. 어떤 일이 일어나려면 반드시 낌새가 있기 마련이고, 양심과 어긋나는 행위를 하다 보면 겉으로야 보이지 않을 수 있지만 끝내는 행위와 양심이 달랐다는 징표는 발현될 수밖에 없다. 그렇지 않고 진실을 영원히 감출 수 있고 양심조차 영구히 속일 수 있다면, 인류의 역사가 이렇게라도 발전해 올 수 있었겠는가.

1801년 초봄, 신유옥사(辛酉獄事)가 일어나 다산은 참으로 억울하게도 무고와 모함에 걸려 갓 40세의 나이로 저 멀고 먼 경상도의 장기현, 지금의 포항시 장기면 바닷가 마을로 귀양을 떠났다. 황량하기 짝이 없는 쓸쓸한 갯가 마을에 귀양살이 짐을 풀고 수심과 근심에 젖어 고달픈 귀양살이를 해야 했다. 정조 임금 생존 시에 임금의 칭찬을 한 몸에 받으며 화려한 벼슬살이를 하던 천재적인 관료 다산은 세상에서 비교할 바 없는 궁한 처지로 몰락하여 가슴이 막히는 삶을 이어갈 수밖에 없었다. 그런 시름과 고통을 이겨내려고 다산은 고통을 삭이는 많은 시를 지었고 수준 높은 학문연구로 논문까지 써냈다. 굽힐 줄 모르던 그의 의지를 그런 곳에서도 찾아볼 수 있다.

그 시절의 「고시(古詩) 27수」라는 제목의 시에서 한 편을 읽어 본다.

숲속에 표범이 엎드려 있으면　文豹伏林中
나무 위에서 까막까치 짖어 대고　烏鵲樹頭嗔
울타리에 긴 뱀이 걸렸으면　長蛇掛籬間
참새떼 조잘조잘 사람에게 알리네　瓦雀噪報人
개 잡는 사람 올가미 들고 지나가면　狗屠帶索過
뭇 개들 요란하게 짖어 대지　群吠鬧四隣
새와 짐승 성냄을 숨기지 않아　禽獸不藏怒
귀신처럼 모든 것 알아낸다오　其知乃如神
마음이 포악하면 겉으로 보이는 법　內虐必外著
어리석은 백성인들 어떻게 속일 것인가　何以欺愚民
네 가지 덕 모두 아름답지만　四德雖竝美
군자는 인을 우선으로 여기네　君子每先仁
살아 있는 풀도 밟지 않는다니　生草猶不履

기린은 풀 밟는 것도 조심한다

어슬렁어슬렁, 슬금슬금, 아무도 모르게 숨어 있는 표범이나 독사, 남을 해치는 그들, 아무리 자신을 숨기고 감추지만, 모든 일에는 낌새·조짐·징조라는 것이 있기 때문에 그들을 감시하는 다른 짐승이나 새 때문에 발각되고 말듯이, 백성을 속여먹는 못된 사람들의 속임수도 끝내는 알려질 수밖에 없다는 내용을 담은 시이다. 사납고 포악한 마음은 겉으로 나타날 수밖에 딴 도리가 없기 때문에 남을 속이려는 마음도 결국 탄로날 수밖에 없다는 말을 하려고 여러 예를 들어서 설명하고 있다.

인·의·예·지, 어느 것 하나 인간의 덕행으로 아름답지 않은 것이 없지만 남을 도와주기만 하지 해치지 않는 인, 포용하고 안아 주는 인, 상대방을 위해서 자신의 최선을 다해 바치는 인, 그런 인만이 군자가 가장 우선시한다는 결론에서 다산 자신에게 불행을 초래한 가해자에 대한 약간의 서운함 같은 내용도 포함되었다는 생각이 든다.

그렇다. 살아 있는 풀도 모질게 밟지 않는다는 기린의 덕을 칭송하면서, 정치적 목적을 달성하기 위하여 무려 300여 명의 사람 목숨을 앗아간 '신유박해'의 비참한 포악상을 넌지시 비판한 내용으로 해석되기도 한다.

유교주의 국가에서 부모의 제사를 폐지하는 천주교 신자들이야 체제수호를 위해 탄압할 수 있다 하더라도 신자도 아닌 다산 일파를 천주교 신자라는 무고한 모함으로 죽이고 귀양 보낸 일은 어진 사람이 하는 일이 아니었다. 그러나 당시의 집권층은 정치적 반대파이기 때문에 탄압한다는 이유를 감추고 천주교 신자이기 때문에 탄압한다는 허울 좋은 명분을 내세웠다. 진실과 양심을 숨기고 겉을 포장하여 정치적 반대파를 숙청한 사건임에 분명하다.

그렇게 열렬하게 외치던 선거공약, 선거만 끝나면 식어 버려 공약(空約)으로 변해 버리는 우리나라, 그래서 다산은 백성은 속이기 어려우니 외쳐대던 공약(公約)은 반드시 지키라고 가르치는 것 같다. 속은 것처럼, 모르는 체 아무런 말도 안 하지만 백성들은 공약을 지키는가 지키지 않는가를 정확히 보고 있다는 것을 기억해야 한다.

얼굴을 마주보고 간쟁하라

목숨을 걸고 간쟁한 신하들

2,500년 전의 일이다. 공자의 제자 자로(子路)가 임금 섬기는 도리를 공자에게 물었다. 옛날로야 임금을 섬기는 사람이란 3정승, 6판서에 6승지를 비롯하여 임금 아래서 함께 국사를 논의하는 고관대작이라고 말할 수 있다. 지금은 대통령 아래 내각을 통솔하는 국무총리를 비롯한 각 부처의 장차관이나 청와대의 수석들을 비롯한 비서관들이라고 보면 되겠다. 이들이 어떻게 해야 대통령을 제대로 보필하여 나랏일이 그르치지 않게 잘 되어갈 수 있는가를 물었을 때의 공자의 답변으로 보면 될 것 같다.

참으로 짧은 대답, 겨우 글자 여섯 자의 답변이다. 공자 왈 "물기야 이범지(勿欺也 而犯之)"라는 내용이다. 풀어서 번역해도 짧은 내용이다. "(임금을) 속이지 말고 얼굴을 맞대고 간쟁해야 한다."라는 말이다. 대단히 높은 지혜를 가르쳐 준 말이지만 말 자체가 짧으니 주해(註解)도 짧다. 주자는 "범(犯)은 얼굴을 맞대고 간쟁한다."라고 간단히 풀이했다. 다산 또한 짧게 보충의견을 제시했다. "실정을 숨기고 은폐하는 것을 기(欺)라 하고, (윗사람의) 위엄을 무릅쓰고 간쟁하는 것을 범(犯)이라 한다."라고 말하고는 『예기(禮記)』를 인용해 자신의 풀이가 옳음을 증명했다. "임금 섬김에는 대면하여 간쟁을 해도 숨김이 없어야 한다."라는 것을 제시했다.(『논어고금주』)

공자의 짧은 답변을 실천하기가 얼마나 어려운 것인가는 인류의 역사가 증명해 주고 있다. 자기의 인물됨과 능력을 인정하여 고관대작의 자리에 앉혀 준 임금에게 어떤 일이건 숨김없이 말할 수 있고, 부당한 처사에 잘못이라고 간(諫)하고 다투는(爭) 일이 어떻게 쉬운 일일 수 있겠는가. 임면권을 손에 쥔 임금의 뜻에 거스르는 순간, 그 자리에서 그만두라고 호통을 칠 그 앞에서 잘못을 탓하고 바르게 하라고 간쟁하기는 참으로 쉽지 않은 일이다.

그래서 어떤 임금은 아예 대면보고 자체를 없애 버리는 경우도 있고, 하더라도 아주 형식적인 보고만 받고 말기도 한다. 임금을 섬기는 데 있어 숨김 없이 얼굴을 맞대고 간쟁을 잘 해야 한다는 성인의 말씀이 높은 지혜라는 뜻이 거기에 있다. 그런 어려운 일을 제대로 했던 옛날의 대신들, "전하! 소신의 목을 베더라도 그렇게 하는 것을 따를 수 없습니다."라고 목숨을 걸며 간쟁하던 신하들, 도끼를 들고 상소의 내용대로 하지 않으려면 도끼로 자신의 목을 베어 달라면서 극언을 서슴지 않았던 옛날의 충신들을 생각하자.

간쟁하는 신하 7명만 있어도 나라를 잃지 않는다

『소학』이라는 책은 유교 국가에서 국민 모두가 배워야 하는 필독의 교과서였다. 주자의 말대로 "주인양자(做人樣子)" 즉 인격을 지닌 사람으로 만들어 주는 책이 분명하다. 그래서 조선시대에는 글을 배우는 사람으로 『소학』을 읽지 않은 사람은 없었을 것으로 이해하면 된다. 그렇게 중요한 책이기 때문에 일찍이 다산은 말했다.

> 『소학』으로 사람의 외면을 다스리고 『심경』으로 사람의 내면을 다스리면, 현인이 되는 길이 열릴 것이다. 小學以治其外 心經以治其內 則庶幾希賢有路 _「심경밀험 서」

『소학』의 높은 가치를 분명히 밝혔다. 이렇게 중요한 『소학』이기에 다산은 『소학지언(小學枝言)』이라는 소학 연구서를 저술하여 『소학』을 해석하고 부연 설명하는 작업을 해 놓았다. 이 책의 「명륜(明倫)」 편에는 통치자에게 간쟁(諫諍)을 잘하는 공직자가 많아야 나라가 제대로 다스려진다는 대목이 있다. 여기에 다산은 부연 설명하여 간쟁의 중요성이 어느 정도인가를 설명하였다. 그러면서 『좌전(左傳)』에 나오는 7·5·3의 숫자를 분명하게 설명해 주었다.

> 천자에게 간쟁하는 신하 7명이 있으면 무도하더라도 천하를 잃지 않고, 제후에게 간쟁하는 신하 5명이 있으면 나라를 잃지 않으며, 대부(大夫)에게 간쟁하는 신하 3명이 있으면 무도하더라도 집안을 잃지 않으며, 사(士)에게 간쟁하는 친구가 있으면 아름다운 이름을 잃지 않으며, 아버지에게 간쟁하는 자식이 있으면 의롭지 않은 곳에 빠지지 않는다.

『효경(孝經)』의 글까지 인용하는 친절을 베풀었다. 그렇다. 주변에 간(諫)하는 사람이 있다는 것만큼 다행한 일은 없다. 간하는 사람이 많을수록 좋겠지만 최소한 천자에게는 7명, 제후에게는 5명, 대부에게는 3명은 있어야 된다고 했으니 그 중요성이 어느 정도인가를 짐작할 수 있다.

고려 때 역동 우탁(禹倬)은 도끼를 들고 상소로 임금께 간하였고, 조선 중기에는 중봉 조헌(趙憲)이 임진왜란 직전 도끼를 들고 상소하여 임금께 간하였고, 한말에는 면암 최익현(崔益鉉)이 도끼를 들고 상소로 간하면서 요구를 들어주지 않으려면 도끼로 자신의 목을 쳐 달라고 했던 적이 있다. 단 한 사람이라도 목숨을 걸고 간쟁을 했으니 나라의 체면이 그런대로 유지된 셈이다.

그러나 지금의 세상은 어떤가. 인구 5천만 명이 넘는 우리나라는 천자의 나라로서 아무런 손색이 없다. 최소한 7명의 고관대작이 통치자 곁에서 올바르게 간해 주어야 나라를 잃지 않을 정도인데, 우리나라 고관대작으로서 간쟁하는 사람이 몇이나 있을까. 간쟁하는 공직자가 거의 없는 것이 오늘의 현실 아닐까. 도끼를 들고 상소하지는 못할지라도 잘못되어 가는 일에 정당하고 바른 주장으로 간(諫)하는 일은 해야 되지 않을까. 간하는 사람이 없으면 천하도 잃고 나라도 잃으며 집안도 잃고 만다는 고경(古經)의 뜻을 다시 한번 음미했으면 좋겠다.

전제군주 시절의 그 무섭던 왕권(王權) 시대에도 그렇게 과감하게 간쟁하는 신하들이 있었는데 민주주의 시대인 오늘, 민권(民權)의 시대에 그런 곧고 바른 공직자들이 없다니, 왜 이렇게 역사가 후퇴하고 말았을까. 옳은 것은 옳고, 그른 것은 그르다고 강력히 주장하는 그런 신하가 조정에 가득 차 있을 때에만 나라가 바른 방향으로 갈 수 있다고 믿는다.

"물기야 이범지!" 여섯 글자의 실천은 못 하고, 시키는 대로만 따라 하다가 뒷날 감옥 가는 신세를 면하지 못한다는 것을 오늘 우리는 목격하고 있다. 그렇게 진리란 속임이 없음을 기억해야 한다.

위급할 때일수록 신중하고 정확하게

정확한 정보와 신중함이 필요한 때

설마 전쟁이야 일어나겠느냐면서 느긋하게 여기는 사람이 많았는데, 시간이 흐를수록 사태의 악화만 보도되다 보니, 아! 그것이 아닌데 하면서 머리를 갸우뚱거리며 사태의 심각성에 조금씩 주의를 기울이는 모습으로 바뀌고 있다. 북은 북대로, 남은 남대로 강경한 발언만 연일 계속하다 보니, 이러다가는 무슨 수가 벌어지는 것 아니냐면서 우려의 목소리도 나오고 있다. 한국의 남북문제를 두고 나오는 이야기이자 그에 대한 반응들이다. 이럴 때일수록 정말로 지혜가 필요하고 정확함과 신중함이 절대로 요구된다. 이런 때에는 옛날의 어진 이들은 어떻게 대처했는가와 같은 옛 기록을 들춰볼 필요가 있다.

다산은 『목민심서』 '문보(文報)' 조항에서 위급할 때 책임자가 통치자에게 올리는 보고서나 정세분석을 어떻게 작성해야 하는가에 대하여 큰 원칙을 제시하고 있다.

> 변방의 국경을 책임지고 있는 사람이 중앙정부로 직접 정세를 분석한 장계를 올리는 경우는 더욱 격식을 밝게 익혀서 두려운 마음으로 최고의 신중을 기하여 보고서를 올려야 한다. 若邊門掌鑰直達狀啓者 尤宜明習格例 兢然致愼

요즘으로 말하면 국방부나 통일외교부에서 국토를 지키는 임무를 맡았으니, 위급할 때 올리는 보고서는 두려움과 신중함을 겸하여 가장 정확한 보고를 올려야 한다는 뜻이다. 그러면서 다산은 세세한 사항을 더 정밀하게 설명해 준다.

> 절실하고 충실한 마음에 근본을 두어야만 보고를 받는 사람이 감동을 받는다. 本之以惻怛忠實之心 庶乎其孚格矣

'절실함'과 '충실함'이라는 두 가지 원칙에 입각할 때 보고받는 상관도 절실하고 충실한 태도로 결정을 내릴 수 있다는 것이다. 국가의 위급존망지추(危急存亡之秋)를 당하여 부정확한 정보, 절실함과 충실함이 결여된 보고로 최고 통치권자가 잘못된 판단을 한다면 나라의 꼴이 어떻게 되겠는가.

임진왜란 때의 일이다. 일본이 전쟁을 일으킬 것인가, 아니면 그냥 엄포만 놓는 것인가를 파악하기 위하여 정사(正使)와 부사

(副使)를 일본에 사신으로 보냈다. 그런데 한 사람은 전쟁을 일으킬 기미가 있다고 임금에게 보고하고, 다른 한 사람은 전쟁을 일으킬 기미가 보이지 않는다고 보고했다. 정사와 부사의 당이 달라서 견해가 갈라진 것이다. 그러나 오래지 않아 일본은 조선을 침략해 들어와, 조선이라는 나라는 쑥대밭이 되고 말았다. 누구의 잘못을 따지기 전에, 정확하고 충실한 보고가 없고서는 전쟁 대비가 불가능하다는 것이 그런 데서 나타난다. 임금은 의주까지 피난 가고 조선 땅은 폐허가 되어 우리 민족이 얼마나 큰 고통을 당했던가.

지금은 그때와도 다르다. 보고를 우선 정확하게 올리고, 또 보고를 받는 사람은 감정에 치우칠 것이 아니라 정말로 신중함과 절실함에 근본을 두고 관용과 포용의 미덕을 발휘하는 조치를 취해야 한다. 그것이 우리 민족이 살아남는 길이다.

무조건 전쟁은 없어야 한다

남북문제가 갈수록 경색되니 불안한 마음을 놓을 길이 없다. 전쟁이 나는 것 아니냐, 그 지긋지긋하던 냉전의 시대로 돌아가 또다시 자유와 인권이 사라지고, 안보와 북진통일을 외치면서 궐기대회나 해야 할 것이냐는 등 마음을 편안하게 가라앉힐 방법이 없다. 전면전이야 일어나지 않더라도, 국지전이라도 일어나 외국 기업이나 외국 투자자가 대거 빠져나가면, 이 나라의 경제는 어떻게 되는 것이냐는 등 참으로 소란하기 그지없다.

이에는 이, 코에는 코라는 복수극만 연출하다가는 남이건 북이건 다 망하는 것쯤이야 우리 국민 모두가 잘 알고 있는 일인데, 다 망해도 좋다는 식의 대응만 하다가는 참으로 큰일이 벌어질 가능성도 없지 않다. 나라를 통치하는 지도자나 국민 모두가 마음을 가라앉히고 위기에 대처할 큰 아량을 지녀야 되겠다.

그런 생각에서 『목민심서』에 나오는 갑작스러운 변란에 어떻게 대응할 것인가를 자세히 기술한 '응변' 조항을 다시 읽어야 한다는 생각이 들었다.

인품의 크고 작음이야 국량에 달렸다. 국량이 얕고 좁은 사람은 더러는 아주 작은 일에 낙담하기도, 또 허튼 소문에 마음이 동요되기도 한다. 그래서는 마침내 여러 사람의 마음을 소요케 하고, 더러는 모든 사람의 비웃음을 받기도 한다. 그러나 국량이 큰 사람은 일을 당하면 담소하면서 대처해 간다.

국량과 아량이 넓고 큰 사람이 절실히 요구되는 때가 오늘 이런 시기가 아닐까. 저쪽에서 전쟁을 일으키려는 내색이 있더라도 아량을 베풀어 전쟁은 하지 말자고 달래고 설득해야 하건만, 오히려 이쪽에서 전쟁을 촉발시키는 언행을 일삼는다면 세상이 어떻게 되겠는가.

그래서 다산은 대원칙을 제시했다.

무릇 변란이 있으면 마땅히 놀라 동요하지 말고, 조용히 그 귀추를 생각하여 그 사태가 변화해 감에 따라 대응책을 마련해야 한다. 凡有變亂 宜勿驚動 靜思歸趣 以應其變

인간이 저지르는 가장 큰 죄악 중의 하나가 전쟁이다. 만약 전쟁이 일어나면 살아남을 사람이 없다. 모두가 완전무결하게 망하고 말 것임은 불문가지의 일이다. 지금이 어떤 세상인데 전쟁이 일어나 우리 모두가 멸망의 구렁텅이에 빠져서야 되겠는가.

'공산당을 때려잡자!' '멸공통일!' '북진통일!'을 외치면서 궐기대회에 동원되던 10대 때의 일이 생각되어 마음이 씁쓸하기만 하다. 제발 지도자나 국민 모두가 냉정하게 국가 장래를 생각하면서 전쟁도 없고 자유와 인권이 보장되고 평화가 오는 세상을 기원하자.

국가의 안위는 인심의 동향에 달렸다

국회가 제 기능을 다해야 한다

세상이 혼란스럽고 시절이 하수상하다. 새롭게 쏟아지는 수많은 소식과 정보 때문에 국민들은 혼란한 생각에서 벗어날 수가 없다. 자고 나면 새로운 소식이 들리고, 자고 나면 새로운 정보로 어리둥절할 수밖에 딴 도리가 없다. 권력이 남용되면 어떤 일들이 벌어지는가를 요즘처럼 실감했던 기억이 별로 없다. 고등학교 3학년 1년 동안 겨우 17일 동안만 등교했던 학생이 졸업장을 받았다는 정보, 특정 학생의 입학을 위해 입학관리 규정이 어느 틈에 바뀌고, 나랏돈이 특정인의 돈벌이를 위해 마음대로 집행되고, 권력에서 요구하면 재벌들은 어김없이 거금을 쾌척해 버리는 세상이 오늘의 현실이다.

도대체 어떻게 해야 이런 비정상적인 세상이 정상적이고 올바른 세상으로 돌아갈 수 있을까.

> 신이 엎드려 생각하건대, 국가의 안위는 인심의 동향에 달려 있고, 인심의 동향은 백성의 기쁨과 슬픔에 달려 있고, 백성의 기쁨과 슬픔은 수령(守令, 통치자)의 잘하고 못함에 달려 있고, 수령의 잘하고 못함은 감사(監司)의 공정한 상벌에 달렸으니, 감사의 고과(考課)하는 방법은 곧 천명(天命)과 인심이 따라가는 기틀이요 국가의 안위를 판단하는 것이니, 그 관계된 것이 이와 같이 중요합니다. 그런데 그 법이 소루하고 분명치 못한 것이 지금과 같은 적이 없으니 신은 적이 걱정스럽습니다._「옥당에서 고과조례를 올리는 차자(玉堂進考課條例箚子)」

다산이 한창 벼슬하던 시절에 정조에게 올린 정책건의서의 한 부분이다. 당시 지방관이던 목민관이 바로 수령인데 수령의 업적을 평가하는 사람은 이른바 광역단체의 장인 감사였다. 감사가 관할 지방 수령의 잘하고 못함을 올바르게 평가하여 상벌을 제대로 내려야만 바른 통치를 하는 것인데, 그에 대한 평가 방법이나 제도가 불충분하여 평가가 바르지 못해 잘못하는 수령도 처벌받지 않아 백성들만 괴롭고 아픈 삶을 살아갈 수밖에 없다는 뜻이다. 옛날과 지금의 제도가 완전히 달라 지금의 통치자는 수령이 아닌 대통령이고, 대통령의 잘잘못을 감시하고 평가하는 곳은 국민의 대표기관인 국회이다.

국회는 국민을 대표하여 행정 각 부처는 물론 청와대에 대해 국정질의도 하고 국정감사를 통해 행정 각부와 대통령의 잘하고 못함을 감시하고 따질 수 있는 권한이 있다. 참으로 잘못하면 탄핵권을 발동하여 탄핵까지도 할 수 있다.

내부자 고발이 중요하다

다산의 정치론을 읽다 보면 그의 뛰어난 아이디어에 깜짝깜짝 놀랄 때가 많다. 관각(館閣)이나 대간(臺諫) 제도를 통해 임금의 잘못을 규탄하고, 고관대작들의 잘못을 파헤쳐 탄핵하는 일은 세상없이 좋은 제도로 칭찬받았지만, 다산은 일반 사람들의 생각과는 다르게 관각이나 대간 제도를 혹독하게 비판하면서 그런 제도는 당장 폐지하자는 독특한 주장을 폈다. 그의 「직관론(職官論)」이라는 글에 폐지를 주장한 이론이 자세하게 전개되어 있다.

> 대저 이른바 관각이나 대간의 관직이란 옛날에는 없었던 것인데 후세에 어떤 지방에서 패자(霸者) 노릇을 하던 자가 즐겨 만들었다.

고경(古經)이나 요순시대에는 그런 제도가 없었는데 뒷세상에 와서 만들어졌다면서, 그런 제도의 정통성부터 부인하였다. 그러면서 홍문관이나 규장각 등 선택된 관각의 관원들이나 사헌부·사간원의 간쟁기관 벼슬아치들만 국왕이나 고관대작 및 관원들의 잘못함을 비판하고 탄핵할 권한을 주는 일의 부당함을 통박했다.

그들은 숫자도 한정되었지만, 행여 그들이 직무수행을 충실하게 이행하지 않는다면 나라가 도대체 어떻게 될 것이냐라는 염려를 열거했다.

> 관각이나 대간의 관직을 없애야만 나라가 다스려질 것이다. 그래야 백성들이 편안해지고, 임금의 덕이 바르게 되며, 백관들이 직무를 잘 수행하며 기강이 바로 세워지고 풍속이 돈후해질 것이다.

관각·대간의 제도를 폐지해야만 나라가 제대로 다스려질 수 있다고 말한다. 이런 제도가 존재하기 때문에 그런 직책이 없는 조정의 다른 신하들은 아무리 우수한 능력이나 비판 정신을 지니고도 간쟁 임무에 참여할 수가 없으며, 그런 직책이 없는 수많은 관원들은 아무리 우국충정이 마음속에 깊이 쌓이고 맺혀 있더라도 감히 한마디 말도 입 밖에 내어 의논할 수 없기 때문에 말하지도 못하고 말하려는 뜻조차 두지 않는다고 그 폐해를 지적했다.

> 이리하여 온 세상이 입을 다물고 침묵을 지키어 다시는 자신의 지위를 벗어나지 않으니, 온 나라 사람의 입을 틀어막는 일이 이것보다 더 심한 것이 있겠는가.

조정의 모든 신하들은 자신의 입장에서 임금이나 여타의 벼슬아치들이 잘못하고 바르지 못한 일을 할 때는 주저 없이 비판하고 탄핵할 수 있는 제도를 수립해야 한다고 주장했다.

오늘 우리가 살아가는 현실은 어떤가. 민주주의 국가라면 언론의 자유가 보장되고, 집회 및 시위의 자유가 있고, 결사의 자유가 있어야 한다. 그런데 현실적으로는 얼마나 비판과 탄핵의 자유가 보장된 세상일까. 과연 언론의 자유가 진실로 보장되어 있는가. 방송이나 신문이 마음대로 권력을 비판하고 재벌을 비판할 조건이 갖춰진 상태인가. 감사원이나 감독기관, 독자적인 자율권을 보장받아 자신들의 의지와 뜻대로 비판하고 탄핵할 수 있는가. 일반 국민이나 정부 밖의 사람들로서 권력의 내부나 정부 부처 및 관공서의 잘못을 알아낼 방법이라도 있는가.

다산의 주장을 오늘에 적용한다면 내부자 고발 제도를 확대 개편하여 내부자가 신분과 직위를 보장받는 법률적 보호 아래 내부의 잘못과 비리를 과감하게 고발하는 제도 수립밖에 없을 듯하다. 관각·대간 제도를 폐지해야 나라가 제대로 되듯이, 내부자 고발의 활성화만이 나라를 바르게 세우리라 믿는다.

내부 고발에 대한 사례로 「고금도 장씨 여자 사건에 대한 기록(記古今島張氏女子事)」이라는 다산의 글을 읽어 보면, 참으로 억울한 일을 당하고도 밝게 조사하여 억울함을 풀어 줘야 할 책임을 지닌 고위 공직자가 책임을 지지 않아 진상이 밝혀지지 않고 불행을 겪어야 했던 사건이다.

이 글 가운데 "그런 뒤에 암행어사 홍대호가 내려와 사건의 내용을 듣고도 또한 거론하지도 않고 가 버렸다.(其後暗行御史洪大浩 聞之 亦默而去)"라는 대목이 있다.

앞뒤를 설명하면, 처녀의 몸으로 고금도(전남 완도군)에 귀양살이하던 장씨 여자가 성희롱하는 하급 관리의 시달림에 견디기 어려워 바다에 투신하여 자살한 사건인데, 그 지방의 책임자 사또가 상부에 돈을 뿌려 사건을 무마하고, 상급기관의 장도 돈을 받고 눈감아 주었으며, 이런 불법적인 일을 조사하여 비리를 척결해야 할 암행어사 또한 사건의 내용을 듣고도 입을 다문 채 가 버리고 말았으니, 그런 억울한 일을 어떻게 해야 해결할 수 있느냐에 대한 다산의 분노가 서려 있는 글이다.

> 암행어사가 하는 일이나 상사(上司)가 하는 나쁜 정사(政事)를 수령들이 그 위의 상부에 보고하여 잘못에 대한 내용을 충분히 거론할 수 있었다. 명(明)나라의 이런 법은 매우 좋은 법이다. 조선에서는 오로지 체통을 지키느라 상사가 아무리 불법을 저질러도 수령이 감히 한마디도 말하지 못하여 민생의 초췌함이 날로 더해 가고 있다._「예제(禮際)」

내부자 고발제도가 확립되지 않은 당시의 법제를 비판하고 있다. 명나라에는 그런 제도가 이미 수립되어 백성들이 당하는 괴로움을 해결할 방법이 있었지만, 조선에는 그런 제도가 없어서 부정부패를 막을 길이 없음을 한탄하는 내용이다.

국왕의 권한을 대행하는 암행어사가 비행을 저지르고, 한 도

(道)의 도백으로 수십 명의 수령을 지휘감독하고 그들의 근무 성적을 평가하는 막강한 권력자인 관찰사가 비행을 저지르면, 그들을 감독하고 처벌하는 사람은 국왕 한 사람뿐인데, 그들의 잘못을 국왕에게 보고할 채널이 없는 제도 아래서는 어떻게 할 방법이 없다는 뜻을 다산이 밝힌 것이다.

200년 전의 다산의 뜻은 현재에도 제대로 펴지지 못하고 있다. 지금 우리나라 내부고발 신고·조사·심사를 담당하는 국무총리 소속 국민권익위원회에는 자체 조사권이 없다. 부정부패방지법과 공익신고자 보호법이 있지만 신분보장이나 불이익 회복에 대한 요구만 할 수 있을 뿐 강제성이 없다. 내부 고발자에 대한 보호와 불이익에 대한 해결책이 제대로 되어 있지 못하다는 것이다.

정치란 무엇인가

지도자가 바르면 정치는 저절로 해결된다

『논어』「자로(子路)」 편에는 정(政)에 대한 공자와 제자들 사이의 질문과 답변이 유독 많이 나온다. 그런 대목에서 반드시 다산의 견해를 더한 내용이 『논어고금주』라는 책에 가득 실려 있다.

제자 자로가 공자에게 정치를 묻자 글자 네 자로 공자는 답한다. "선지노지.(先之勞之)" 한마디만 더 해 달라고 하자 "무권(無倦)"이라는 두 글자를 말해 준다. 정치지도자라면 모든 일에 솔선수범해야 하고 괴롭고 힘든 일은 자신이 감당해야 한다는 뜻이다. 그리고 게으름을 피워서는 안 된다고 못 박았다.

다산의 견해는 특히 '노지(勞之)'라는 두 글자에 역점을 두었다. 백성에게 힘쓰고 노력하게 하라는 의미가 아니라 백성을 아끼는 마음이 있다면 어렵고 힘든 일은 자신이 직접 담당하여 노력하라는 뜻으로 해석하여, 백성을 괴롭히는 일을 해서는 안 되는 것이 정치라고 해석했다.

중궁(仲弓)이 공자에게 정치를 물었다. 공자가 답한다. "선유사(先有司) 사소과(赦小過) 거현재(擧賢才)"라는 아홉 글자였다. 먼저 일을 맡을 사람을 정해 주고 작은 과실은 용서해 주며 어진 인재를 등용하라는 뜻이다. 맡은 임무를 충실하게 수행할 사람을 제대로 임명하는 일, 자잘한 잘못이야 너그럽게 용서하여 관용의 정치를 펴고, 어진 인재를 발굴하여 국사를 처리하면 정치는 잘 될 수밖에 없다.

다산은 여기서도 통치자가 시키기보다는 몸소 실천하는 행위가 중요하다고 여기면서 행위 없는 정치란 있을 수 없다고 거듭 강조했다. 요즘의 정치지도자들이 그저 남에게 시키는 일만 주로 하는 점과 비교하면 큰 깨달음을 주는 내용이다.

정치에 대한 논의가 많은 「자로」 편에서 공자의 결론이 나온다. 정치지도자란 어떻게 해야 하느냐의 답은 이렇다. "기신정 불령이행 기신부정 수령부종(其身正 不令而行 其身不正 雖令不從)"이라는 15글자의 내용이다. 자신이 옳고 바르게 행하면 시키지 않아도 일이 행해지고, 자신이 옳지도 바르지도 못하면 아무리 시켜도 따라 주는 사람이 없다는 뜻이다.

다산은 『목민심서』 「이전(吏典)」의 속리(束吏) 조항에서 공자의 15자 교훈을 인용하여 「이전」 편의 주된 논리로 여기면서 통치자나 정치지도자들이 정치를 제대로 하지 못하는 이유는 오직 자신의 몸이나 마음이 바르거나 옳지 못하기 때문이라고 여기고, 지도자가 바르면 정치는 저절로 해결된다는 주장을 폈다.

통치자는 백성을 위해 있는 것이다

「탕론(湯論)」은 다산의 대표적인 논문의 하나로, 임금이나 천자인 통치자가 잘못하여 국론을 분열시키고, 국민의 화합을 이룩해 내지 못할 때는 언제라도 백성들이 뜻을 모아 갈아치울 수 있다는 민본(民本) 사상의 핵심이 담겨 있는 글이다.

> 무릇 통치자의 지위는 어떻게 해서 생겨난 것인가. 하늘에서 떨어져 통치자가 되는 것인가. 아니면 땅에서 솟아나 통치자가 되는 것인가. 마을 사람들이 추대하여 이장(里長)이 되듯 여러 현장(縣長)이 다 같이 추대한 사람이 제후(諸侯)가 되는 것이요, 제후가 다 같이 추대한 사람이 통치자가 되는 것이다. 이와 같이 통치자는 민중이 추대하여 이루어진 것이다. 대저 여러 사람이 추대해서 이루어진 것은 또한 여러 사람이 추대하지 않으면 이루어지지 않는다. 그러므로 마을이 화합하지 못하면 마을 사람들이 의논하여 이장을 끌어내리고, 모든 제후와 방백이 화합하지 못하면 제후와 방백이 통치자를 바꿀 수 있다. 이는 64명이 연주하는 악단에서 한 사람을 추대하여 지휘자로 삼고, 그가 잘못하면 끌어내려 다른 사람으로 교체하는 것과 아무런 차이가 없다.

「원목(原牧)」이라는 논문 또한 다산 사상을 대표하는 글 가운데 하나이다.

> 통치자의 근본은 이장에서부터 시작된 것으로, 백성을 위해서 통치자가 있었던 것임을 알 수 있다. 그때 당시는 이장이 백성들의 여망에 따라서 법을 제정한 다음 그 위의 단체장에게 올리고, 마지막에는 민의에 따라 법을 제정하여 통치자에게 올렸기 때문에 법이 모두 백성의 편익을 위해서 만들어졌다. 후세에 와서 한 사람이 통치자가 된 뒤에는 통치자 욕심대로 법을 만들어서 아래 단체장에게 내려준다. 그러므로 그 법이라는 것이 다 통치자는 높고 백성은 낮으며, 아랫사람 것을 긁어다가 윗사람에게 붙여 주는 격이 되어, 한결같이 백성이 통치자를 위하여 생겨난 꼴이 되고 있다. 그러므로 '백성이 통치자를 위하여 생겨났다.'는 것이 어찌 이치에 타당하겠는가. '통치자는 백성을 위해서만 있는 것이다.(牧爲民有也)'

「탕론」과 「원목」은 다산을 공부하기 시작한 이래로 수없이 읽었던 글이다. 유신 시절이나 5공 정권 시절 감옥 안에서 읽었을 때야 가슴에 저려 오던 글이었지만, 민주화 이후의 시절에는 그렇게 목이 메이던 글이 아니었는데, 요사이 세상 돌아가는 꼴이나 정치적 상황을 보면서, 새롭게 글을 읽어 보니 왜 이렇게 가슴에 다가오는지 느낌을 말로 표현하기 어렵다. 200년 전에 다산은 고대 요순시대를 그리워하면서 백성이 나라의 주인이고 통치자는 백성의 편익을 위해 존재하는 공복(公僕)임을 명확하게 밝혔다.

그렇다. 정치가 별것이 아님을 이런 데서 알게 된다. 정치는 정치지도자만 하는 일이 아니다. 국민이 선거를 통해 선출해 주지 않으면 정치지도자가 나올 수 없다. 정직한 사람, 바른 사람, 인재를 등용하는 사람, 관용스러운 사람, 충심으로 백성을 위하는 사람, 재용을 넉넉하게 하고, 군대를 강병으로 만드는, 백성들의 한없는 신뢰를 받는 사람을 투표로 고른다면 정치는 잘 될 수밖에 없다는 것을 공자와 다산에게서 배울 수 있다.

4부

공정사회로 가는 길

오늘날 백성을 다스리는 사람들은 오직 거둬들이는 데만 급급하고 백성을 육성할 바를 알지 못한다. 이런 이유로 백성은 여위고 시달리고 시들고 병들어 서로 쓰러져 진구렁을 메우는데, 그들을 양육한다는 사람들은 바야흐로 고운 옷과 맛있는 음식으로 자기만 살찌우고 있으니 어찌 슬프지 아니한가.

공정한 사회가 건강하다

금수저와 흙수저

금수저와 흙수저의 이야기가 세간에 떠들썩하다. 부유하고 세력 있는 집안 출신들은 금수저로서 크게 힘들이지 않고 성공가도를 달릴 수 있지만, 가난하고 세력이 약한 집안 출신들이야 아무리 노력해도 흙수저의 신분이어서 승리하거나 출세하는 길이 어렵고 힘들기 마련이라는 것이다. 세상 돌아가는 일을 살펴보면 금수저 흙수저론은 엄연한 현실임을 부인할 수 없다. 더구나 우리나라 같은 불공정한 세상에서야 이런 세태에서 벗어나기가 어려운 일임은 당연하게 여겨지기도 한다.

그러나 그렇게만 여긴다면, 금수저로 태어나기만 희망할 뿐 흙수저로 태어난 사람들이 어떤 희망을 지니고 살아갈 길을 찾을 수 있겠는가. 자신의 의지와는 아무런 관계없이 좋은 환경에서 태어나기만 바라는 운명론에 빠져 버린다면 도대체 이 세상을 살아갈 무슨 재미가 있겠는가.

공정(公正)하고 공평(公平)한 세상을 그렇게도 희구했던 다산은 흙수저로 태어났지만 옳고 바르게 살면서 뛰어난 학문적 업적을 이루면 금수저 못지않게 대접받으며 살아가고 오래도록 세상에 이름을 전할 수 있다는 주장을 폈다. 「반산 정씨 세고 서(盤山丁氏世稿序)」라는 글에서 다산은 말한다.

> 문벌 좋은 집안 출신은 어리석은 남자라도 정승·판서의 지위도 지푸라기 줍듯 쉽게 얻을 수 있거니와, 먼 시골에 살며 처음으로 과거에 합격하고 벼슬에 올라 녹을 받는 사람은 반드시 뛰어난 호걸이라야 가능하다. 왕의 총애를 받고 조상의 덕을 입은 사람은 패전한 장수라도 국가 상징물에 새겨지며, 깨끗하고 가난한 집안에서 일어나 조그마한 공이라도 남기는 사람은 반드시 충신·의사이어야만 가능하다. 홍문관이나 규장각의 벼슬을 얻어 화려하고 모두가 우러러보는 지위에 있는 사람은 변변찮은 문장도 금석처럼 오래 전하며, 관직이 보잘것없고 세력이 없는 사람으로 그의 시문(詩文)이 수백 년 뒤까지 전하는 사람은 반드시 그 시문 가운데 묻히게 할 수 없는 것이 있기 때문이니, 이는 사세가 그럴 수밖에 없어서 그렇게 되는 것이다.

임진왜란 때 관군으로 의병으로 혁혁한 전공을 세운 반곡(盤谷) 정경달(丁景達)은 조선의 땅끝 전라도 장흥 출신으로 흙수저임에 분명하지만, 문과에 급제하고 대단한 벼슬에 올라 『난중일기(亂中日記)』라는 명저를 남겨 수백 년 동안 전하고 있으며, 그의 아들과 손자도 큰 벼슬이야 못했지만 도사(都事) 벼슬과 진사(進士)에 오르며 세상에 이름을 전하고 문집이 전하게 되었음을 칭찬하면서 했던 말이다.

너무나 불공정 불공평한 세상이어서 금수저와 흙수저의 차별이 심각하지만 큰 공을 세우고 학문에 힘써 글을 전하는 일을 하기만 한다면, 흙수저의 처지를 벗어나 공적과 명성을 세상에 전하게 할 수 있다는 뜻이다.

큰 도회지에 사는 사람과 먼 시골에 사는 사람의 차이, 부자와 빈자의 차이, 권세가와 하민과의 차이가 심해도 참다운 노력을 기울이면 차이를 극복할 수 있다는 격려의 뜻으로 받아들여야 할 것 같다.

인구 1퍼센트도 못 되는 금수저들이 한창 판치는 세상, 그래도 다산은 우리에게 희망을 전하는 메시지를 전해 주었다. 그런 불공정과 불공평, 제도적으로 뜯어고쳐야 하지만 우선은 약자가 노력하는 길이 있을 뿐임을 가르쳐 주었다.

적자와 서자의 차이도 없애고, 당파의 편파성도 없애고, 귀한 사람 천한 사람의 구별도 없애고, 가난한 사람과 부자의 차별도 무시하고, 출신 지역이나 출신 학교도 따지지 않는 그런 '일시동인'과 '지공대자'의 세상을 만들자던 다산의 주장이 왜 이렇게 간절하게 들리는 것일까.

차별이 있고 균등하지 못하면 "백성들이 고달프고 나라가 가난해진다.(民困國貧)"라는 다산을 배우면서 말로만이 아닌 참으로 공정한 사회가 이룩되기를 기원한다.

밝은 세상, 평등한 세상

세상만사가 희희호호하려면

경인년 새해가 밝았다. 6·25전쟁 60주년이 되었다. 초등학교 2학년 시절에 맞은 그 무서운 전쟁, 민족상잔의 큰 상처, 60갑자가 한 바퀴 돌았건만 민족분단의 틈은 아직도 메우지를 못하고 또 한 해를 맞았다. 백호(白虎)의 해라니, 힘세고 용맹한 호랑이의 기상을 본받아서라도, 새해에는 남북문제에 있어 뭔가 실마리라도 찾을 수 있기를 기대해 본다.

새해의 해가 높이 솟았는데, 우리 사회는 그리 밝지 못하다. 공자의 이상은 요순세상을 이루는 일이었으며, 요순세상이란 희희호호(熙熙皡皡)한 세상이라고 규정하였다.

다산은 자기대로의 해석을 내렸다. '희희'는 밝다(明)는 의미이고, '호호'는 희다(白)는 의미라고 밝혀, 만 가지 일과 모든 사리(事理)가 훤하게 밝고 하얗게 투명하여 티끌 하나 털끝 하나의 악(惡)인들 숨기지 못하고, 어떤 더러움도 감추지 못하는 세상이 요순시대였다는 결론을 내렸다. 어떤 정책이나 시정(施政)에도 숨기거나 감추는 것 없이 투명하게 보여 모두가 신뢰하고 기꺼이 따를 수 있는 세상이 바로 '희희호호'한 세상이라는 것이다. 우리 세상도 그런 세상이 되면 얼마나 좋을까.

공자는 유교무류(有敎無類)라고 하여, 인간이 교육을 어떻게 받느냐에 따라 차이가 생길 수는 있어도 본디는 모두 평등하게 태어난다고 하였다. 다산은 사람이란 천연동류(天然同類)라고 하여, 어떤 차이나 차등도 없이 본래부터 다 같은 인류라고 주장했다. 공자와 다산은 평등하게 태어난 인간이니 평등한 삶을 살아가는 세상이 바로 요순세상이라고 설명하였다. 그래서 다산은 철저하게 사회적 평등을 요구하여 신분의 모순을 타파하자고 주장했다. 더 나아가 경제적 평등을 실현하기 위해 토지소유의 혁명적 변화를 추구하기도 했다.

다산의 외침 이후 200년이 지났으나 밝지 못한 우리 사회, 극도의 빈부격차로 사회적 양극화가 가속되는 우리 사회를 목도하면서 새해가 시작되는 요즘, 새삼스럽게 밝은 세상과 평등한 인간의 삶이 그리워졌다. 어떤 야심이나 음모가 감춰져 있지 않고, 밤이 대낮같이 밝고 훤한 그런 세상은 오지 않을까. 잘난 사람 많이 가진 사람만 대접받으며 살아가고, 못난 사람 가지지 못한 사람은 끝까지 천대받는 세상이라면 무슨 재미가 있을까. 무엇인가 숨겨져 있다고, 감춰져 있다고 불평만 하는 세상이 오늘인데, 새해에는 그런 의심이 풀리는 세상이 왔으면 참 좋겠다.

평등한 세상이 되려면 법이 공평하게 집행되어야만 한다. 누구는 법의 혜택만 받고, 누구는 법의 피해만 입는다면 평등한 세상이 아니지 않겠는가. 부자는 특별대우를 받고, 가난하고 힘없는 사람은 끝내 천대만 받고 탄압만 받는다면 어떻게 세상이 투명하고 밝아지겠는가. 모든 국민이 믿고 따르게 하려면 세상만사가 희희호호해야 한다.

사람다운 사람, 나라다운 나라

풍속을 교화해야 한다

인류의 역사가 시작된 이래로 사람이 사람을 죽이는 범죄가 일어나지 않은 적이 없고, 인간이 저지르는 악행이 그친 날이 없었지만, 세쇠도미(世衰道微)한 시대 때문인지, 요즘에는 부쩍 부모가 자식을 죽이고, 자식이 부모를 죽이는 패륜적 살인사건이 이어지고 있으니 참으로 마음이 아프다. 더구나 친부모나 양부모가 어린 자녀를 학대하고 죽이는 지경까지 이르는 사태를 보면서는 옛 어진 이들이 인륜도덕을 중요하게 여겼던 점을 다시 생각하지 않을 수 없다.

200년 전에 저술한 다산의 『흠흠신서(欽欽新書)』라는 고전은, 인륜을 파괴하고 인간의 본성을 잃어버린 가족간의 '살사지변(殺死之變)'에 대한 여러 사례를 열거하여 그에 대한 철저한 수사와 재판을 통해 실체적 진실의 발견으로 그런 악행의 재발을 막아야 한다는 온갖 지혜로운 대책을 열거해 놓았다.

> 사람이 사람다울 수 있는 이유는 인간의 본성을 갖추고 있어서이고, 나라가 나라다울 수 있는 이유는 풍속의 교화를 소중히 여겨서이다. 이런 점이 없다면 사람은 사람답지 않게 되고, 나라는 나라답지 않게 될 것이다. 人之所以爲人者 以具倫彝也 國之所以爲國者 以重風化也 無是則其將人不人而國不國矣

배우자를 살해한 사건에 대한 이야기를 하면서 다산이 했던 말이다. 여기에서 다산은 남편과 아내라는 배우자의 관계와 의리가 어떤 것인가를 설명한다. 전통시대 아내의 의무를 열거하였다.

> 남편에 대한 아내의 도리는 아버지에 대한 아들의 도리와 같아서, 아내에게는 삼종지도(三從之道, 어려서는 아버지, 커서는 남편, 노후에는 아들에 의지하는 도리)에 따라 남편에게 의지해야 할 의무가 있고, 백년해로하며 좋은 관계를 유지해야 할 의무가 있다. 살아서는 같은 방에서 거처하고 죽어서는 같은 무덤에 묻히니 배우자의 도리는 소중하다 할 것이다.

오늘날 아내에게 삼종(三從)의 의무가 있다고 하다가는 시대에 역행하는 이야기가 되어서 비난을 받을 수밖에 없지만,

200년 전 다산의 시대에 했던 이야기임을 고려해야 한다. 남존여비의 속박에서 해방된 지 오래이고 오히려 어느 분야에서는 여성상위시대인 지금에야 해당되지 않는 이야기이지만, 남편과 아내의 도리는 살아서 같은 방에서 거처하고 죽어서는 같은 무덤에서 오래도록 안식을 누린다는 이야기에는 우리도 동조하지 않을 수 없다. 그런 남편과 아내 사이에서, 남편이 아내를 죽이고 아내가 남편을 죽이는 그런 패륜적 행위가 빈발하고 있는 점을 경계한 다산의 이야기에 마음을 기울이지 않을 수 없는 사안이다.

더욱 우리를 슬프게 하는 살인사건은 부모가 자식을 죽이고, 자식이 부모를 죽이는 사건이다. 친모가 자기가 낳은 유아를 학대해서 죽이고, 친부가 자식을 학대해서 죽이는 사건도 적지 않게 일어나는데, 도대체 인간의 본성으로 보더라도 어떻게 해서 그런 일이 일어날 수 있을까. 세상에서 가장 나쁜 범죄는 사람을 죽이는 죄악인데, 그중에서도 부자간, 모녀간, 부부간에 패륜적 살인행위는 더욱 경계할 일이다.

요즘 언론에 그런 사건이 하루가 멀다 하고 계속 보도되는데 "나라가 나라다우려면 풍속의 교화를 소중히 여겨야 한다."라는 다산의 경고에 마음을 기울여 패륜의 살인사건이 줄어드는 세상을 추구해야 한다.

우리 모두 효제로 돌아가자

상강(霜降)이 지났다. 무서리가 내리다가 된서리가 내리게 되면 푸른 잎은 모두 이울고 헐벗은 나무만 처량하게 서 있게 될 것이다. 그러나 아직은 가을 햇볕이 따갑고, 곡식은 여무느라 소리가 들릴 정도이다. 가을이 짧아지고, 가을이 없어져 간다고 한탄할 때가 많았는데, 올해의 가을은 상당히 성대했다. 높고 푸른 하늘에 청징의 가을볕, 가을 소리가 우리를 즐겁게 해 주기에 충분했다.

그러나 이런 좋은 날씨와는 다르게 인간에서 벌어지는 일들은 참으로 얄궂고 심란하기만 했다. 금전만능, 권력만능에 도취된 세상 때문에 인류에게 안락한 삶은 보장받기 어려운 세상이 되고 말았다.

유교가 목표로 삼았던 치국평천하(治國平天下)나 수신제가(修身齊家)를 위한 핵심적 실천논리는 바로 '효제(孝弟)'이다. 효제란 풀어서 써보면, 부자자효형우제공(父慈子孝兄友弟恭)이다. 아버지는 자녀를 예뻐해 주고, 자녀는 부모에게 효도하며, 형은 아우와 우애롭게 지내고, 아우는 형을 공손하게 대하는 일이라는 뜻이다. 이런 효제가 빛을 잃고 망가지면서 세상은 이렇게 혼돈에 빠지고 말았다.

독서를 하려면 반드시 먼저 근본을 확립해야 한다. 근본이란 무엇을 말함인가. 학문에 뜻을 두지 않으면 독서를 할 수 없으며, 학문에 뜻을 둔다 함은 반드시 먼저 근본을 확립해야 한다. 근본이란 무엇을 말함인가. 오직 효제가 그것이다. 반드시 먼저 효제를 실천함으로써 근본을 확립해야 하고, 근본이 확립되고 나면 학문은 자연스럽게 몸에 배어들어 넉넉해진다. 학문이 이미 몸에 배어들고 넉넉해지면 특별히 순서에 따른 독서의 단계를 강구하지 않아도 괜찮다.

다산은 아들들에게 보낸 편지에서 이렇듯 효제의 중요성을 강조했다. '근본'이라고 쉽게 썼지만, 다산의 표현은 '근기(根基)'라고 하여 '근본 바탕'이라고 표현했다. 사람 되는 첩경은 독서이다. 그러나 학문에 뜻을 두어야 제대로 독서를 하게 된다. 학문에 뜻을 둔다는 것 또한 먼저 '근기'가 세워져야 한다니, 효제가 아니고는 독서도 학문도 사람 되는 일도 불가능하다니, 효제의 중요성이 어느 정도인가를 알게 해 준다.

돈 때문에 혈육간에 살인사건이 벌어지고, 재산이나 유산 때문에 형제간에 원수가 되어 혈투를 벌이거나 소송이 줄을 잇고 있는 요즘의 세태, 이런 막된 세상의 치유에 효제를 다시 강조하지 않고 다른 어떤 길이 있겠는가.

다산은 부모에게 효도했고, 형제 사이에 우애가 돈독하여 늘 자기 중형과 '형제지기'라고 강조하며 살았다. 그렇게 효제를 실천했기에, 다산의 학문인 실학사상에는 '근기'가 심겨 있어 200년이 지난 오늘까지 찬란하게 빛을 발하는 것이 아닐까. 우리 모두 다시 효제로 돌아가자.

손상익하 손부익빈

토지의 공동소유를 통한 부의 평준화

1799년 기미년은 다산의 나이 38세인 해이다. 그해 5월에 다산은 황해도 곡산 도호부사에서 형조 참의에 제수되어 내직으로 옮겼다. 그 무렵에 저작했다는 다산의 유명한 논문 「전론(田論)」은 곡산에서의 저술인지 서울에 들어와서의 저술인지는 알 길이 없지만, 약 220년 전의 글임은 분명하다. 7편으로 된 「전론」은 다산의 혁명적인 토지정책에 대한 내용으로, 개혁사상가 다산의 진면목을 보여 주는 글이어서 주목받은 지 오래된 논문이다. 30대의 「전론」은 50대 이후의 저작인 『경세유표』의 토지정책과는 많은 차이가 있지만 세계사적으로도 매우 혁신적인 토지정책이어서, 그에 대한 찬반 토론이 계속되고 있고, 더러는 실현 불가능한 정책으로 매우 공상적이라는 평가를 내리기도 한다.

그러나 당시 농업국가이던 조선에서 토지소유 문제는 핵심적인 경제정책의 하나인데, 토지를 공동소유하여 공동경작하고, 또 공동분배하여 부(富)의 평준화를 이루자는 주장은 인류역사상 무시할 수 없는 경제정책의 하나였음에 틀림없다. 천재적인 창안으로, 인류가 찾아낸 탁월한 지혜여서 두고두고 거론될 수밖에 없는 역사적인 정책이었다. 더구나 모든 국가에서 빈부의 격차가 갈수록 벌어지고, 양극화 현상이 첨예해지고 있는 오늘, 새삼스럽게 「전론」에 대한 언급을 하지 않을 수 없다.

> 우리나라의 부자로 영남의 최씨와 호남의 왕씨같이 곡식 1만 석을 거두는 사람도 있는데, 그 전지(田地)를 계산해 보면 400결 아래로 되지는 않을 것이니, 이는 3,990명의 생명을 해쳐서 한 집안만 살찌게 하는 것이다. 그런데도 조정의 윗사람들이 마땅히 부자의 재산을 덜어내(損富) 가난한 사람에게 보태 주어서(益貧) 그 재산을 고르게 하는 제도를 시행하지 않고 있다.

손부익빈(損富益貧)의 정책시행이 없고서는 빈민구제의 길은 있을 수 없다는 주장을 폈다. "정치란 바르게 하는 일이요, 고르게 살게 해 주는 일이다.(政也者 正也 均吾民也)"라는 다산의 정치철학으로 볼 때, 극도의 부자들 재산을 덜어서 극한의 가난한 사람을 살리는 일이 인류를 구제할 본질적인 제도의 하나임을 다산은 분명히 알고 있었다.

애가 타서 흘리는 눈물

1809년, 다산의 나이는 48세였다. 그 전해에 강진 읍내의 삶을 정리하고 '다산초당'이라는 윤씨네 산정(山亭)으로 옮겨 안정된 생활을 시작한 1년이 되는 해였다. 전해 겨울부터 서서히 가물더니 봄이 지나고 여름을 거쳐 가을에 이르기까지 비다운 비가 오지 않아 들판에는 풀 한 포기 없는 처참한 지경의 가뭄에 극악한 흉년이 들어 힘없고 가난한 농민들은 살길이 없어 굶어 죽어가는 사람이 계속 늘어나고, 유리방랑하는 사람들이 길을 메우는 비참한 세상이 눈앞에 전개되고 있었다.

> 입추까지 새빨간 땅덩이가 천 리에 이어지고, 들판에는 파란 풀 한 포기 없었다. 나야 귀양 와서 엎드려 있으며, 인류의 대열에도 끼지 못해 흉년 타개책인들 건의할 지위에 있지도 못하고, 백성들의 처참상을 그림으로 그려서 임금께 바칠 수도 없는 형편이다. 때때로 본 대로 기록하여 시가집으로 철해 놓았다. 이거야 뭐 쓰르라미나 귀뚜라미들과 더불어 푸성귀 속에서 함께 애달프게 읊어 대는 울음이리라. 오랫동안 써 내려가다 책으로 되었기에 「전간기사(田間記事)」라고 했다. _「전간기사 머리글」

역적 죄인으로 귀양 살며 차마 눈으로는 볼 수 없고, 귀로는 들을 수 없는 흉년의 백성들 참상을 묵묵히 보고만 있다가는 울화통이 터져 불상사라도 일어날까 봐 시가로라도 읊었다는 것이다. "성정의 올바름이 하늘과 땅의 화기(和氣)를 잃지 않음을 구하려 함이다."라는 말이 그래서 나왔던 것이다.

다북쑥을 캐다가 죽을 끓여 온 식구가 서로 많이 먹으려고 싸우는 집안의 모습, 말라 버린 논바닥에서 마른 모를 뽑으며 한탄하는 농부들의 모습, 메밀 종자도 주지 않으면서 대체작물을 심으라고 독촉하는 관리들의 횡포, 보리죽을 끓여 먹다가 속이 쓰려 고생하는 가족들의 모습, 이런 처참한 모습에 삶의 의욕까지 잃고 말았다는 다산의 아픈 마음이 「전간기사」에 실린 시들이다. 부모들이 버려 길거리에 떠도는 어린 남매의 이야기인 「유아(有兒)」라는 시는 눈물 없이는 읽을 수 없다.

『주역』에 '손상익하(損上益下)'라는 구절이 있다. 상층 사람들의 재산을 덜어서 아래층 사람들에게 보태 주어야 한다는 뜻이다. 실학자 성호 이익은 그것을 경제정책의 '대강'으로 삼았다.

다산은 그의 유명한 논문 「전론(田論)」에서 '손부익빈(損富益貧)'이라는 용어를 사용하였다. 부자들의 재산을 덜어서 가난한 사람들에게 보태 주어야 한다는 뜻이다. 지금 우리가 살아가는 세상은 그러한 극한 가난에서는 벗어났음이 분명하다. 그러나 마음과 정신의 가난은 꼭 그렇게 넉넉하게 벗어났다고는 말하기 어렵다.

부자증세가 필요하다

다산은 「여름날 술을 앞에 두고(夏日對酒)」라는 장편시를 지어 경제정책의 실패로 빈부의 격차만 늘어나는 불공정 불평등 세상에 대한 무서운 비판을 가했다.

임금의 토지 소유는	后王有土田
부잣집 영감에 비유되네	譬如富家翁
영감님 밭 백 마지기면	翁有田百頃
열 명의 아들 따로 산다면	十男各異宮
마땅히 한 집에 열 마지기씩 주어	應須家十頃
먹고 사는 일 동등하게 해 줘야지	飢飽使之同
약삭빠른 놈 팔구십 마지기 삼켜 버리면	黠男呑八九
못난 놈이야 곳간이 아주 빈다네	癡男庫常空
약삭빠른 아들 비단옷 화려할 때	黠男粲錦服
못난 아들 아파서 시달리겠지	癡男苦尫癃
영감님 그런 광경 눈으로 보면	翁眼苟一盼
불쌍해서 속마음 쓰리겠지만	惻怛酸其衷
그냥 맡겨 두고 정리하지 않은 탓으로	任之不整理
서쪽 동쪽 제멋대로 되어 버렸네	宛轉流西東
고르게 태어난 골육이건만	骨肉均所受
자애로운 은혜 왜 그리 불공평한가	慈惠何不公
경제의 근본 강령 무너졌기에	大綱旣隳圮

만사가 따라서 막혀 안 통하네　　萬事窒不通
한밤중에 책상을 치고 일어나　　中夜拍案起
탄식하며 높은 하늘이나 쳐다보네　　歎息瞻高穹

200년 전의 실학자 다산의 탄식이 오늘 21세기 한국의 하늘에서 메아리치고 있다. 증세와 복지문제로 시끄럽다는 보도를 듣고 보면서, 마침내 올 것이 왔구나라는 생각이 들었다.

백 마지기를 소유한 아버지가 열 명의 아들에게 열 마지기씩 공정하게 분배해 주었다면 왜 불만과 불평이 일어나 하늘 보고 탄식하는 일이 일어날 수 있었을까. 팔구십 마지기를 한 아들이 차지하고 보니 가지지 못한 아들들이 무엇으로 먹고살며, 어떻게 살아갈 방도가 있을 것이냐는 다산의 기본적 생각이 바로 오늘 이 나라 경제정책의 근본적인 해결을 이끄는 생각이 아닐까.

「여름날 술을 앞에 두고」는 다산이 강진에서 귀양살던 1804년 여름에 지은 시로, 시대를 아파하고 세속에 분개하던 심정을 가장 명쾌하게 읊은 내용인데, 200년이 훨씬 지난 오늘 우리나라의 경제정책을 수정할 길을 열어 준 시라고 여겨진다.

이제 우리나라도 과감한 부자증세로 난맥상인 국민의 복지문제를 해결해 주어야 한다. 모든 일은 때가 중요하다. 때를 놓치면 아무리 훌륭한 제도나 정책도 실효성이 없다. 나라와 백성을 걱정하는 사람들, 우리 함께 힘을 합해서 이 난관을 극복해야 한다.

부자의 갑질, 이렇게 야만적일 수가

천민자본주의의 적폐 청산이 필요하다

권력자들의 갑질, 부자들의 갑질, 이런 야만적인 갑질의 세상이 언제쯤 변할 때가 있을까. 자본주의라는 경제제도가 만들어지면서 부자는 한없이 부자가 되고, 가난한 사람은 가난을 벗어나지 못해 언제나 고달픈 삶을 살아가야 하는 형편이 오늘의 세상이다.

그런 문제를 해결해 보자고 사회주의도 나오고 공산주의도 나왔지만, 완전무결한 해결책이 되지 못한 것이 오늘 우리 세상의 불행이다. 세상이 아무리 변하고 시대가 아무리 바뀌어도 권력에 대한 인간의 욕구는 사라지지 않고, 부에 대한 욕망도 가시지 않는 것이 우리의 현실이다.

인생의 목표는 어떻게 해야 권력자가 되고, 어떻게 해야 부자가 되는가에 집중되어 있어, 권력과 부에 대한 욕구 충족을 위해 수단과 방법을 가리지 않는 전쟁의 현장이 오늘의 세상이다. 그러나 옛날의 성인이나 현인들은 인간다운 인간이 되기 위해서는 권력 욕구와 부에 대한 욕구를 줄일수록 더 인간다워지고 사람다워진다고 했다. 권력과 부의 늪에 빠져 허우적거리는 세속의 인간들에게 전혀 먹히지 않을 이야기이지만, 공자는 분명히 말했다.

> 가난하고도 아첨하지 않고, 부자이면서도 교만하지 않으면 괜찮을 일이지만, 가난하면서도 즐겁게 살고, 부자이면서도 예를 좋아하는 것만은 못하다. 貧而無諂 富而無驕 可也 未若貧而樂 富而好禮者也

가난에 비굴하지 않고 부자이면서 갑질을 안 하면 사람답지만, 한 단계 더 높으려면 가난해도 즐겁게 살고, 아무리 부자라도 인간이 지켜야 할 예절을 좋아하는 경지에 이르러야 진정으로 사람다운 사람의 삶이 된다는 것이다.

역시 성인만이 할 수 있는 이야기이다. 다산은 이런 『논어』의 공자 말씀에 전적으로 찬성하면서 자신이 느끼는 감격스러운 마음을 꾸밈없이 표현했다. 『예기』의 「방기(坊記)」 편을 인용하면서 "가난하되 즐기기를 좋아하고, 부유하되 예를 좋아하며, 대가족이면서 화평하게 지내는 사람이 온 세상에 얼마나 있겠는가?"라는 말에 동의하고, "가난하되 도를 즐기고, 부유하되 예를 좋아한다."라는 말을 인용하여 '貧而樂道 富而好禮(가난하나 도를 즐기고 부유하나 예를 좋아함)'라는 진리를 설명하기에 이르렀다.

아무리 가난해도 도리에 어긋나지 않게 즐겁게 살아가고 아무리 부해도 교만에서 벗어나 인간이라면 지켜야 할 기본적인 에티켓을 좋아해야 한다고 했으니, 권력과 부에서 절제를 지키는 기본을 우리에게 제시한 것이다.

지금 우리가 살아가는 세상에는 이런 공자나 다산의 뜻에서 멀어져 조그만 권력이라도 있으면 온갖 갑질에 능숙하고, 조금 부유한 사람이라면 가난하고 힘없는 사람에게 온갖 갑질을 해대느라 세상이 시끄럽다. 이른바 '재벌'이라는 대기업의 오너 가족들이 부리는 행패를 보도를 통해 접하다 보면 새삼스럽게 "부유해도 교만하지 말고, 가난해도 비굴하지 말자."라는 성인의 말씀이 가슴에 저민다.

자본주의야 나쁘지 않다. 공정하고 정정당당하게 부자가 되는 일에 누가 반대를 하겠는가. 천민자본주의는 정말로 싫다. 공정하고 정당하게 부자가 된 사람은 반드시 예를 좋아할 것이다. 속되고 교양 없이 부당한 방법으로 부를 쌓은 부자는 천민자본주의가 만들어 낸 부자이다. 이들의 갑질이 우리 국민을 괴롭히고 있다. 적폐를 청산하고 싶다면 참으로 이런 천민자본주의 적폐를 반드시 청산해야 한다. 그래야 가난하고 힘없는 백성들이 편하게 살아간다.

밉도다 완도의 황칠나무

아전들 농간 막을 길이 없네

완도의 황칠은 맑기가 유리 같아　　莞洲黃漆瀅琉璃
이 나무가 진기한 것 세상이 다 아네　　天下皆聞此樹奇
작년에 임금께서 세액을 줄였더니　　聖旨前年蠲貢額
봄바람 불자 그루터기에 가지가 또 났다오　　春風髡蘖又生枝

「탐진 노래(耽津村謠)」 15수 중 황칠(黃漆)에 대한 시이다. 다산이 귀양 살던 강진의 바다 건너 섬마을이 완도인데, 강진 이야기를 시로 읊으면서 이웃 고을인 완도의 이야기까지 함께 했던 내용이다. 시의 내용에서 알 수 있듯이 일반 옻칠과는 명확히 다른 황옻칠은 칠기를 만드는 데 가장 좋은 재료로 세상에서 기특한 나무로 알려진 완도의 특산물이었다. 그것은 진상품이 되어 그곳 농부들은 황옻칠 채취도 힘들지만 농간부리는 관리들의 탐학에 시달리느라 괴로움이 이만저만이 아니었다.

농부들의 괴로움이 임금에게까지 알려져서 세액을 크게 감면하자, 괴로움에 못 견디던 농부들이 몰래 도끼로 찍어 베어 버렸던 밑동에서 새로운 싹이 나고 가지가 돋았다는 이야기에 수탈당하는 농민들의 참상이 그려져 있다. 다산의 다른 시 「황칠」이라는 시는 더욱 생생한 묘사로 우리를 슬프게 한다.

이 나무 명성이 온 천하에 환히 알려져
박물책에 왕왕 그 이름 올라 있네
공물로 포장해 해마다 공장(工匠)에게 보내는데
징수하는 아전들 농간 막을 길 없어
그 지방 사람 그 나무 가리켜 악목이라고
밤마다 도끼 들고 몰래 와서 찍어 버리네
지난봄에 임금께서 공납을 면제했더니
중국의 고사처럼 진정으로 기이한 상서로움이로다
바람 불고 비 맞으면 그루터기 움 돋아 자라니
나뭇가지 무성하여 푸른빛이 어우러지네

예나 이제나 무서운 것은 세금이고 공물세(貢物稅)이다. 백성들의 등골이 휘고 살아가기 힘든 일은 과중한 세금과 공납이다. 오죽했으면 그렇게 좋은 황옻칠 나무가 악목(惡木)이 되고, 몰래 도끼로 찍어 버리는 귀찮은 존재가 되었을까. 언제나 사회적 약자에게 관심을 기울이고, 그들이 권력과 착취의 횡포에서 벗어나기를 간절히 바라던 다산이다. 공납의 세액이 줄자 찍어 버린 그루터기에서 새순이 돋아 큰 숲을 이룬다며, 백성들의 염원이 무엇인가를 가장 절실하게 표현할 줄 아는 시인이 다산이다.

금술동이의 넘치는 술은 천 사람의 피

세금 문제에 대한 내용을 쓰다 보니 문득 어사시(御史詩)가 떠오른다.

금술동이 귀한 술은 천 사람의 피이고	金樽美酒千人血
옥소반의 좋은 안주는 만백성의 기름이네	玉盤佳肴萬姓膏
촛불이 촛물 떨굴 때 백성들 눈물 흘리고	燭淚落時民淚落
노랫소리 퍼지면 원망 소리 하늘 찌르네	歌聲高處怨聲高

「춘향전」의 작자와 저작 연대는 미상으로 남아 있으나, 대체로 영·정조 시대일 거라고 추측한다. 18세기 말 파리에서 '피가로의 결혼'이 무대에 올려졌을 때, 조선의 남원에서는 '춘향전'이 판소리로 울려 퍼졌다고 알려져 있다. '피가로의 결혼'이 귀족과 하층민의 결혼으로 신분변동이 일어나는 사회를 조명했던 것처럼, 춘향전도 양반 이몽룡과 기생 월매의 딸 성춘향이 결혼하는 신분변동의 양상을 조명하는 점은 매우 흥미로운 사안이다.

모차르트가 1791년에 세상을 떠났으니 작품은 그 이전에 창작되었고, 그때 다산은 30세의 젊은 나이로 한창 벼슬하던 시기였다. 영조 말엽에서 정조 초년 경에 「춘향전」이 창작되었으리라는 추측을 가능하게 해 주는 대목이 있다. 탐관오리의 탐학질이 극도에 달하여 관과 민의 갈등이 최고조 상태였음은 다산의 글이 넉넉하게 증명해 주고 있다.

> 오늘날 백성을 다스리는 사람들은 오직 거둬들이는 데만 급급하고 백성을 육성할 바를 알지 못한다. 이런 이유로 아랫 백성들은 여위고 시달리고 시들고 병들어 서로 쓰러져 진구렁을 메우는데, 그들을 양육한다는 사람들은 바야흐로 고운 옷과 맛있는 음식으로 자기만 살찌우고 있으니 어찌 슬프지 아니한가. _『목민심서』 서문

다산의 이야기가 바로 천 사람의 피와 만백성의 기름임을 정확하게 지적하고 있다. 다산은 "세상은 부패한 지가 이미 오래되었다.(天下腐已久)"라고 개탄하면서 『목민심서』를 저작하여 청렴한 공직자 세상이 오기를 갈망했다.

참스승이란 누구인가

사람다운 사람을 기르는 스승

5월은 참 좋은 계절이다. 산마다 들마다 신록이 우거지고, 못다 진 봄꽃들이 저마다의 자태를 뽐내는 시절이 바로 5월이다. 아카시아꽃이 밤꽃과 함께 짙은 향기를 내뿜으며 우리 모두를 유혹하는 때도 5월이다. 더구나 5월에는 어린이날도 있지만 어버이날, 스승의 날이 있어 즐겁고 기쁨을 함께 주는 달이기도 하다. 하지만 잔인한 5·18이 있는 달이다. 근래에는 이상기온으로 낮 기온이 너무 높아 봄 같지 않지만 그래도 5월은 봄이 한창인 신록의 계절이다.

중고등학교에서 수업을 했던 교사 시절도 있고, 대학에서 오래도록 강의도 했기 때문에 행여나 나도 스승이 아닌가 착각하면서 스승의 날에 대한 이야기가 하고 싶어졌다. 다산은 자신이 편찬한 속담집 『이담속찬(耳談續簒)』이라는 책에 "경전의 스승이야 쉽게 만날 수 있으나, 인간의 스승이야 만나기 어렵다(經師易得 人師難得)"라는 속담을 넣었다.

간단한 이야기 같지만 음미해 보면 참 깊은 뜻이 담긴 내용이다. 조선시대에야 사서육경(四書六經)을 달달 외우고 또 그 깊은 뜻을 이해하며 제자백가(諸子百家)나 온갖 사서(史書)까지 모두 가르치는 스승을 만날 수는 있지만, 그보다 더 사람다운 사람을 길러 내는 스승을 구하기는 참으로 더 어렵다는 뜻이다. 요즘 전공과목 하나만 달달 외워 가르치는 스승이야 어디서나 만날 수 있지만, 높은 인격과 훌륭한 품성으로 인간을 변화시켜 줄 스승은 구하기 어렵다고 여기면 쉽게 이해되는 의미이다.

오늘날 우리의 불행은 바로 거기에 있다. 알량한 지식을 전달하는 스승이야 많지만, 사람을 가르치는 스승이 많지 않은 것이 문제이다. 다산은 형님인 정약전에게 보내는 편지에서 이런 문제에 대해 여러 이야기를 했다.

> 불교에는 교법(敎法)과 선법(禪法)이 있기 때문에 경전의 스승들은 만년에 모두 좌선을 통해 연구하는 수가 있습니다. 나도 좌선공부나 하고 싶은데 좌선이 경전공부보다 어려우니 감당할 수가 있을지 걱정입니다. 주자는 경사(經師)였고 육상산(陸象山)은 선사(禪師)였습니다. 경사는 우(禹)나 직(稷)에 가깝고 선사는 안회(顔回)나 양주(楊朱)에 가까운 분이라고 하겠습니다.

이렇게 보면 아무나 스승일 수가 없다. 안회처럼 안빈낙도(安貧樂道)하는 철저한 견인주의자가 선사라고 했으니, 경전을 통해 진리를 찾는 경사보다는 견인주의적 인내와 고뇌를 통해 도를 얻는 선사가 되는 일이 더 어렵다는 것을 이해해야 한다. 진짜 경전에 밝은 학자도 참스승일 수 있지만 선사에 오른 참다운 수양공부가 된 스승이 더 진짜 스승일 수 있다는 데 주목할 필요가 있다.

우리가 중고등학교 다닐 때나 대학 시절에는 참 높은 인격의 스승을 몇 분은 기억하고 있다. 그러나 요즘은 나 같은 사람이야 거론할 필요도 없지만 참다운 인사(人師)나 선사(禪師)가 없는데 스승의 날이라고 정해 놓기만 해서야 도대체 무슨 의미가 있을까. 사람을 가르치는 일에 종사하는 사람들, 이제부터라도 다산이 요구했던 스승이 될 수 있도록 좌선에라도 빠져 보면 어떨까.

선비란 누구인가

선비의 전문성

명색이 선비라면 한 가지의 재예(才藝)는 지녀야 한다. 그 재예가 정통하여 전문적인 저서 한 권이라도 남겨야 세상을 살고 갔다는 흔적이 남겨진다는 것이 다산의 주장이다.

중국 전한(前漢)의 사마천은 기전체(紀傳體)의 효시인 『사기(史記)』라는 불후의 통사 역사책을 남겼다. 『사기』의 구성이 재미있게 되어 있다. 제왕의 연대기인 본기(本紀) 12편, 제후왕을 중심으로 한 세가(世家) 30편, 역대 문물제도의 연혁에 관한 서(書) 8편, 연표인 표(表) 10편, 시대를 상징하는 뛰어난 개인의 활동을 다룬 전기인 열전(列傳) 70편, 총 130편으로 구성했다.

열전의 첫머리에는 도덕적 인간의 상징인 백이숙제(伯夷叔齊)의 열전을 싣고, 마지막에 이(利)를 좇는 상인의 「화식열전

(貨殖列傳)」으로 끝을 맺었다. 최고의 도덕성에서 시정잡배의 이욕에 이르는 대서사시가 다름 아닌 사기열전이다.

이런 「화식열전」을 독실하게 연구하여 자세한 주석을 단 선비가 있었으니 바로 다산의 아버지 정재원(丁載遠)의 막역한 친구인 경기도 양평 출신 동산(東山) 정양흠(鄭亮欽)이다.

다산의 글 「동산자 화식전주에 대한 발문(跋東山子貨殖傳注)」에 나오는 이야기이다.

> 『화식전주』 1권은 동산처사 정양흠이 편찬한 책이다. 정공은 성품이 침후(沈厚)하고 학식이 넓고 높아 정승의 지위에 오를 수 있는 분으로 기대를 받았으나 지평의 산속에 숨어 살다가 끝내는 포의(布衣)로 세상을 마쳤으니 알 만한 사람은 애석하게 여겼다. 유독 우리 아버님과 잘 지내셔서 지나실 때마다 담론을 즐기셨다. 전에 자신의 편찬서인 『화식전주』를 아버님께 보여 주시자, 바로 한 권을 베껴 두라고 하셨다. 마침 병진년(1796) 내가 규영부(奎瀛府)에서 책을 교정하는 일을 맡고 있었는데 정조대왕께서 『사기』에 관한 모든 주(注)를 널리 구하고 계셨다. 「화식열전」에 대하여는 특별히 더 관심을 두고 주를 구하던 때여서 정공의 주석서가 마침내 채택될 수 있었다. '아아! 선비가 한 가지 재예에 정통함이 있기만 하다면 끝내는 한 차례 이름을 날리게 된다.(嗟乎 士苟有一藝之精 終有一顯)' 후학들이여! 그런 점에 힘쓸지어다.

세상에 많기도 많은 학자들, 한 가지 재능에라도 정통한 학식을 지녔나를 점검해 보자. 산골에 숨어 살던 이름 없는 선비의 책이 국가에서 간행하는 책의 중요 자료로 채택되었다는 정 처사(鄭處士)의 이야기를 잊지 말자. '일예지정(一藝之精)'이라도 있을 때에만 채용된다는 점도 기억하자.

선비의 윤리

다산은 현실에 뿌리를 내리지 못한 학문이나 철학을 연구하면 반드시 큰 학자로 인정받을 수 없다는 것을 누누이 강조했다. 인간이라면 기본적으로 행해야 할 윤리적 책임을 먼저 완수하고 난 뒤에야 학문도 있고 철학도 있지, 현실에서 동떨어진 이론과 논리만으로의 학문은 무의미하다는 것을 자주 말했다. 때문에 다산은 공자 이래의 유교에서 역점을 두는 효제(孝弟)에 대한 철저한 실천으로부터 학문은 시작되고, 학문의 바탕은 바로 효제에 있다는 것을 거듭 주장했다.

> 근세의 학자들은 겨우 학문한다는 이름만 얻게 되면 곧바로 거만해지고 도도해진다. 천(天)이니, 이(理)니, 음(陰)이니, 양(陽)이라 지껄여 대며, 벽에다가 태극팔괘(太極八卦)와 하도낙서(河圖洛書) 등을 그려 붙이고는 자칭 완미(玩味)하고 탐색(探索)한다고 하면서 어리석은 일반인을 속여먹는다. 그렇지만 그의 부모는 추위에 떨고 굶주림에 시달려야 하며, 병들어 죽음에 이르러도 태연히 돌

봐주지도 않으며, 아예 습관이 되어 애써서 해결하려고도 하지 않는다. 이렇게 되면 완미하고 탐색하면 할수록 학문과는 더욱 멀어지는 꼴이 된다. 진실로 부모에게 효도를 제대로 할 수 있는 사람이라면 비록 학문을 하지 않은 사람이라도 나는 반드시 학문을 한 사람이라고 말하겠다. _「곡산향교에 유시하여 효를 권장하는 글(諭谷山鄕校勸孝文)」

200년 전 다산의 말씀은 바로 오늘 우리가 살아가는 세상 사람들에게 경고해 주는 말과 같다. 돈을 벌기 위해 부모를 돌보지 않는 사람들, 권력을 쥐고 높은 지위에 오르려고 부모를 잊고 사는 사람들, 출세를 위해서 부모나 형제도 돌아보지 않는 요즘 사람들, 다산의 이야기에 마음을 기울여야 할 것 같다.

학문이 높고 철학이 깊어 일세의 추앙을 받는 사람이라도 부모형제를 팽개치고 혼자만 잘 되면 무슨 의미가 있겠는가. 튼튼한 윤리의식을 지녀 인간의 기본적인 행동에 충실한 이후에 돈과 권력이 의미가 있지, 그렇지 않고는 실용적일 수 없다는 뜻이어서 우리들의 마음을 울린다.

다산은 부모형제를 배반한 어떤 사람과도 친구로 사귀어서는 안 된다고 경고했다. 제 부모형제에게도 잘하지 못하는 사람이, 친구인 남에게 잘한다는 것은 반드시 위선이 개재되어 있을 수밖에 없다는 것이다.

학자나 현자를 외면해서야

전문가와 원로를 예우해야 한다

옛날이나 지금이나 귀인으로 대접받아야 할 사람은 학자이다. 그래서 옛날에도 학자 한 사람은 정승 세 사람을 감당한다면서 학자 한 사람이 있는 집안은 정승 셋을 배출한 집안보다 더 우대한다고 했다. 학문에 버금가는 일은 행실이다. 독실한 행실이 있는 사람 또한 학자처럼 우대해야 한다고 했다. 그래서 『목민심서』 '거현(擧賢)' 조항에서 목민관의 행동지침을 말했다.

> 경전을 깊이 연구하고 행실을 돈독하게 닦는 선비가 있으면 마땅히 몸소 그를 방문하고 명절에도 문안을 살펴 예의 뜻에 맞게 해야 한다. 部內有經行篤修之士 宜躬駕以訪之 時節存問 以修禮意

다산은 학자와 선비 우대에 대한 더 자세한 이야기를 했다. 서울이나 근기(近畿) 지역에야 명사들이 너무 많아 모두에게 우대하고 존문(尊問)하기가 어렵지만, 먼 시골 지방에서는 귀한 사람이나 어진 이에 대하여 마땅히 경의를 표해야 하고, 평소에 친분이 없던 사람이라도 찾아보며, 명절에는 술과 고기를 보내는 일을 그쳐서는 안 된다고 말했다.

아무리 오두막집의 궁한 선비라 하더라도 학행을 닦아 명성이 고을에 자자한 사람은 마땅히 몸소 방문하여 싸리로 만든 사립문이 빛나게 해야 한다면서, 그렇게 하는 일이 바로 백성들에게 착한 일을 하면 대접받을 수 있다는 본보기가 되니, 그런 일이 '백성들에게 선을 권하는 일(勸善于民)'이라면서 목민관은 의당 그런 일을 해야 한다고 강조했다.

학문이 깊은 학자나 만인의 모범이 되는 행실을 하는 선비가 오히려 무시당한 지 오래이다. 오직 돈이 많은 사람, 권력이 높은 사람만 대접받고 귀한 사람으로 여기는 오늘의 세상에서 다산의 말씀은 역시 의미 깊게 새겨야 할 내용이다.

은(殷)나라의 유신(遺臣)으로, 상용(商容)이라는 사람이 학문과 덕이 높았다. 고대의 주(周)나라 무왕(武王)은 그가 사는 마을을 지나면서 집을 방문하여 경의를 표했다.

후한(後漢)의 진중거((陳仲擧)라는 높은 벼슬아치는 고을의 태수(太守)가 되어 부임하자 집무실에는 들르지도 않고 그 지방에 숨어 살던 고사(高士)의 이름을 듣고 직접 방문하는 일부터 했다. 그분의 이름이 서유자(徐孺子)인데, 주변 사람들이 먼저 집무실에 들른 뒤에 가야 한다고 했으나, 진중거는 그들의 요구를 거절하고 곧장 서유자를 찾아가면서, 무왕도 상용을 먼저 방문했는데 "내가 어진 이에게 예를 다함이 무슨 잘못인가.(吾之禮賢 有何不可)"라고 말하며 서유자에게 경의를 표했다.

그렇다. 무왕이나 진중거 같은 현명한 군주나 고관은 역시 하는 행동이 달랐다. 비록 권력에서 멀리 있고 돈에서도 무관하게 살아가는 어진 이라면 '현현(賢賢)'의 도리, 어진 이는 반드시 어진 이로 대접해야 한다는 성현의 뜻에 따라 그런 일을 해내고 있었다. 오늘의 고관대작이나 목민관들, 자기만이 가장 어질고 똑똑하다고 생각하지 말고 숨어 사는 어진 이들을 예우하는 일에 게으르지 말아야 한다.

세종대왕과 효종대왕

세종과 효종의 뛰어난 업적

화창한 봄 날씨, 뜨락의 홍매화는 이미 이울었지만 봄바람이 간절해 세종대왕릉과 효종대왕릉이 있는 여주를 찾았다. 한 번쯤은 반드시 참배해야 한다고 여기던 차였다. 영릉(英陵)·영릉(寧陵), 한자야 다르지만 한글 음으로는 모두 영릉이다.

조선왕조 500년, 27명의 임금이 재위했다. 일국의 제왕으로 역사적인 업적을 남긴 임금은 많지 않았지만, 조선 전기의 세종대왕과 후기의 정조대왕만은 우리가 잊어서는 안 될 임금이라고 나는 믿고 있다. 그 중간에 비록 재위 기간이야 짧았지만, 획기적인 업적을 남긴 효종대왕 또한 잊을 수 없는 임금이다. 세종은 재위 32년에 54세로 생을 마쳤고, 효종은 재위 10년에 41세로 서거하고, 정조는 재위 24년에 49세로 세상을 떠났다.

『기년아람(紀年兒覽)』이라는 역사책을 살펴보니, 세종의 대표적인 업적으로 첫째가 경연(經筵)을 처음으로 열어 임금과 신하들이 궁중에 모여 앉아 경전을 강론하고 국가시책을 토론하는 제도를 창설했다는 사실이다. 경연의 중요성은 생략한다. 두 번째가 대마도 정벌이다. 대마도를 우리 국토에 포함시켰다는 사실이다. 다음은 집현전 설치로, 젊은 문학지사 20명씩을 뽑아 인재를 양성하는 일을 전담케 했다. 또 호당(湖堂)이라는 학당을 만들어 젊은 선비 벼슬아치들이 사가독서할 기회를 제공했다. 『오례의(五禮儀)』·『삼강행실도(三綱行實圖)』 등의 도서편찬사업도 시행했다. 야인(野人)을 정벌하고 육진을 개척한 일과 훈민정음을 창제한 사실이 대표적인 업적이라고 기록되어 있다.

효종대왕의 업적으로는 대표적인 대동법(大同法) 시행을 들었다. 조선의 임금 중에 세종과 효종은 역시 성군이었음을 기억해야 한다.

『목민심서』에 많은 임금이 거론되어 있지만, 백성을 위하고 민생을 돌봐준 대표적인 임금으로는 역시 세종과 효종을 많이 거론했다. 정조에 대해서는 너무 많아 생략한다.

> 세종 12년에 임금이 명령을 내렸다. 사람의 오장(五臟)은 등(背)에 가까운데 관리들이 고문할 때 등을 쳐서 인명을 손상시키는 경우가 많다. 이제부터는 등에 매질하는 법을 없애노니 어기는 사람은 엄한 죄를 주겠다. 감옥에 갇힘과 채찍의 아픔은 사람들이 모두 괴로워하는 바이니 이제부터는 15세 이하와 70세 이상인 경

우 살인강도가 아니고는 구속하지 못하며, 80세 이상과 10세 이하는 비록 죽을죄를 범했다 해도 구속하여 고문하지 말고 사람을 불러 증거하도록 해야 한다.

어린 사람과 노인에게는 고문과 구속을 하지 말라는 인권보호의 위대한 조치를 취한 임금이 세종이었다. 이 내용은 『목민심서』 '신형(愼刑)' 조항에 들어 있는 사항이다. 다음은 '휼수(恤囚)' 조항에 들어 있는 사항이다.

효종 2년에 하교하기를 이 추운 계절을 맞이하여 얼어붙은 옥중에 갇혀 밥도 배부르게 먹지 못하니 내가 이를 측은하게 여긴다. 해당 관서는 옷을 지어 주고 땔감도 함께 주도록 하라. 각도에 알려 얼어 죽은 사람이 나오지 않도록 죄수들을 보살피라.

세종과 효종의 왕릉을 찾아온 보람을 『목민심서』를 읽으며 느꼈다. 그런 인도주의 정신이 가득한 어진 임금들이 우리나라에 있었던 것만으로도 자랑스러웠다. 고문으로 생사람을 죽이고 고문으로 간첩을 조작했던 일이 얼마 전까지의 일인데, 500년 전에 세종의 고문폐지 주장이 있었다는 것은 얼마나 위대한 일인가. 양광이 따스하게 쪼이는 봄날, 왕릉을 거니는 재미가 거기에 있었다.

동아시아를 탐구한 다산과 추사

청나라의 문물을 받아들여야 한다

슬프다 우리나라 사람들　　嗟哉我邦人
주머니 속에 갇혀 사는 듯　　辟如處囊中
삼면은 바다로 에워싸였고　　三方繞圓海
북방은 높고 큰 산이 굽이쳐 있네　　北方縐高崧

「내 뜻을 밝히다(述志)」라는 시로, 21세에 다산이 지은 시의 한 구절이다. 온몸이 언제나 움츠려서 기상과 큰 뜻조차 펴지 못하던 민족의 현실을 비탄의 심정으로 읊으면서 주자학 이외의 외국 문물이나 학문 사상에도 관심을 기울여야 한다는 외침이 다산의 시에 담겨 있다.

본디 '왜구'의 침략으로 고달파하던 신라나 고려 때에도 일본은 언제나 '왜'라고 비하했고, 병자호란 이후 중국인 청나라도 오랑캐에 불과하다고 비하하면서 일본의 학문이나 청나라의 문물에는 관심을 쏟지 않던 사회적 분위기가 오랫동안 지속되었다.

그러나 17세기에 실학자들이 등장하면서 그러한 분위기가 바뀌기 시작했고, 18세기 들어 서양의 학술이 전래된 청의 문물을 배워야 한다는 북학주의가 사회의 전면으로 등장했다. 더 나아가 다산에 이르면 '왜'인 일본의 학문과 사상이 대단한 수준에 이르렀다면서 일본의 유학사상에 마음을 기울이는 열린 자세를 견지하였다. 다산보다 더 후대인 추사 김정희에 이르면 청의 문물에 더 후한 점수를 주었다.

조선이라는 조그만 나라에 갇혀 오로지 명나라의 중화사상만 숭배하면서 일본이나 청나라는 얕잡아보는 분위기가 주를 이루던 시절에 다산이나 추사는 일본이나 청나라의 학문과 사상의 수준이 얕볼 정도가 아니라 우리보다 더 높은 수준에 이르렀다는 평가를 하면서 그들 나라의 서적을 구입해 검토하고 분석하는 작업에 게으르지 않았다.

특히 아들에게 보낸 편지글에서는 백제를 통해 학문을 배워가던 일본이 중국과 직접 교류하면서 좋은 서적들을 구입해 연구를 계속한 데다, 과거(科擧)라는 나쁜 제도가 없는 덕택에 창의적인 학문을 했던 이유로 문학(文學)이 우리나라를 멀리 뛰어넘었으니 '매우 부끄럽다(愧甚耳)'라는 표현까지 사용했다. 그러면서 다산은 「일본론(日本論)」이라는 두 편의 논문을 통해, 그만한 학문과 문학의 수준에 이른 나라이니 이제는 이웃나라를 침략하거나 노략질하는 야만에서 벗어났으며, 일본에 대해서는 안심해도 된다는 판단까지 하기에 이르렀다.

한중일의 평화와 번영을 염원하며

그렇다면 다산은 '양이(洋夷)'라는 서양, '왜이(倭夷)'라는 일본에 대하여 전혀 편견을 지니지 않은 포용력이 큰 학자였음에 분명하다. 이른바 세계화 마인드를 일찍부터 지녔던 학자라는 평을 들을 만한 분이다. 1836년 75세로 다산은 세상을 떠났고, 서양의 과학사상이나 일본의 경학에 아무도 관심을 기울이지 못하면서 74년이 흐른 1910년, 일본은 끝내 다산의 믿음을 배반하고 조선을 침략하여 멸망시키고 말았다.

최근 일본 수상의 방한으로 우리나라 대통령이 다산이 일본을 배워야 한다고 했다는 화두를 꺼내 세상의 화제가 되고 있다. 일본 학자들의 문장이나 학문이 훌륭하다고 생각한 다산의 판단이 무색하게, 노략질과 침략의 근성을 버리지 못했던 과거사도 대통령이 한마디 언급했다면 더 훌륭한 화두가 되지 않았을까 하는 생각도 들었다.

다산의 방대한 학문분야는 역사적으로 큰 오류가 많지 않은데, 오직 일본에 대한 판단이 잘못되었다는 학자들의 지적에 답하는 뜻에서라도, 이제라도 일본은 전쟁범을 숭배하는 신사참배 문제와 독도가 자기네 땅이라는 망상에서 벗어나기를 다산의 이름으로 경고하고 싶다.

다산과 추사의 열린 마음과 태도에 대하여 학술적으로 정리한 책이 임형택 교수가 지은 『한국학의 동아시아적 지평』이다. 책의 제2부 「17~19세기 동아시아 세계의 상호교류」라는 제목의 글에서 19세기의 다산과 추사에 주목하고, 당시의 청나라·일본·조선이라는 세 나라를 동아시아라는 권역에 포함하여 이들 세 나라에 '이성적 대화'라는 개념을 도입하여 학술교류의 여러 측면을 고찰하였다. 조선의 실학연구를 조선이라는 나라에 국한하지 않고 이웃 나라인 한일·한중·중일의 지평으로 실학연구를 확대해서 정리한 학술작업이다.

21세기, 동아시아의 외교적 마찰이 빈번하고 일본의 극우정권이 과거사의 반성은 팽개치고 자국의 이익 극대화에만 몰두하는 지금, 우리 지식인들은 과거 어렵던 시절에도 학문을 통한 '이성적 대화'를 했던 역사를 되돌아볼 필요가 있다. 그런 학문 경향 속에서 한·중·일 3국의 평화와 번영을 염원하는 뜻을 발견하고, 상대방 나라의 학문과 사상에 대한 올바른 평가를 통해 상호 교류가 확대되는 이성적 대화가 가능하다면 꼬일 대로 꼬인 3국의 문제에 일루의 희망이라도 있지 않을까라는 생각이 든다.

부끄러움을 모르는 세상

이 나라는 어디로 가고 있는가

옛날의 경전을 읽어 보면 맹자처럼 부끄러움에 대한 논의를 많이 했던 사람은 찾기 어렵다. 동양철학 핵심의 하나인 '사단(四端)'에서 "수오지심(羞惡之心)은 의(義)의 단(端)"이라는 정의를 내려 부끄러울 치(恥)와 수오지심을 함께 거론하여 인간 내면의 수치스러움에 대해 자세한 설명을 했다. 『맹자』에서 "사람에게 부끄러워함은 중대한 일이다.(恥之於人大矣)"라고 선언하여 수치심이 인간의 삶에서 지니는 의미가 대단하다는 말을 했다.

주자는 부연해서 설명한다.

"부끄러움이란 나의 마음속에 지닌 고유한 수오지심이다. 부끄러운 마음이 있다면 성현의 지위에 나아갈 수 있으나 부끄러운 마음을 잃어버리면 짐승의 세계로 들어가 버리니 매우 중대한 일이다."

다산은 "그 남만 같지 못함을 부끄러워하지 않는다면 어떻게 남과 같은 일을 할 수 있겠는가.(不恥不若人 何若人有)"라고 해석하여 착한 일을 하는 사람과 같은 일을 하지 못함을 부끄러워할 때에만 남과 같이 착한 일을 할 수 있기 때문에 부끄러움이 없다면 주자의 설명처럼 짐승의 세계로 추락하고 말 것이라는 의미로 설명했다.

맹자·주자·다산의 부끄러움에 대한 의미를 종합하면, 인간은 자신의 잘못에 부끄러움을 느끼고 반성하고 후회할 때 진보할 수 있지만, 잘못을 저지르고도 부끄러움을 느끼지 못한다면 짐승과 어떤 차이가 있겠느냐는 뜻을 표현한 것이다.

그러나 최근 이 나라 역사를 되돌아보면 잘못을 저지르고도 부끄러운 마음은커녕 오히려 무엇이 잘못이냐고 당당하게 대들어야만 잘나가고 크게 출세하는 역사였음을 부인하기 어렵다.

조선왕조 말엽, 매국노들은 전혀 부끄러워할 줄 모르고 훈장을 자랑스럽게 여기며, 친일에 앞장서야만 고관대작이 되어 권력과 부를 누리며 떵떵거리고 살았다. 왜정 36년간 친일파만 승승장구로 부귀호강을 누렸고, 해방을 맞아서도 친일파만 고관대작의 지위를 유지하며 호의호식하고 살았다. 부끄럽기는커녕 애국자로 둔갑하여 자랑스러운 생을 유지했다. 세상이 아무리 바뀌어도 독재시대를 주도한 권력자들은 어떤 정권에서도 부끄러움을 모르고 승승장구 잘나가는 삶을 살았다.

요즘 더욱 그런 현상이 심화되면서 헌법에 위반되고 법률에 어긋나는 행위를 하고도 궤변만 제대로 늘어놓으면 만사가 해결되어 승진하고 더 대접받는 지위에 오르고 있으니, 맹자·주자·다산이 살아 있다면 이제는 어떤 논리로 우리에게 설명을 할 수 있을까.

세상이 무섭다. 분명하게 저지른 범죄행위나 몰염치한 처신에도 아무런 부끄러움 없이 당당하고 뻔뻔하게 큰소리만 치고 있으니, 이 나라가 가는 방향은 어디일까. 철면피가 아니고 후안무치한 인간들이 아니고서는 대접받고 살아가지 못하는 세상, 하늘에 호소해도 하늘은 귀를 닫고 철면피들에게 벌을 내리지 않으니 어찌해야 할까.

거짓말 천국에서 벗어나려면

헛소리 퍼트리는 세상은 아니어야

황(謊)이라는 글자를 아는지. 『한한대자전(漢韓大字典)』을 찾아보면 '황'의 뜻은 여러 가지가 있다. 헛소리하다, 거짓말하다, 속이다, 흔들리다, 두려워하다 등의 여러 의미가 있다. '살(撒)'이란 살포하다는 뜻이 있어서, '살황'이란 헛소리를 퍼트리다, 거짓말을 퍼트리다라는 의미로 해석하면 되겠다.

다산은 귀양살이 할 때 고향에 있는 두 아들에게 많은 편지를 보내 학문을 가르치고, 삶의 도리와 인생의 지혜를 한도 끝도 없이 일러 주었다. 어느 날 보낸 편지 한 통이 요즘의 세태에도 부합되는 것 같아 읽어 본다.

우리 아버지 3형제분이나 우리 정씨 가문에서 이름 있는 분들, 즉 종중에 명망이 있던 모든 분들이 일찍이 말 한 마디라도 황설(荒說, 거짓말·헛소리)을 했다가 남에게 탄로되었다는 이야기를 들은 적이 없다. 나는 지금까지 살아오면서 많은 사람을 보아 왔는데, 비록 고관대작이라 하더라도 그들이 했던 말을 공평하게 검토해 보면, 열 마디 말 중에 일곱 마디는 헛소리이거나 거짓말이었다. 서울 거리에서 자라난 너희들은 이런 거짓말하는 습관에 잘못 물든 게 없는지 모르겠다. 이제부터라도 헛소리나 거짓말을 하지 않도록 온 힘을 기울여라.

황당무계한 소리, 헛소리, 거짓말, 근거도 없고, 사실도 아니고, 믿을 수도 없는 말들을 퍼트리고 해대는 세상이 바로 우리가 살아가는 오늘의 세상이다. 순진무구한 시골 사람들이야 거짓말을 하려 해도 꾸며 댈 말조차 없지만, 다산의 말처럼 서울 거리에서 살다 보면 잘못된 것을 듣고, 보고, 배워서, 거짓말에 익숙해 있다는 데 대하여 수긍하지 않을 수 없다.

더욱 놀라운 사실은 고관대작들의 말 중에 열에서 일곱이 헛소리이거나 거짓말, 아니면 근거 없는 황당무계한 말이라니 말문이 막힌다. 조선시대는 그래도 요즘보다는 훨씬 더 순박한 사람들이 살던 때인데, 요즘 같은 세상에서는 어떤 정도일까 생각해 보면 말문이 막히지 않을 수 없다.

지금 세상은 온통 거짓말의 홍수 시대이다. 바야흐로 거짓말 천국에서 살아가는 셈이다. 마음도 불편한데 분위기까지 요란해 안정된 마음을 지닐 수 없는 세월이다. 누구 말은 믿고 누구

말은 믿지 않아야 할지 알 수가 없는 혼란스러운 판국이다. 어떻게 해서 이런 세상이 되어 버렸을까.

믿음과 신뢰가 없는 세상처럼 사람을 불안하게 하는 것은 없다. 믿을 수 있는 사람이고 믿을 수 있는 세상이려면, 우선 속임수를 부리는 사람이 없어야 한다. 세상에서 가장 나쁜 일은 남을 속이는 일이다. 그래서 다산은 남을 믿게 하려면 속이는 일부터 멈추라고 했다.

> 하늘 땅 사이에 살아가는 사람이라면 가장 귀하게 여길 것은 성실함이니 조금이라도 속임이 없어야 한다. 하늘을 속이는 것이 가장 나쁘고, 임금과 어버이를 속이는 것부터 농부가 농부를 속이고, 상인이 상인을 속이는 데에 이르기까지 모두 죄악에 빠지는 것이다. 人生兩間 所貴在誠 都無可欺 欺天最惡 欺君欺親 以至農而欺耦 商而欺伴 皆陷罪戾 _「또 두 아들에게 보여 주는 가계(又示二子家誡)」

다산은 이어서 또 말한다.

> 거듭 말하거니와 말을 삼가지 않으면 안 된다. 전체가 모두 완전하더라도 구멍 하나만 새면 이는 바로 깨진 옹기그릇일 뿐이요, 백 마디 말이 모두 믿을 만하더라도 한 마디의 거짓이 있다면 이건 바로 도깨비 장난에 지나지 않을 것이니, 너희들은 아주 조심해야 한다.

아무리 옳고 진실된 말을 하다가도 한 마디의 거짓말이 나오면 백 마디가 신뢰를 잃고 모든 말이 도깨비 장난에 이르고 만다고 하니, 말조심이 얼마나 중요한가를 말해 주고 있다.

그렇게 중요하고 그렇게 귀한 것이 진실된 말인데, 이런 생각에서 벗어나 우선의 이익을 취하기 위해 입만 벌리면 거짓이고 입만 벌리면 남을 속여먹는 말을 일삼고 있으니 도대체 어떻게 해야 할까. 아무리 완벽한 꾀를 부려 지껄이더라도 거짓말이란 몇 사람이야 속일 수 있지만, 결코 모두를 속일 수는 없다. 아무리 뛰어난 속임수도 일시적으로 남을 속일 수는 있어도 영원히 속일 수는 절대로 없다. 하늘과 땅이 보고 듣고 있으며, 귀신과 모든 백성이 듣고 보고 있기 때문에, 절대로 완벽하게 속일 수는 없다.

거짓과 가짜의 장막을 걷어 내야

요즘 우리 국민들이 즐겨 시청하는 방송 채널에서 '가짜 뉴스'에 어떤 것들이 있고, 그런 가짜 뉴스에 절대로 속아 넘어가서는 안 된다는 이야기를 밤마다 보도하고 있다. 거짓말이 판을 치고 가짜가 진짜를 압도하는 세상이 되다 보니 '뉴스'라면 사실일 것이라고 믿고 사는 사람들에게 가짜가 진짜로 둔갑해 버린 오늘, 우리 국민은 어떤 말을 믿으며 어떤 뉴스를 믿고 살아갈 수 있을까. 참으로 암담한 세상이 되어 버렸다.

세상에 없는 잘못을 저지르고도 그 일이 잘못된 일임을 숨기며 자기들이 했던 일은 옳고 바르며 가장 정당하게 행한 일이라고 강변하는 지경에 이르렀으니, 이런 판국에 어떻게 진짜와 가짜를 가릴 수 있으며, 무엇이 진위(眞僞)인가를 구별할 수 있는 판단기준 자체가 애매모호해져 버린 상태이다. 남을 속여야만 자신의 권력을 유지할 수 있고, 자기 자신까지 기만해야만 생존이 가능하다는 철저한 이기심, 이런 본능을 제어할 도덕적 가치가 없어져 버린 오늘의 현실은 참으로 불행한 세상이다.

> 한두 명의 음흉하고 사악한 사람들이 주둥아리를 놀려 10년이 넘도록 유언비어로 선동하고 현혹시켜서 정권을 쥔 사람들의 귀에 익도록 해 놓았으니, 권력자들이 무엇을 알겠는가. 평소에 그들을 죽여야 한다고만 익히 알고 있다가 이때에 이르러 죽였을 뿐이다.
> _「정헌 이가환 묘지명(貞軒李家煥墓誌銘)」

사실이 아닌 내용으로, 즉 '가짜 뉴스'를 계속 지껄여서 상대방을 현혹시켜 끝내는 아무런 죄가 없는 사람을 죽였던 과정을 설명해 주고 있다. 다산 자신이 자기보다 더 천재이고 박학다식하다고 여겼던 학자 이가환이 천주교 신자가 아니면서 신자로 몰려 죽었던 억울한 사건을 설명한 글의 한 대목이다.

> 당파싸움하는 사람들이 음모를 꾸민 진산사건(珍山事件, 윤지충 옥사) 때 고문으로 사건을 조작하였으니, 을묘년(1795) 여름에 권일

신·주문모와 서양 선박을 맞아들일 의논을 하여 은(銀) 마흔 냥을 각출하자고 했다는 말이 나오도록 했으며, 혹은 경술년(1790) 가을에 이미 논의가 있었다고 했다. 슬프다! 권일신은 신해년(1791)에 이미 죽었는데 을묘년 의논에 어떻게 참여할 수 있었단 말인가. 주문모는 을묘년에 처음으로 중국에서 들어왔는데 경술년의 의논에 어떻게 참여할 수 있었단 말인가. _위의 글

성립 자체가 불가능한 '가짜 뉴스'를 턱없이 꾸며 내서 공조판서까지 지낸 중신이자 천재학자인 이가환을 죽인 신유옥사의 참상을 낱낱이 폭로하였다.

이가환의 참극은 거기에 그치지 않고 다산 자신 또한 천주교 신자가 아니면서도 가짜 뉴스에 얽혀 끝내는 18년의 긴긴 유배살이를 하고 말았다. 200년이 지났으나 이가환과 다산의 억울함은 지금까지도 명확히 밝혀지지 않았으니, 거짓은 그렇게 큰 화란을 일으켜 역사를 후퇴시키고 말았다.

요즘 가짜 뉴스를 양산해 내는 단체들이 SNS를 통해 퍼트리는 근거 없는 뉴스들은 또 어떤 큰 화란을 가져다 줄 것인지 참으로 한심스럽다. 거짓과 가짜의 장막을 벗기고 떳떳하고 광명한 세상이 오게 해야 한다. 그 일은 현명한 우리 국민들의 몫일 뿐이다.

거짓과 속임수가 성공하는 경우도 있다. 그런 성공은 반드시 순간적이고 일시적이다. 언젠가는 탄로나서 성공의 몇 십 배에 이르는 큰 불행을 불러오니 일시적 성공일 뿐이다.

천주학쟁이라는 호칭의 비극

아직도 종북인가

'한국의 괴벨스들에게 부치는 글'이라는 신문기사를 읽다가, 인터넷에서 '괴벨스'를 검색해 보았다. 파울 요제프 괴벨스(1897~1945)는 1933~1945년까지 나치 독일 제국선전부 장관을 지내며, 미화·과장·단순화·딱지부치기·감정이입 등의 선전술책으로 독재권력 유지에 혈안이 되었던 사람이라고 나온다. "나에게 한 문장만 주면 누구든 감옥에 보낼 수 있다."고 괴벨스는 큰소리치기도 했다. 정말 무서운 선전술로 수많은 반나치 인사를 참혹하게 만들었던 사람이다.

요즘 우리 사회에는 '종북쟁이', 즉 종북주의자들에 대한 비판이 거세지고, '종북'이라는 혐오스러운 단어 하나 때문에 국민의 기본적인 자유와 인권이 크게 저해받을 지경으로 가고 있는 것이 사실이다. 더구나 많은 언론이 기회라도 잡았다는 듯 사실에 대한 정확한 파악도 없이 종북이라면 나쁠 수밖에 없다는 이유로 정부를 비판하거나, 정부에 반대 입장이라도 지닌 사람이면 호시탐탐 노리다가 종북의 딱지를 씌워 매도하는 경향이 갈수록 심해지고 있다.

1800년 6월 학자이자 개혁가인 정조대왕이 붕어하자, 개혁을 반대하며 정조의 정치에 불만이 있던 세력들이 들고일어나 정권을 잡았다. 권력을 잡은 세력은 반대파를 제거할 구실을 찾고 있었는데, 그 무렵 조선에는 서양에서 들어온 천주교라는 종교가 민간에 퍼지면서 보수적 논리에 반대하는 주장을 펴고 있었다. 그걸 구실로 삼아 보수파는 개혁파 제거를 위해 선전술이 필요했는데, 괴벨스 같은 몇몇 선동가들이 천주교 신자들을 '천주학쟁이'라고 밀어붙이면서 그들을 탄압하기 시작했다. 불행하게도 개혁파 일부 사람들이 실제로 '천주학쟁이'가 되어 있었기 때문이다. '천주학쟁이'를 몰아 탄압하고 죽이는 일이야 체제수호를 위해서 그랬다고 할 수도 있지만, 천주교를 믿지 않고 이미 거기서 진즉 벗어난 사람들까지도 자신들의 반대파이거나, 개혁적인 인물로 뒷날이 걱정되는 사람까지 '천주학쟁이'라고 모함하여 그냥 잡아다가 죽이거나 감옥에 넣거나 유배를 보내는 혹독한 탄압을 가했다.

> 서너 명 불여우 같은 자들이 모함하고 헐뜯고 짖어 대어 끝내는 수괴로 극형을 받게 하였다._「정헌 이가환 묘지명」

당시의 조선 괴벨스들이 모함하여 이가환을 죽이는 과정에 대한 다산의 설명이다.

> 채제공의 관작을 추탈하는 위원회를 조직하여 모두에게 직책을 주었는데, 감히 그 직책을 회피하는 사람이 있으면 곧바로 '천주학쟁이'라는 죄목으로 모함하여 사자나 호랑이처럼 으르렁대며 개나 양처럼 몰아 대고 독촉을 했다._「죽대선생전」

정조 치세의 최고 명정승이던 채제공까지 사후에 관작을 추탈하여 개혁파 세력을 깡그리 몰락시켰던 과정을 다산은 그렇게 설명했다.

색깔론이 이기는 세상

다산은 20대 초에 접했던 천주교로 인해 일생 동안 천신만고의 괴로움을 당해야 했다. '천주학쟁이'라는 딱지가 붙고 나서는 진즉 천주교에서 손을 끊고 천주교와는 반대편에 서서 온갖 행위를 계속했지만, 일만 터지면 정약용은 '천주학쟁이'였다는 색깔론으로 비방과 탄압을 면할 길이 없었다. 얼마나 괴롭고 힘들었으면 지엄한 정조임금에게 천주교에 관한 자초지종의 전말을 장문으로 작성하여 상소를 올렸겠는가. 비방받아야 할 이유가 없음을 자세히 변명하면서 벼슬까지 사직하겠노라는 상소여서 이름이 「비방에 대해 변명하고 동부승지를 사직하는 소(辨謗辭同副承旨疏)」이다.

> 천주교 책 속에는 윤상(倫常)을 해치고 천리(天理)를 거스르는 말이 진실로 이루 다 헤아릴 수 없이 많습니다. 그러나 그때는 제사 지내지 말아야 한다는 말은 없었습니다.

이 대목으로 보면, 1791년 신해옥사 이후 폐제(廢祭) 문제가 급부상되자 깜짝 놀라 천주교와는 완전히 마음을 끊었다는 자신의 생각을 낱낱이 임금께 아뢴 것이다. 임금이 그런 주장에 동의하여 다시는 정약용이 '천주학쟁이'라는 비난을 받을 사람이 아님을 국가적으로 인정받게 되었다.

그러나 세상은 그렇게 단순하지 않다. 정약용이 조금이라도 유리한 입장이 되거나, 벼슬이 조금이라도 올라 반대파의 마음이 불편해지면 곧바로 '정약용은 천주학쟁'라는 비방을 멈추지 않았다. 진짜 천주교 신자였다면 신유교옥이나 황사영백서사건 때 반드시 죽었겠지만, 신자가 아니라는 확증이 있었기 때문에 애초에 천주교에 관계했다는 이유를 들어 유배형을 당했다. 18년의 유배살이에도 비방은 끊이지 않았고, 해배된 뒤 18년의 고향집 생활 동안에도 비방이 멈추지 않았던 것을 기록을 통해 확인할 수 있다.

근거 없는 '색깔론'은 오늘에도 그 위력이 너무나 세다. 모처럼 국민의 기본권 옹호에 소신을 지켰던 법관이 출현했는데, 근거 없는 색깔론을 뒤집어 씌워 헌법재판소 소장의 자리에 오르지 못하게 하는 불행한 일이 벌어졌다.

민주주의 국가에서 정당은 너무나 중요한 역할을 한다. 정당 소속원 중에서 몇몇 사람이 법을 위반했다면 위반한 범법자야 법대로 처벌할 수 있지만, 정당 자체를 해산시킨다는 것은 여러 가지로 법리 다툼이 있을 수밖에 없다.

이러한 법리논쟁에서 소수의견을 내었다고 색깔이 다른 법관이라는 '색깔론'으로 국회의 부결에 동참한 국회의원들에게 묻지 않을 수 없다. 과거 권위주의 시대의 '색깔론'에도 지긋지긋 신물이 나는데, 아니 언제까지 '색깔론'으로 높은 자격의 소유자들을 매장시키려는가.

북한을 따르고 북한이 잘한다고 여기는 종북주의나 '종북쟁이'들, 그들이야 싫고 밉지만, 그들의 생각까지를 처벌할 수 있는 법의 조항도 없지만, 정부의 정책을 비판한다고 종북쟁이로 매도하여 탄압하는 일은 참으로 맹랑한 일이다.

다산도 천주학쟁이로 모함받아 18년의 귀양살이를 했지만, 그가 결코 천주교 신자로 남아 있지 않았던 것도 역사적 사실이다. 정부의 정책이 비판받지 않으려면 옳은 정책을 펴면 되는 것이고, 반대파를 탄압하려면 정확한 법률 적용이 요구되지, 종북쟁이다, 천주학쟁이다라는 선전술로 탄압하는 일은 200년 전의 신유옥사와 다르지 않아 가슴이 아플 뿐이다.

언론은 임금의 잘못을 공격해야

사건의 진실에 눈감는 언론

역사를 잊고 살아가는 민족에게는 희망이 없다. 역사를 기억하며 치란흥망(治亂興亡)의 옛일을 거울 삼아 잘 다스려지고 흥성하던 때는 본받고, 난리가 나고 망했던 때는 다시 못 오도록 경계를 해야 한다. 본받고 경계할 일을 알려 주고 그렇게 하도록 이끌어 주는 것이 언론이 하는 일이다. 그래서 언로가 막히면 난리가 나고 나라가 망했던 것이 역사적 진실이다.

언론기관에서 일하는 사람을 예전에는 언관(言官)이라 했고, 요즘은 언론인이라고 한다. 언관이 아니면 언론활동을 하지 못하도록 되어 있으나, 때로는 벼슬아치라면 누구나 상소를 통해 언론활동을 할 수도 있고, 벼슬아치가 아닌 초야의 일반 선비도 상소를 통해 강력하게 임금을 공격할 수도 있었다. 진정으로 언로를 열어 주던 시대에는 그랬다.

전통시대에는 목숨을 걸고 임금을 공격한 언론인이 많았다. 고려의 우탁(禹倬), 조선의 조헌(趙憲)·최익현(崔益鉉) 같은 의인 언론인은 죽음을 무릅쓰고 나라에 항의했다. 이른바 '지부복궐상소(持斧伏闕上疏)'로 유명한 분들인데, 임금이나 정부가 국민의 소리에 귀를 막고 민심에 거역하는 정치를 할 때, 의분심이 강하던 그런 학자관인들은 도끼를 차고 대궐문 앞에 엎드려 강력한 상소를 올렸다. 정부정책에 반대하는 상소문을 올리고 상소내용대로 시정하지 않으려면, 도끼로 자신의 목을 베라는 무서운 언론활동이었다.

전제군주시대에도 참다운 벼슬아치가 상소를 할 때마다 빠뜨리지 않은 주장의 하나는 바로 '광개언로(廣開言路)', 즉 언로를 넓게 열라는 것이었다. 요즘 같으면 언론의 자유를 무한대로 보장하라는 뜻이다. 언로가 막히면 반드시 나라는 망하는 것이 역사의 거울이다.

도끼를 차고 상소하지는 못하더라도 기본이라도 지켜야 하는 것이 언론인의 임무가 아닐까. 요즘 몇몇 신문이나 방송은 임금의 잘못을 공격하는 일은 고사하고 사건의 진실에도 눈을 감으려 하는 경우가 많아 참으로 답답하다. 전제군주시대에도 그랬거늘, 21세기 이 개명한 시대에 언론이 정부의 홍보에나 열을 올린다면 말이나 되는가. 역사가 용서할까.

언론인은 지공지심을 지녀야

전 정권에서는 거대 방송사인 지상파 3개 매체조차 권력에 짓눌려 움츠리면서 제대로 권력을 비판하거나 성토하는 일을 하지 못했다. 그런 이유로 대부분의 큰 언론사 보도는 국민의 외면을 당했고, 오히려 규모가 작은 종편 방송사가 국민의 호응을 받으며 시청률이 높았던 것을 기억한다. 이른바 진보 쪽이라는 몇 신문을 제외하고는 대부분의 주류신문은 권력의 잘못을 비판하거나 성토하지 못했던 것이 그때의 실상이다.

이제 세상이 온통 변했다. 거의 모든 매체가 두려움과 거리낌없이 권력을 비판하고 성토하는 일에 한 치의 양보도 없다. 잘못하는 정권을 비판하는 일이야 언론의 본령이지만 트집과 꼬투리를 잡아 과장하고 왜곡하는 내용으로 권력을 비난하는 일이 이제는 상습적으로 진행되고 있다. 특히 보수 쪽이라는 신문이나 방송은 시작부터 끝까지 정부의 잘못과 과실을 나열하여 비난을 위한 비난만 거듭하고 있다.

언론은 본디 진실을 밝혀서 왜곡하는 일이나 거짓이 서식하지 못하도록 옳은 방향으로 가도록 정부도 비판하고 권력도 비판해야 한다. 그렇지만 오늘의 많은 언론 매체는 무한대로 획득한 언론자유를 방패 삼아 권력을 성토하고 비판하는 일에서 벗어나 현 정부와 권력을 증오하고 저주하는 수준에 이르렀지 않았느냐는 생각을 하게 된다. 잘못하는 정부와 권력이 잘하도록 비판하고 독려하는 일이야 당연하지만, 비난을 넘어 저주와 증오의 수준으로 욕하고만 있다면, 그것은 언론의 정도라고 말할 수 없다. 과거 권위주의 시대, 그렇게도 국민의 자유와 인권이 짓밟히고 있을 때, 그들 언론이 했던 일을 생각해 보면, 모든 것을 다 알게 된다.

200년 전에 다산은 언론인은 어떻게 해야 하는가를 글로 남겼다.

> 언관(言官, 사간원과 사헌부에 속하여 임금의 잘못을 간쟁하고, 관리들의 비행을 규탄하는 벼슬아치, 오늘의 언론인)의 지위에 있을 때에는 아무쪼록 날마다 적절하고 공정한 의론을 올려서 위로는 임금의 잘못을 공격하고 아래로는 백성들의 숨겨진 고통을 알리도록 해야 한다. 혹 사악한 관리를 공격하여 제거해야 하는 경우는 반드시 '극히 공정한 마음'으로 해야 한다. 남의 잘못을 지적할 경우에는 탐욕스럽고 비루하고 음탕하고 사치스러운 점만 지적해야지 편파적으로 의리(義理)에만 의거하여 자기와 뜻이 같은 사람이면 편들어 주고, 뜻이 다른 사람이면 공격해서 함정에 몰아넣는 식으로 해서는 안 된다._「학연에게 보여 주는 가계(示學淵家誡)」

언론인은 우선 지공지심(至公之心), 지극히 공정한 마음을 지녀야 한다. 한쪽의 의리에만 치우쳐서도 안 된다. 당동벌이(黨同伐異), 즉 같은 무리라면 무조건 편들고 다른 무리이면 공격해서 함정에 빠뜨리는 일을 해서는 안 된다는 것이 다산의 주장이니, 바로 오늘의 언론인에게 해 주는 이야기 같다. 민생의 미래나 국가의 장래는 내팽개치고, 오직 뜻을 같이하는 무리의 비위에 맞춰 이득이나 취하려는 그런 과장과 선동의 언론은 국익에는 너무나 해로운 언론이다. 관에 항의하고, 임금의 잘못을 공격하는 일이야 옳지만, 털끝만큼의 잘못이라도 트집 잡아 미워하기만 해서는 언론의 정도라고 말할 수 없다. 오늘의 언론인, 다산의 뜻을 새겨 보자.

다산과 4·19혁명

고등학생도 나섰던 독재타도!

까까머리 고등학생으로 "부정선거 다시 하라!" "대통령은 하야하라!" 등의 구호를 목이 터져라 외쳤던 그날이 떠오른다. 1960년 4월 19일, 오전부터 저녁까지 동료 학생들과 스크랩을 짜고 구호를 외쳐 대며 거리에서 뛰고 달리던 그때의 기억이 아직도 생생하다.

다산이 태어난 해가 1762년이었으니, 다산 탄생 200년이 다 되어서야 다산의 탁월한 정치이론이 현실화된 사건의 하나가 다름 아닌 4·19혁명이다. 맹자의 방벌(放伐) 논리는 2,000년이 넘어서도 그대로 적용된 적이 별로 없었는데, 잘못하는 군주나 통치자는 백성의 힘으로 추방할 수 있다는 다산의 「탕론(湯論)」에 나오는 방벌사상은 200년이 못 되어 한국의 4·19혁명에서 실현될 수 있었다.

다산은 30대 중반에 최초이자 마지막인 목민관의 지위에 올라, 입법·사법·행정의 3권을 쥐고 황해도 곡산부(谷山府)라는 고을을 다스린 적이 있다. 전임 곡산 부사의 악정(惡政)에 1,000여 명의 농민을 이끌고 항의시위를 주동했던 이계심(李啓心)이라는 농민지도자를 재판할 때 다산이 작성한 판결문의 주문과 판결 이유에서 그의 뛰어난 통치철학을 발견하게 된다. 주문은 "무죄 석방한다."였고, 판결 이유는 다음과 같다.

> 관(官, 목민관·통치자)이 밝은 정치를 하지 못하는 이유가 백성들이 몸보신하는 데만 영리하여 잘못된 정치에 대하여 통치자에게 항의하지 않기 때문인데, 이계심은 항의를 했으니 죄를 주기보다는 크게 칭찬해 주어야 할 사람이기 때문이다.

조선시대, 18세기 봉건왕조시대에, 다산은 잘못하는 군주나 통치자에게 백성들이 항의하고 질책하면서 투쟁해야 한다는 뜻을 밝혔고, 그래도 듣지 않으면 추방해야 한다는 맹자의 방벌론을 적극 옹호하고 나섰던 것이다. 다산의 「탕론」과 이계심에 대한 재판의 판결문이 그런 내용을 담고 있다.

이 다산의 국민저항권 실현이 우리나라 역사상 가장 최초이자 훌륭하게 발휘된 때가 바로 4·19혁명이었다. 헌법을 유린하고 영구집권을 시도하던 자유당정권, 천하에 없는 부정선거로 국민주권을 탈취한 이승만정권에 어린 고등학생으로부터 대학생에 이르기까지, 젊은 학도들이 들고 일어나 대통령을 하야시키고 외국으로 퇴출시켜 버렸던 4·19혁명은 바로 다산의 뜻을 이어받은 민주학생들이 이룩한 위대한 혁명이었다.

민중의 힘으로 추방된 독재자는 특정 정치집단이나 특정 세력에 의해서 권좌를 빼앗긴 것과는 분명히 다르다. 특정 정치집단이나 특정 세력은 역사의 변천이나 가치관의 변화에 따라 새로운 판단이 가능하기 때문에 역사적 평가가 달라질 수도 있으나 민중의 힘으로 이룩된 혁명은 평가를 달리할 방법이 없다. 독재자에 대한 새로운 가치 부여의 시도나 허튼수작은 그래서 용인될 수 없다는 것을 다산이 가르쳐 주고 있다.

다산에서 동학으로, 4월혁명으로

강원도에는 아직도 눈이 내린다니, 4월이 오고 4월혁명일이 가까워 오는데 금년의 봄은 너무나 지각이 심하다. 핏빛 진달래가 만개하고 소쩍새가 제대로 울어대야 4월혁명의 붉은 피를 회상할 수 있겠지만, 금년은 그런 봄기운이 아득하게만 느껴진다. 『맹자』라는 옛날의 경서를 읽어 보면 천하의 성인임금 탕(湯)이 걸(桀)이라는 악독한 독재자를 추방해 버렸고, 성인임금 무왕(武王)은 주(紂)라는 불의한 독재자를 정벌했다.

이에 대하여 어떤 사람이 맹자에게 물었다. 신하이던 탕이나 무왕이 임금을 추방하고 정벌했는데 그래도 되는 거냐고. 이에 대한 맹자의 답변이 기가 막히게 멋지다.

> 인(仁)을 해치는 사람을 적(賊)이라 하고 의(義)를 해치는 사람은 잔(殘)이라 하는데, 잔적의 사람은 일개 못된 개인인데, 그는 독부(獨夫) 즉 독재자이니, 독재자를 방벌했을 뿐이지 신하가 임금을 내친 것이 아니다.

독재자를 방벌할 수 있다는 유교철학이 진시황 때는 불온사상이라 하여 선비는 땅에 묻히고 경전은 불태워졌다. 한(漢)나라에 이르러 다시 유교철학이 살아났고, 조선 후기의 다산은 「탕론」이라는 무서운 논문을 저술하여 잘못된 임금이나 독재자는 언제라도 유폐시키거나 정벌할 수 있다는 주장을 폈다.

다산은 신하가 임금을 방벌했다는 독재자들의 논리를 깡그리 뒤엎고, 잔적의 인간을 방벌함은 옛날의 정당한 도리라고 갈파했다. 독재자 이승만을 하야시켜 하와이로 내쫓은 4·19혁명은 인류의 보편적 정당성이자 정치발전의 기본원리라는 것을 역사적 사실로 다산은 200년 전에 주장했다. 모든 민중이 추대하여 이룩된 대통령의 지위는 모든 민중이 추대해 주지 않고 하야하라고 외쳐 대면 지위가 유지되지 못함이 당연하다는 뜻이다.

독재자는 맹자의 방벌이론을 언제나 백안시했으나, 다산에 이르러 「탕론」이 완성되면서 조선 후기에 민중혁명 이론이 본격적으로 거론되었다. 그러나 망해 가던 나라의 백성이나 지도자 그 누구도 아무런 관심을 보이지 않고 방기하고 말았다.

다산이 세상을 떠난 58년 뒤인 1894년 동학혁명이 발발하여 잘못된 임금은 방벌할 수 있다는 주장이 천하에 퍼졌으나, 임금을 방벌하는 민중의 힘은 성공하지 못했다. 동학에서 4·19, 66년째에 이르러서야 민중은 끝내 힘을 발휘하여 독재자를 추방하기에 이르렀다. 인의(仁義)를 해치는 독재자, 그들은 언제라도 백성의 힘으로 방벌할 수 있다는 진리가 4·19혁명에서 제대로 실현된 셈이다.

칠서대전만이 능사는 아니다

학문의 폭을 넓혀야

교육부의 강요에 못 이겨 대학마다 학과를 통폐합하고 학생 수를 조정하면서 대학의 구조조정에 소란을 피우고 있다. 재정지원을 무기로 하여 밀어붙이는 상부의 압력에 못 이겨 울며 겨자 먹기 식으로 자율성을 상실하고 구조조정이 이뤄진다면 앞으로 대학이 어떻게 될지 참으로 우려된다는 생각을 버릴 수 없다. 인문학, 특히 어문계열 학과는 통합하거나 폐지되는 경우가 많아 인문학이 고사되고 말리라는 우려에 마음이 편치 않다.

어떤 과목을 가르치고 어떤 학문을 권장할 것인가에 대한 논의는 어제오늘만의 일이 아니다. 조선시대에도 어떤 책을 교재로 하여 가르칠 것인가는 지역에 따라 차이가 있고, 가문이나 종족에 따라 다르기도 하지만, 4색 당파로 나뉘어 싸우기를 일삼던 시절에는 당파끼리 채택하여 가르치는 교재가 다른 것을 이상하게 여기지 않았다. 대체로는 4서5경이 기본적인 교과서였으나, 다산은 5경만으로는 안 되고 『악경(樂經)』을 포함한 6경(六經)을 교재로 삼아야 한다고 강조했다. 『논어』·『맹자』·『대학』·『중용』 즉 4서야 거의 공통적인 교재였으며 거기에 시(詩)·서(書)·역(易) 3경을 추가하여 칠서(七書)라고 이름하고, 칠서대전을 교재로 했던 것은 주자학자들에게는 대체로 일치하던 일이다.

여기서 탁월한 경학자(經學者) 다산은 결단코 칠서로만 국한시키는 경서 교육에 반대하면서 '십삼경(十三經)'이라는 모든 경서를 제대로 교육시켜야만 훌륭한 유학자가 될 수 있다는 주장을 폈다. 조선 후기 실학자 대부분이 모든 경서 즉, 칠서만이 아닌 13경에 학문적 노력을 기울여야 한다는 주장을 폈지만, 다산은 유독 강하게 그런 주장을 편 학자이다.

> 지금의 학자들은 칠서대전이 있는 줄만 알지 『13경주소(十三經注疏)』가 있는 줄은 알지 못합니다. 『춘추(春秋)』와 삼례(三禮, 『의례(儀禮)』·『주례(周禮)』·『예기(禮記)』) 등의 천지에 빛나는 글도 칠서의 목록에 배열되지 않았다 하여 그 글들을 폐기하여 강론하지 않으며, 도외시하여 들여놓지도 않고 있으니 참으로 우리 유학의 큰 걱정거리이며 세상 교화에도 시급한 문제입니다._「십삼경책(十三經策)」

이 논문은 그가 29세이던 때에 정조대왕의 질문에 답한 글로, 임금에게 올리는 대책의 하나였다. 그런 젊은 나이에 국왕에게 학문 대책으로 올린 글을 읽어 보면 그가 13경이라는 동양 고경의 모든 분야에 얼마나 해박한 지식과 식견을 지녔는가를 쉽게 파악할 수 있다. 앞에서 거론한 7서에서 『대학』과 『중용』을 빼고, 『춘추』 3전과 삼례에 『효경』·『이아(爾雅)』를 합한 책이 13경인데 그런 책을 풀이하고 주석을 단 책을 『십삼경주소』라고 이름하였다.

주자학의 핵심논리가 담긴 칠서대전만 공부하고 과거시험의 과목으로 정하여 학문의 범위가 축소해 있던 때에 다산의 「십삼경책」은 새로운 학문 풍토를 여는 청량제가 아닐 수 없었다. 인문학이다, 자연과학이다 떠들며 효용성 위주로 대학의 학과와 학문 분야를 통폐합하려는 사람들, 다산의 생각을 참고하기 바란다.

인격은 성적순이 아니다

과거제도와 현대판 고시의 폐단

어린 시절 우리 집 사랑방은 갓 쓰고 도포 입은 점잖은 선비들이 모여 재미있는 우스갯소리도 많이 나누는 곳이었지만, 학문과 역사를 논하고 시국에 관한 이야기를 나누는 토론의 장이었다. 술상 밥상 심부름을 하느라 사랑방을 들락거리며 가끔 얻어들었던 이야기가 생각날 때가 있다. 사랑방의 주인이었던 할아버지께서 하셨던 말씀이 생각난다. "자고로 소인배는 글 잘하고 말 잘하며 얼굴도 잘생긴 경우가 많다."

그렇다. 세상을 그르치고 나라를 위태롭게 하며 역사를 후퇴시켰던 그 많은 소인배는 대체로 머리도 뛰어나고 공부도 잘했으며 우수한 성적으로 과거시험에 합격한 사람이 많았다. 일세의 도덕군자 정암 조광조를 허위 사실로 모함하여 30대에 사약을 받고 죽게 했던 남곤·심정 같은 사람도 머리 좋고 글 잘하며 잘생겼던 것이 사실이다. 광해군이 쫓겨나도록 패악을 저지르는 일에 주역이던 이이첨 또한 참으로 잘난 소인배였고, 나라를 팔아먹는 데 큰 공을 세운 이완용 또한 잘생기고 글 잘하던 대표적인 소인이다.

머리 좋고 잘난 사람들이 왜 그렇게 소인이 되고 말았을까. 그 점에 대한 다산의 진단을 참고할 필요가 있다.

> 과거학(科擧學)은 이단(異端) 가운데서도 폐해가 가장 혹독하다. 이단의 대표적인 양묵(楊墨)은 고대의 일이고, 불로(佛老)는 현실과는 너무 먼 주장이다. 그러나 과거학만은 그 해독을 생각해 보면 비록 홍수와 맹수라도 비유할 바가 못 된다. 과거 공부를 하는 사람 중에는 시부(詩賦)가 수천 수(首)에 이르고 의의(疑意)가 5천 수에 이르는 사람도 있는데, 이런 공력을 학문하는 데로 옮길 수 있다면 주자와 같은 학자가 될 수 있을 것이다._「반산 정수칠에게 주는 말(爲盤山丁修七贈言)」

머리 좋고 글 잘하는 사람들이 암기력은 뛰어나 학문과 거리가 먼 과거시험 과목만 달달 외워 우수한 성적으로 합격하여 벼슬에 임하다 보니 인격 형성은 뒤처져 소인배가 되고 만다는 생각에서 조선시대 과거제도의 폐단을 혹독하게 비판한 다산의 주장이다.

현재의 대한민국은 조선시대의 가장 나쁜 과거제도에서 벗어나지 못하고 사법시험이나 행정고시를 거쳐야만 고관대작이 될 수 있다. 머리 좋고 암기력 뛰어난 사람이 당연히 좋은 성적으로 합격하여 모든 가치는 팽개치고 오직 권력과 재물의 추구에만 뛰어난 머리를 활용하다 보니, 그야말로 옛날의 소인배로 타락할 수밖에 다른 도리가 없다. 그렇지 않은 사람이 없는 것은 아니지만 현재 우리의 현실을 살펴보면 대체로 그런 경우가 적지 않다는 것이다. 머리가 좋으니 유신헌법도 기초하고 출셋길이 열려 있으니 부잣집으로 장가간다. 그렇게 해서 권력과 재물에 맛이 들고 보면 모든 가치는 팽개치고, 어떻게 해서라도 권력을 쥘 수 있고 재산을 모으는 일에 전념하지 않을 수 없다. 그러다 보니 세상과 나라를 무너뜨리는 죄악에 빠지게 된다.

고대의 공거(公擧)제도가 과거제도로 타락해 소인과 군자를 구별하기 어려운 제도의 폐단으로 파탄 나는 세상, 시험으로 인재를 고르는 제도가 언제쯤 개선될 날이 올까.

청년실업, 어떻게 할 것인가

손에 닿는 일부터 시작해야

오늘 대한민국에 사는 우리에게 국가적 문제로 대두되는 것의 하나는 청년실업 문제이다. 학교를 졸업한 젊은이들이 일할 곳이 적어 실업 상태가 계속되는 어려움에 처한 것이다. 국가적 문제이기도 하지만 우리 시대가 안은 어려움의 하나이기도 하다. 기업이 활성화되고 경제가 활발히 돌아가면 일자리 걱정이 없지만, 세계적인 경기침체로 일자리가 부족한 면도 있고, 과학기술의 발달로 업무가 자동화 시스템에 의하여 운영되다 보니 기본적으로 일자리는 적어질 수밖에 없다.

그렇다면 일자리 없는 청년들은 어떻게 해야 생활을 유지할 수 있을까. 이런 경우에는 옛 선현들이 대처했던 일자리 문제를 생각해 볼 필요가 있다. 우리 민족의 스승이자 대학자요 탁월한 경세가인 율곡 이이의 말씀을 들어 보자.

> 지위가 높은 사람은 도를 행하는 데 주안점을 두기 때문에, 도를 행할 수 없는 경우에는 지위에서 물러나야 한다. 만약 집안이 가난하면 월급 받는 벼슬살이를 안 할 수 없지만, 모름지기 내직은 사양하고 외직이라도 구하고, 높은 지위는 사양하고 낮은 지위라도 얻어 배고픔과 추위를 면해야 한다. 位高者 主於行道 道不可行 則可以退矣 若家貧未免祿仕 則須辭內就外 辭尊居卑 以免飢寒而已. _『격몽요결』 처세(處世)

자신이 목표로 하는 직장, 높은 지위의 직장만 원하지 말고 우선 중앙이 아닌 시골의 직장이라도 찾아가고, 화려하고 근사한 직장만이 아니라 낮고 별 볼일 없는 직장에라도 우선 취업하여 뒷일을 도모하라는 뜻으로 말했다.

다산도 유사한 이야기를 했다.

> 가을이 깊으면 열매가 떨어지고, 물이 흐르면 도랑이 이루어짐은 그 이치가 그러한 것이다. 여러 생도들은 반드시 가기 쉬운 지름길을 찾아서 갈 것이요, 가기 어려운 울퉁불퉁한 돌길이나 뒤얽힌 길을 향하여 가지 말라. 秋熟子落 水到渠成 理所然也 諸生須求捷徑去 勿向犖确藤蔓中去 _「다산의 제생에게 주는 말(爲茶山諸生贈言)」

손쉽게 얻을 직업이 있다면 사양하지 말고 바로 취업을 해야지, 온갖 고생과 힘들게 애를 써야만 얻게 되는 직업을 구하다 보면 영원히 직업을 구하지 못할 수도 있으니 지름길을 가야지, 울퉁불퉁한 돌길이나 뒤얽힌 길은 향하지 말라고 권했다.

다산은 또 문장가가 되어 천하에 이름을 떨치고자 하는 젊은이에게, 허황된 꿈은 버리고 우선 춥고 굶주리는 부모님을 봉양하는 일부터 먼저 시작하고, 그런 중에 독서를 열심히 하다 보면 언젠가는 대문장가도 될 수 있다면서, 우선 손에 잡히는 일부터 시작하라는 권고를 했다.

생산직은 싫고 사무직만 원하며, 그럴 듯한 직장을 찾느라 어렵게 지내는 부모는 생각도 않는 구직생들에게 들려주고 싶었던, 율곡과 다산의 말씀을 다시 새겨 보아야 한다. 어떤 일자리라도 생계를 위해서는 우선 취업하고, 손에 닿는 일부터 하라는 것이다.

율곡이 말한 사내취외(辭內就外) 사존거비(辭尊居卑), 여덟 글자의 의미를 깊게 생각해 보면, 그래도 어려운 일자리 구하기가 조금은 쉬워질까 하는 생각을 해 본다. 근본적인 대책이야 제조업의 활성화, 국가경제의 정상화가 필수적이지만, 임시방편으로야 율곡과 다산의 가르침도 따라 볼 필요가 있다는 것이다.

이별도 아프지만 작별상봉은 더 아프다

꿈에도 소원은 통일

남북 이산가족의 상봉, 참으로 우여곡절 끝에 이뤄졌으나, 그렇게라도 만날 수 있었으니 얼마나 다행한 일인가. 그러나 만남의 기쁨이야 컸지만, 상봉 뒤의 이별은 또 얼마나 슬픈 일인가. 이산가족의 상봉과 이별 광경을 뉴스를 통해 보면서 지구상에서 대한민국과 북한처럼 불행한 나라가 어디에 또 있을까라는 생각에 마음이 더 아팠다. 언제쯤 '대박'이라는 통일이 이뤄져 통한의 그 아픔을 삭일 수 있을까.

노모를 붙들고 원통하게 울던 노인 아들의 눈물, 늙은 아버지를 껴안고 원 없이 울던 노인 딸의 한없는 슬픔이 우리의 가슴에까지 젖어들어 조국의 산하가 울음으로 눈물로 젖는 느낌을 받았다. 이별과 상봉, 그리도 또 헤어져야 하는 더 큰 아픔, '회자정리(會者定離)'라는 고사성어에 분함을 느낄 정도였으니, 어찌하여 우리 한민족은 그런 고통에서 헤어나지 못하는 것일까.

이번 이산가족 상봉을 보며 상봉에도 그렇게 많은 '상봉'이 있다는 것을 처음 알았다. '단체상봉', '개별상봉', '만찬상봉', '작별상봉' 등의 용어가 계속되어 언론에 보도되었는데, 다시 만날 하등의 예견도 없이 헤어져야 하는 '작별상봉'은 참으로 사람의 가슴을 후벼 파는 상봉으로 여겨졌다. 남북의 당국자들, 다른 어떤 일보다도 만나고 또 만나면서 이산의 아픔을 가시게 할 대책을 빨리 강구해야 한다.

200여 년 전의 다산 정약용의 일이 생각났다. 다산의 문집인 『여유당전서』 제1집인 시문집 21권에는 귀양지에서 다산이 아들에게 보낸 편지가 실려 있다. 그 첫 편지의 첫 대목은 "이별의 회포야 말하지 말자.(別懷不須言)"라는 말인데, 1801년 음력 3월 9일 유배지 장기에 도착한 날 쓴 편지이다.

서울 용산 근처의 '돌모루'에서 나이 든 가족들과 헤어지고 한강을 건넌 사평(沙坪, 오늘의 반포)에서 처자와 헤어졌던 이별의 그 아픔은 아예 말하지 말자고 했으니, 그 비통함이 오죽했으면 입으로 꺼내지도 말자고 했겠는가. 만날 기약도 없는 이별이었으니 그렇다 하겠지만, 강진에서 귀양 살던 때에 아들이 아버지를 만나러 오겠다는 편지를 받고 보낸 답장에는, 만나는 기쁨보다 만나고 나서 또 헤어져야 할 그 이별의 아픔이 예견되어 못 견디겠다는 대목에 가슴이 저려 왔다.

큰애는 4월 중순에 말을 사서 타고 꼭 오도록 해라. 그런데 헤어질 것을 생각하니 벌써부터 마음이 괴롭구나. 伯兒須於四月旬後買馬騎來 然別懷預關此心耳

아버지와 아들 사이, 이런 기막힌 사연이 어디에 또 있을까. 남북의 이산가족과는 달리 유배 사는 아버지와 고향의 아들이야 영원한 이별이 아니어도 그런 슬픔이 있었는데, 언제 다시 만날 아무런 기약이 없는 이산가족의 '작별상봉'이니 슬픔이 얼마나 크겠는가. 조국의 분단이 안겨 준 민족의 아픔과 고통은 이런 데서 더 명확하게 실감할 수 있다.

여생이 많이 남지 않은 극노인들끼리의 상봉, '만찬상봉'이나 '개별상봉'도 아닌 '작별상봉'은 다산이 헤어짐의 슬픔을 예견했던 것보다 훨씬 그 농도가 깊을 수밖에 없으니, 그래서 통일은 우리의 간절한 소원이고 꿈에도 소원은 통일일 수밖에 없다.

남북 분단의 비극보다 아픔의 농도가 낮았을지라도, 다산 개인으로 보았을 때 그들 부자의 상봉과 이별 또한 아프고 쓰리기는 마찬가지, 찾아오는 아들을 만날 기쁨에 앞서 만났다 다시 헤어져야 할 유배살이의 슬픔은 오늘의 우리에게도 슬픔으로 밀려온다.

국부 증진은 기술혁신으로

기술을 개발하는 부서 이용감

일생 동안 국가 발전의 대안 모색에 생애를 걸었던 다산의 과제 중 하나는 국가적으로 기술혁신에 총력을 기울여야 한다는 것이었다. 기술개발과 기술혁신에 국가적인 노력을 기울일 수밖에 없는 요즘으로서야 너무나 당연한 이야기이지만, 200년 전의 조선시대에 그런 점에 착목했던 다산의 혜안은 역시 높은 수준이었다고 말하지 않을 수 없다.

지식인이라면 이(理)와 기(氣)를 논하고 이발(已發)이냐 미발(未發)이냐를 따지면서 인(人)과 물(物)의 성품이 같으냐 다르냐라는 성리학적 논쟁에만 온 마음을 기울이던 시절이었는데, 실학자 일군(一群), 그 중에서도 특별히 다산이 유독 그런 주류적 논리에서 벗어나 기술개발 문제에 열성을 보였던 점은 특별하게 생각하지 않을 수 없다.

다산은 「기예론(技藝論)」이라는 논문을 통해, 인간은 다른 동물과는 달리 '기예'를 통한 기술개발이 없다면 만물의 영장이 될 수 없다고 여기고, 기술도입이나 기술개발을 통해서만 인류의 역사나 문화, 문명이 발전한다는 확신을 지니고 있었다. 그에 더하여 서양으로부터 전래된 기술개발 이론까지 합하여 기술의 도입이나 개발이 없는 국부의 증진은 불가능하다는 확신을 지녔다.

다산은 국가개혁의 마스터플랜이라고 할 『경세유표』를 통해 정부기구의 개편을 요구하고, '이용감(利用監)'이라는 새로운 부서를 만들어 청나라로부터 기술을 도입하고 국내의 기술개발을 담당하도록 해야 한다고 요구했다. 농기구를 개발해야만 농민의 수고가 줄어들고 소득 증대가 가능하며, 병기를 개발해야 강병이 육성될 수 있으며, 의술이 개발되어야 질병의 고통에서 벗어나고 인간의 수명이 연장될 수 있다고 믿었다.

중화주의와 숭명사상에 빠져 청나라를 무시하면서 그쪽에서의 기술도입을 부정적으로 인식하던 시절에 청에서라도 기술을 도입하자는 그의 북학주의는 역시 현실적이고 실리적이었다. 더구나 기술개발이나 혁신에 필수적인 사항의 하나가 수학교육의 강화에 있다고 믿고, '산학서(算學署)'라는 기구를 개편하여 국민교육에 수학공부를 강화해야 함을 역설한 점도 특별한 주장이었다. "온갖 공업기술의 정교함은 그 근본이 수리학의 연구에 있다.(百工之巧 皆本之於數理)"라고 주장한 것은 탁견이 아닐 수 없다. 자연과학의 근본이 수학에 있음을 다산은 이미 꿰뚫어 알고 있었던 것이다. 대단한 학자로서의 안목을 보여 주는 대목이다.

중국에서 배울 것은 기술문명

200년 전 다산의 생각은 오늘 우리들이 더 절실하게 느껴야 할 생각이다. 중국에 사신으로 가는 친구 한치응(韓致應)에게 송별사로 써 준 글에서 중국에 가면 "전답에 씨 뿌리고 종자 심는 편리한 농법을 배워 와야 하고, 문학이나 예술의 박아(博雅)의 능력을 배워 와야 한다."고 했다. 즉 농업기술과 예술의 높은 수준은 배워야 한다는 뜻이다.

또 선배 이기양(李基讓)이 중국 사신으로 갈 때는 "우리 백성을 위하여 이용후생(利用厚生)의 방도를 생각하여 만세토록 오래 혜택을 입도록 해 주시오."라고 했다. 즉 중국에서 백성의 삶에 도움을 줄 기술을 배워 올 것을 주문하였다. 성리학만이 학문의 주조이고 기술개발이나 기술도입은 천시하던 때에, 비록 만주족인 야만의 국가이지만 우리보다 앞선 청나라의 기술문명은 기필코 받아들여야 한다는 생각을 확고하게 지녔음을 알게 해 주는 대목이다.

이런 생각을 지니고 실천에 옮긴 사람을 우리는 '북학주의자(北學主義者)'라고 부르는데, 연암 박지원·초정 박제가 등이 그들이다. 그런데 다산 또한 그들과 생각이 같았음을 알게 해 주는 기록이 있다. 자신은 정조임금 때 규영부에서 교서(校書) 일을 보면서 『흠정고금도서집성』을 열람하였고, 그중에서도 고공전(考工典)의 『기기도설(奇器圖說)』을 연구했노라고 말했다. 그러면서 뒤에는 박제가의 저서 『북학의』 6권을 모두 읽었으며, 그 뒤에는 박지원의 『열하일기』 20권을 공부했다면서 그런 책에서 중국의 기용(器用) 제도를 연구했노라고 말했다. 이 점에서 다산은 경세치용의 성호 이익의 학문에 이용후생학파의 박지원 학문까지 종합하여 실학을 집대성한 학자였음을 명확히 보여 주고 있다.

정조시대에 다산이 기술관료로서의 탁월함을 보여 주었던 사례가 많은데, 그 정도로 기술에 관한 저술을 탐독하고, 거기서 배운 지식으로 기중기·거중기 등의 기계를 개발하고 제작하여 화성 축조에도 큰 공을 세울 수 있었던 것이다. 요순만 노래 부르며 성리학에 매몰되어 가난에 찌든 나라를 염두에 두지 않던 시절, 실학자들은 기술개발과 도입에 그만한 정성을 들이면서 부국강병의 나라를 만들려고 온갖 정성을 바쳤다.

5부

진짜 욕심쟁이는 청렴하다

아무리 집안이 화려하고 훌륭한 재주를 지닌 지도자라도 몇 백 꾸러미의 돈에 유혹되어 관직을 박탈당하거나 처벌을 받고 나면 더 이상 좋은 관직에는 등용될 수 없다. 지혜가 높고 사려 깊은 사람은 그 욕심이 참으로 크므로 '염리'가 되고, 지혜가 짧고 사려가 얕은 사람은 그 욕심이 작으므로 '탐리'가 되는 것이니, 진실로 생각이 여기에 미칠 수 있다면 청렴하지 않을 사람이 없을 것이다.

다산 같은 목민관

『목민심서』는 행동지침서

『목민심서』는 48권으로 책의 권수도 대단하지만 내용 또한 매우 훌륭한 책이다. 이른바 공무원의 바이블이라고 일컫는 이유는 분명하다. 지방관인 목민관이 어떻게 적폐를 청산하고 어떻게 행정을 펴야 하는가를 아주 상세하게 설명해 주는 내용이 들어 있어 그런 업무를 수행하는 공직자에게 좋은 지침서가 되기 때문이다. 탁상공론의 행정지침이 아니라 목민관으로 실제 행정을 수행했던 다산 자신이 직접 행한 많은 사례가 담겨 있어 그렇게만 실천한다면 훌륭한 목민관 업무를 수행할 수 있기 때문에 더욱 값진 책이라는 생각이다. 이로써 『목민심서』는 이론서가 아닌 '행동지침서'임을 분명히 확인할 수 있다.

다산은 일생에 단 한 차례 목민관 임무를 수행했다. 그때의 이야기가 『목민심서』 「부임」 6조 중 '사조(辭朝)' 조항에 상세히 기록되어 있다.

> 내가 곡산 도호부사가 되어 하직하는 날, 희정당에 들어가 임금을 뵈었다. 임금께서 "옛날의 법률에 목민관이 탐욕스러워 불법을 저지르거나 나약하여 직임을 다하지 못하는 경우에는 전관(銓官, 인사대상자를 골라서 추천하는 벼슬)에게 벌을 주는 것이다. 그러므로 중비(中批, 임금의 특명으로 발령함)로써 임명된 사람은 더더욱 삼가고 두려워해야 하느니, 전관에게 죄를 내릴 수 없기 때문이다. 내가 중비로 사람을 등용했다가 여러 번 후회하고서도 또 경계하지 않고 이름을 달리 써넣어 낙점(落點)했으니(이때 이조에서 세 번이나 다른 사람을 천거했으나, 임금께서 스스로 내 이름을 써넣으셨다.) 이는 중비와 다름이 없다. 가서 임무를 잘 수행하여 나에게 부끄러움을 주지 않도록 하라." 하셨다. 나는 황공하여 진땀이 등에 배었는데, 지금에 이르도록 감히 그 말씀을 잊을 수가 없다.

본디 문관은 이조에서, 무관은 병조에서 전관이 사람을 추천받아 적임자 3인을 임금께 올리면 임금이 낙점하여 벼슬에 임명한다. 하지만 다산은 반대자가 많아 전관의 추천이 올라오지 않았기 때문에, 임금이 특지(特旨)로 다산의 이름을 써넣어 낙점하여 목민관으로 임명하였다는 이야기이다. 그러니 어떻게 무거운 책임감을 느끼지 않을 수 있었겠는가.

임금께 하직인사를 올린 뒤 대궐 문 밖에 이르면 곧 몸을 돌이켜 대궐을 향해 마음을 세워 스스로 맹세한다. 마음속으로 '임금께서 천 사람 만 사람의 백성을 오로지 소신에게 맡겨 사랑하며 다스리도록 하셨으니, 소신이 감히 그 뜻을 공경히 받들지 아니한다면 죽어도 여죄(餘罪)가 있으리라.'라고 다짐하며, 다시 몸을 돌려 말을 타야 한다.

정조의 특별한 배려로 목민관 직을 얻어 떠나던 다산의 다짐과 태도가 새삼스럽게 생각되는 때이다.

적폐를 청산하는 목민관

1797년 윤6월 2일 36세의 다산은 황해도 곡산 도호부사로 발령받아 1799년 4월 24일까지 2년에 가까운 세월 동안 최초이자 마지막인 목민관 생활을 했다. 다산은 부임하자마자 고을 사람들을 모아 놓고 그들이 당하고 있는 고통스러운 일이 어떤 것인가를 묻고, 답한 내용에 따라 관리들의 탐학한 행위로 인해 당하는 고통을 덜어 주는 일부터 시작했다. 잘못된 관례나 읍례(邑例)부터 뜯어고치고, 간악한 아전들의 잘못을 손수 시정하며, 그동안 쌓여 있던 폐단을 말끔히 바로 잡아 적폐를 제대로 청산해 버렸다.

중앙정부에서 현지의 실정은 모르고 책상에 앉아 지시한 잘못된 왕명이나 황해도 감영에서 하달한 잘못된 행정명령까지 바르지 못한 것은 보고서나 상소를 통해 정성을 다해서 바로잡았다. 다행스럽게도 다산은 참으로 기록에 충실한 분이어서 여러 기록을 통해 목민관 시절에 시행했던 내용이 대부분 기록으로 남아 있고, 『목민심서』에도 곳곳에 실려 있다. 『사암선생연보』나 「자찬묘지명」이라는 글에도 목민관 시절 겪은 훌륭한 업적은 대부분 기록해 놓았다.

기행문이나 잡문에도 옳고 바르게 처신했던 다산의 행적이 생생하게 남아 있다. 곡산 고을의 경치가 아름다운 자하담(紫霞潭)을 관람하고 기록한 「자하담 범주기」라는 기행문에 나오는 이야기이다.

> 자하담의 근원을 따라 상류로 올라가니 굽이굽이마다 경치가 기묘한 절경이다. 뒷날 그곳의 아름다운 경치에 대하여 황해 관찰사 이의준 공에게 대략을 말했더니 공이 얼굴빛을 고치며 "올 가을 지방수령 업적평가는 가람산 아래 자하담에서 해야겠소."라고 말했다. 그래서 내가 말했다. "옳지 않습니다. 수령의 업적평가를 유람지에서 하는 것은 안 됩니다. 그곳은 너무 외지고 깊은 골짜기여서 관찰사 같은 고관은 갈 수 없는 곳입니다. 만약 그곳에서 일을 보신다면 산을 뚫어 길을 내고 골짜기를 건너질러 다리를 놓아야 할 것이니 백성들을 괴롭혀 관찰사를 즐겁게 하는 일은 감히 할 수 없습니다."

다산이 이렇게 말하자 멍하니 바라보던 이의준은 더 이상 일을 추진하지 않았다. 목민관을 지휘 감독하고 업적을 평가하는 막강한 권력의 관찰사 앞에서 백성들의 괴로움을 막으려던 목민관 다산의 기개는 역시 옳기만 하다.

어떻게 해서 높은 벼슬인 장관직에 임명되고, 어떻게 해서 고위공직자의 직위에 오를 수 있었는가. 국민의 뜻을 받들어 한 치의 흐트러짐 없이 철저하게 공무를 수행해야 할 고관대작들, 이런저런 일로 말썽을 일으켜 조용한 날이 없다. 말실수로, 잘못된 생각이나 처신으로 세상을 시끄럽게 하고 있으니 얼마나 안타까운 일인가.

장관이나 고관의 임명은 옛날로는 중비에 해당한다. 임명권자의 뜻을 공경스럽게 받들며 온갖 정성을 다 바쳐 조심스럽고 삼가고 두려운 마음으로 직무에 임해야 한다. 세상을 요란하게 하는 일이 끊이지 않고 일어나니, 다산의 당부가 더 간절하게 다가온다.

◇ ◇

목민관을 어떻게 통제할까

◇ ◇

목민관의 업무평가

국가의 안위는 인심의 동향에 달려 있고, 인심의 동향은 백성의 편안함과 고통스러움에 달려 있고, 백성의 편안함과 고달픔은 목민관의 잘잘못에 달려 있고, 목민관의 잘잘못은 관찰사의 공정한 상벌에 달렸으니, 관찰사가 목민관을 평가하는 고과(考課)의 방법은 곧 천명과 인심이 따라가는 기틀이요 국가의 안위를 판단하는 것이니, 그 관계된 것이 이와 같이 중요합니다. 그런데 그 법이 소루하고 분명치 못한 점이 지금과 같은 적이 없으니, 신은 적이 걱정스럽습니다. 國家安危 係乎人心之向背 人心向背 係乎生民之休戚 生民休戚 係乎守令之臧否 守令臧否 係乎監司之褒貶 則監司考課之法 乃天命人心向背之機 而國家安危之攸判也 其所關係 若是其重 而其法之疎漏不覈 莫今時若 臣竊憂之 _「옥당에서 고과 조례를 올리는 차자」

30대 초에 옥당(玉堂), 즉 홍문관이라는 명예로운 관서에 벼슬하게 된 다산은 당시의 가장 큰 문제의 하나인 고과제(考課制), 바로 목민관의 업무평가의 미비점을 지적하면서, 법의 개정을 촉구하는 정책건의서를 정조임금에게 올렸다.

당시만 해도 목민관은 예외 없이 우수한 관원 중에서 임금이 직접 임명하던 관선제였는데, 그들을 통제하고 올바른 업적을 이루게 하는 일은 결코 쉬운 일이 아니었다. 입법·사법·행정의 3권을 쥔 목민관, 작은 나라의 군주(君主)에 비견되던 그들의 잘잘못이 바로 국가의 안위와 백성의 삶에 지대한 영향을 미친다고 여겼음은 너무나 정당한 판단이었다.

그 당시의 목민관은 오늘로 보면 시장·군수·구청장에 해당하는 기초자치단체의 장이며, 관찰사는 오늘의 광역시장이나 도지사에 해당된다. 전제군주 시대의 임명직 목민관의 고과평가가 그렇게 어려웠는데, 선출직 자치단체장을 고과하는 일은 정말로 어렵다. 1995년에 시작된 자치단체장의 선출은 벌써 네 번째에 이르렀으나 개선될 조짐은 보이지 않고, 문제점은 갈수록 커져 가고 있다.

다산은 당시 시대에 맞는 아홉 항목의 중요 업무를 열거하고, 그 항목마다 세부 처리 내용까지 정하여 항목과 세부 내용의 잘잘못을 평가하여 성적표를 매겨서 잘하는 사람은 포상하고, 잘못하는 사람은 징계하는 제도를 시행하라고 대안을 제시하였다.

기본 강령으로 율기(律己)를 제시하고, 자치단체장의 백 가지 업무의 기본은 율기에 있다고 했다. 이어서 두 번째는 자목(字牧), 세 번째는 시적(市糴), 네 번째는 호적(戶籍), 다섯째는 전정(田政), 여섯째는 문교(文敎), 일곱째는 무비(武備), 여덟째는 형옥(刑獄), 아홉째는 공선(工繕)이라 정하고 상지상(上之上)에서 하지하(下之下)까지의 서열을 정해서 잘잘못을 따지라고 요구하였다.

율기를 통해 청렴성, 인격적인 행정, 도덕적인 업무수행을 요구하였고, 자목을 통해 약하고 힘없는 서민을 어떻게 보살펴 주느냐를 판별했다. 그 당시와 오늘의 행정업무는 같을 수가 없다. 오늘의 시대에 맞도록 항목을 제대로 조정하여 실천에 옮기도록 독려하라는 것이 다산의 뜻이다.

청렴이 목민관의 본무이다

절대적으로 색(色)에 청렴해야

전라도 강진에서 귀양살이하던 시절에 다산의 친구 아들이 이웃 고을인 영암 군수로 부임해 왔다. 군수의 아버지가 다산초당으로 찾아와 시를 짓고, 학문을 논하면서 아주 가깝게 지냈다. 그런 이유로 다산은 젊은 군수가 어떻게 해야 훌륭한 목민관이 될 수 있는가에 대한 교훈적인 이야기를 글로 써서 그에게 보내주었다. 공직자들의 바이블이라는 『목민심서』의 압축판 같은 참으로 의미 깊은 내용으로 가득 차 있는 글이다. 「영암 군수 이종영에게 주는 말(爲靈巖郡守李鍾英贈言)」이라는 제목으로 『여유당전서』에 실려 전하고 있다.

다산은 본디 공직자의 기본 윤리는 공(公)과 염(廉)이라고 주장하여 그 두 글자의 내용에 충실하다면 세상은 좋아지고 나라는 평안하게 발전할 수 있다고 여겼다. 염(廉)이라는 청렴 문제에 집중적인 관심을 기울인 것도 이유가 있다.

청렴이란 목민관의 본무이다. 만 가지 착함의 원천이고 모든 덕의 뿌리이다. 廉者 牧之本務 萬善之源 諸德之根

다산은 이처럼 청렴이 아니고는 공직자가 설 자리가 없다고 『목민심서』에서 명확하게 말했다. 그래서 영암 군수에게 준 글에서도 청렴 이야기로 시작했다. 군수의 임무를 제대로 수행하여 선정을 베풀려면 여섯 글자의 염(廉)을 실천에 옮기라고 했다. 최소한 세 글자의 염을 제대로 지키면 훌륭한 목민관이 보장된다는 뜻이었다.

한 글자의 염은 재물에, 또 한 글자의 염은 색에, 또 한 글자의 염은 직위에 사용하라. 其一施於財 以其一施於色 又以其一施於職位

재물에 청렴하고 여색(女色)에 청렴하고 직위에 청렴하라는 말이다.

요즘 세상은 이른바 '미투(Me Too)'운동이라는 바람이 불면서 야단법석이다. 제왕의 지위를 누리던 예술계의 대가들이 하루아침에 무너져 내리고, 대가일수록 비난이 높아지면서 색에 청렴하지 못했던 제왕들이 민낯을 보이면서 추한 모습을 만천하에 보이고 말았다.

'일시어색(一施於色)', 참으로 간단한 한 구절을 실천하지 못하다가 당하는 모습이 참으로 안타깝다. 재물과 색과 직위에 청렴하다면 고위 공직자로서 비난받을 이유가 없다. 예전에도 그랬지만 오늘날에는 더욱 그렇다. 높은 지위에서 부귀호강을 누리다가 넘어지는 사람들에게서 이유를 찾으면 반드시 세 가지 중의 하나에 청렴을 실천하지 않았던 이유가 나타난다. 뇌물죄, 성추행죄, 직권남용죄의 세 가지 죄악이 아니고 고관대작이 추락할 어떤 이유가 있는가.

목민관의 의무로 세 가지 '염'을 든 뒤 '염'해야만 투명한 행정(廉生明), 위엄을 지닌 목민관(廉生威), 강직한 목민관(廉則剛) 노릇을 할 수 있다고 말하여 도합 여섯 개의 '염'을 요구했으니, 바로 '육자비결(六字秘訣)'의 지혜이다. 여섯 개의 '염'을 실천하고 목민관으로 대접받지 못할 사람은 없을 것이다.

지방관, 즉 목민관 선거가 가까워 온다. 모두를 충족하지 못하더라도 최소한 '색'에 청렴한 사람을 목민관으로 선출해야 한다는 것은 잊지 말아야 한다.

못난 사람 잘난 사람

천하의 일은 한 사람의 능력으로 할 수 없다

자기만이 제일이고 자기가 제일 잘났다고 생각하는 사람치고 참으로 잘난 사람은 많지 않다. 오히려 자신은 못났고 자신은 어리석다고 여기는 사람 중에 더 훌륭한 사람이 많다. 우리가 겪은 경험으로 보면 낮은 신분이거나 보통사람으로 지낼 때는 그렇지 않다가도 최고 권력자가 되어 모두가 자기를 존중할 수밖에 없는 지위에 오르고 나면, 일체 남의 말은 듣지 않고, 혼자만 제일이고 혼자만 최고라고 여기는 사람이 있다. 그래서 최고 통치자인 경우에는 독불장군이 되어 '만기친람(萬機親覽)'이라는 해서는 안 될 일을 하게 되고, 자신이 직접 처리하지 않고는 아무도 믿지 않아, 끝내는 되는 일 없이 수렁에 빠지고 마는 불행을 겪는 경우도 있다.

그렇게 해서는 절대로 안 된다는 본보기를 다산은 그의 저서 『목민심서』 '칙궁(飭躬)' 조항에서 자세히 밝히고 있다.

> 한지(韓祉, 1675~1720)가 감사(監司, 충청도와 전라도 감사를 지냄)가 되어서는 날이 밝기 전에 세수하고, 관 쓰고 도포 입고 나아가 앉되, 종일토록 몸이 기울거나 비틀리는 일이 없었다. 언제나 막빈(幕賓)들이 아침 인사를 오면, 아침술을 돌린 다음 "내가 어제 했던 일 가운데 무슨 허물은 없었던가?"라고 물었다. 막료들이 "없었습니다."라고 대답하면, 그가 정색하고 말하기를 "세 사람이 길을 함께 가도 반드시 스승이 있거늘, 십여 명의 의견이 어찌 반드시 내 의견과 똑같을 것인가. 제군은 어서 말하라. 말해서 옳다면 좋을 것이요, 그르다면 서로 논란을 다시 하여 깨우치는 바가 없지 않을 것이다."라고 하였다. 이런 질문을 매일 하니 여러 막료들이 미리 의논해 가지고 들어가 말하였다. 그들의 말이 과연 옳다면, 비록 매우 중요하여 고치기 어려운 일일지라고 번연히 자기를 버리고 그에 따랐다.

한지의 몸가짐이 바름을 칭찬한 것이다. 그렇다. 천하의 일을 어떻게 한 사람의 능력으로 옳고 바르게 처리할 수 있을까. 다산은 한지의 처신이 참으로 옳다고 여겨 책의 여러 곳에서 그에 대한 칭찬을 열거했다.

한지가 군수나 감사가 되었을 때 항상 말하기를 "천하의 일은 한 사람이 해낼 수 없다.(天下事 非一人之所爲也)" 하고, 매양 문서를 만들 때 초고가 이뤄지면 반드시 관료들이나 향승(鄕承)·군관(軍官)에 이르기까지 두루 보여서 모두 좋다고 한 연후에 그 문서를 사용하였다. _『목민심서』 문보(文報)

비록 감사의 직책을 수행하면서도 그렇게 남의 의견을 경청하였거늘, 일국을 통치하는 통치자라면 얼마나 그런 일이 더 필요하겠는가. 한지는 한태동(韓泰東)이라는 학자의 아들로, 짧은 생애를 살았지만 참으로 훌륭한 지방관의 모범을 보였던 목민관이다.

통치자는 물론 모든 지도자나 고관대작, 대기업주들, 독불장군 노릇 그만하고 제발 주변의 다양한 의견을 경청하여 올바른 결정을 내려주면 어떨까. 남에게 묻고, 의견을 구하는 사람이 진짜 잘난 사람임을 아는 것이 중요하다.

◇ ◇

파직을 당할지라도 굴하지 말라

◇ ◇

부당한 지시에는 맞서야

옛날 조선시대에는 도지사를 관찰사라 불렀고, 요즘의 도청을 감영(監營)이라 불렀다. 관찰사 아래 군수나 현감인 목민관이 있었기 때문에 감영에서 내리는 지시는 거부하기 어려운 것이 수령(守令)의 처지였다. 정당하고 올바른 지시야 의당 따르고 봉행해야 하지만, 법령이나 사리에 어긋나는 하명에 어떻게 할 것이냐가 문제가 된다. 이런 점에 대하여 다산은 명확한 견해를 밝히고 자신이 수령으로 있을 때 직접 행동으로 보였다는 증거를 제시하기도 했다.

『목민심서』 '공납(貢納)' 조항에 나오는 이야기이다.

1798년 겨울에 조세의 현물 수납을 이미 절반이나 끝냈는데, 상부 관청인 선혜청에서 공문서를 보내 좁쌀 7천 석을 현금으로 납부하라고 독촉하였다. 그것은 본래 서울의 선혜청에서 임금에게 아뢰어 허락을 얻어서 공문을 보냈지만, 나는 그럴 수 없다고 고집하여 그대로 현물을 수납하고 창고를 봉하였다. 서울의 선혜청에서 나를 죄줄 것을 청하였으나 임금이 황해 감사가 올린 자세한 장계(狀啓)를 보고는 "잘못은 선혜청에 있고 정약용은 죄가 없다."라고 하였다. 사표를 내고 돌아가려다가 마침 조정의 소식을 듣고 눌러앉았다.

부당한 상부의 지시에 고분고분 따르지 않고 일의 옳고 그름을 따질 줄 알았던 곡산 도호부사 정약용의 훌륭한 처신이 돋보이는 대목이다.

이런 경험이 있던 다산은 『목민심서』에서 천명하였다.

상부 관청에서 이치에 어긋나는 일을 고을에 배정하면 수령은 마땅히 이해(利害)를 두루 개진하여 봉행하지 말아야 한다. 이치에 맞지 않아 받들어 행할 수 없는 것이면 사리를 낱낱이 보고하되, 그래도 들어주지 않으면 그 때문에 파직을 당할지라도 굴해서는 안 된다.

이익과 손해가 백성들에게 관계되는 일이라면, 당해 고을의 수령은 상급 관청에 강력히 항의하여 따르지 않아야 한다는 주장이니, 다산의 생각이 얼마나 바르고 훌륭한가.

요즘 세상과 비교해 보면 안타까운 생각이 가슴을 조이게 한다. 사리에도 어긋나고 이치에도 맞지 않는 일이지만 상급관청에서 지시하면 이해득실을 따져 조목조목 따지지 못하고 그냥 맹종하는 경우가 많다면 얼마나 따분한 일인가. '공납' 조항에는 옛날 어진 수령들이 부당한 지시에 굴하지 않고 당당히 맞서 백성들이 편하고 이익이 되게 했던 사례가 많이 열거되어 있다. 오늘의 공직자들도 그런 내용을 한 번이라도 읽어 보면 어떨까.

권엄 같은 공직자, 정조 같은 통치자를 원한다

『목민심서』를 읽다 보면 정말로 정약용은 대단한 사람임을 알게 된다. 권엄은 정조 때의 고관대작으로, 병조 판서와 지중추부사를 지내고 오늘의 서울특별시장 격인 한성 판윤까지 역임한 사람이다. 1729년생이니 다산보다 33세나 많은 대선배이다. 그는 1801년 신유옥사 때 같은 시파이면서도 천주교 신자들을 극히 미워하며, 이가환·이승훈·정약용까지 모두 극형에 처해야 한다는 강경론을 폈던 사람이기도 하다. 같은 당파로서 천주교 문제가 나오지 않을 때에는 아들 같은 다산을 매우 가깝게 여기고 많은 칭찬을 하면서 다정하게 지내던 처지였음도 사실이다.

천주교도에게 강경한 입장이던 권엄이지만, 다산은 귀양지에서 저술한 『목민심서』「형전」 편에서 그런 사감은 모두 잊고, 권엄이 한성 판윤 시절 훌륭한 인간 사랑의 정책을 폈던 점을 매우 높게 여기고 칭찬을 바치는 글을 썼다.

왕실의 어의(御醫) 강명길(康命吉)이 왕의 은총을 믿고 마음대로 설치니 민간에서 모두 눈살을 찌푸렸다. 명길은 서대문 밖 교외에 땅을 사들여 그 어버이를 이장하였는데, 그 산 아래에는 오래된 민가 수십 호가 있었다. 그는 이를 모두 사들여 10월 추수 후에 집을 모두 비우기로 약속받았는데, 그해 가을에 흉년이 들어 백성들은 약속대로 하지 못하였다.

이에 명길은 종들을 시켜 한성부에 고소했다. 그러자 권엄은 몰아내기를 허락하지 않았다. 하루는 임금이 승지 이익운(李益運)에게 강명길이 다시 고소할 테니 권엄에게 말하여 아전들을 풀어서 백성들을 몰아내도록 하라고 일렀다. 강명길이 다시 고소했으나 권엄은 예전의 판결을 바꾸지 않고 조금도 변동이 없었다. 이에 임금이 이익운을 불러 우레 같은 노여움을 토로하자 듣는 사람 모두가 목을 움츠렸다. 이익운이 권엄에게 임금의 뜻을 전하자, 권엄은 "백성들이 지금 굶주림과 추위가 뼈에 사무치게 되었는데 몰아내서 쫓는다면 길바닥에서 다 죽을 것이다. 차라리 내가 죽을지언정 차마 이렇게 해서 백성들로 하여금 나라를 원망하게 할 수는 없다."라고 하였다.

그다음 날에도 강명길이 다시 고소하였으나 종전의 판결을 따를 뿐 조금도 고치지 않으니 듣는 자들이 모두 권엄을 위태롭게 여겼다. 여러 날 뒤에 임금이 이익운에게 "내가 조용히 생각해 보니 판윤의 처사가 참으로 옳았다. 판윤 같은 사람은 만만치 않은 사람이다. 그대는 아마 그렇게 하지 못할 것 같다."라고 했다. 이를 들은 권엄은 감읍하였다.

그 신하에 그 임금(是臣是君). 우리는 권엄 같은 공직자를 원한다. 정조대왕 같은 통치자를 그리워한다. 민생과 민권을 그렇게 높게 여겼던 권엄, 그런 신하를 칭찬하고 격려하는 통치자, 오늘의 우리는 언제 그런 시장과 그런 통치자를 만날 수 있을까.

◇ ◇

국가 지도자의 몸가짐

◇ ◇

스스로의 몸가짐을 통제해야

누가 뭐라 해도 국가의 최고 지도자는 대통령이다. 대통령이라면 해야 할 기본적인 업무를 다산의 『목민심서』를 통해 거론해 보려 한다. 다산은 국왕을 직접 거론하기 어렵던 전제군주 시대의 인물이어서 목민관이라는 지방의 수령을 거론하여 나라의 지도자라면 어떤 일을 기본적으로 행해야 하는가에 대한 최소한의 업무를 열거한 『목민심서』를 저작했다.

만기(萬機)를 통솔하고 관여해야 할 지도자의 일 중에서 가장 핵심적인 일을 최소로 줄여서 72조항을 열거하여, 그것만은 반드시 이행해야 한다는 책무를 부여했다. 12편 각 편마다 6조항을 두어 모두 합해 72조항이다. 「율기(律己)」·「봉공(奉公)」·「애민(愛民)」의 3편은 본론이고, 각론의 첫째 편이 「이전(吏典)」

인데, 요즘으로 보면 내무행정에 해당하는 부분이다. 내무행정 부분은 속리(束吏)·어중(馭衆)·용인(用人)·거현(擧賢)·찰물(察物)·고공(考功) 등 6개 조항으로 분류하여 최소한 여섯 분야의 국정을 제대로 처리해야만 지도자로서의 역할을 해낸다고 여겼다.

속리란 아전을 단속하는 의무인데, 요즘으로 보면 공무원을 어떻게 단속하여 공정하고 청렴한 공직생활을 할 수 있게 하느냐의 문제이다. 대원칙은 아랫사람을 제대로 단속할 수 있는 지도자는 우선 자기 자신에게 약점이 없어야 한다고 했다. 자신의 몸가짐과 행동이 바르고 정당하다면 단속하는 조치가 없어도 아랫사람은 그냥 바르고 청렴해질 수밖에 없다는 것이다. 자신의 뒤가 구리고서야 어떻게 남의 구린 데를 지적할 방법이 있겠느냐는 의미이다.

그래서 『목민심서』의 본론인 「율기」 편이 중요하다. 지도자 자신의 몸가짐과 행동을 철저하게 통제한 뒤라야 남의 지도자 역할이 가능하다는 뜻이다.

> 기거(起居)함에는 절도가 있고, 관대(冠帶)는 단정히 하며, 백성들에게 임할 때는 장중하게 한다.

일상의 행동에 절도가 있어야 하며, 의복이나 모자를 단정하게 하고, 사람들과 상종할 때 장중한 모습을 유지해야 한다고 풀이하면 되겠다. 그동안 지도자의 행동거지나 의복이나 모자,

언어나 행동의 가벼움과 천박스러움에 우리가 얼마나 실망했던 적이 많았는가를 생각하면 다산의 원칙이 얼마나 지당한 말씀인가를 이해할 수 있다.

> 밝기 전에 일어나 촛불을 밝히고, 세수하고 단정히 옷을 입고 띠를 두른 뒤 단정하게 묵묵히 앉아서 정신을 함양한다.

이렇게 심신을 가다듬은 다음, 그날 처리해야 할 공무에 대하여 순서를 매기고 지시사항도 미리 준비해야 한다. 마음가짐이야 말할 필요도 없지만, 몸가짐도 제대로 해야만 덕 있는 지도자로, 백성들이 본받을 인물로 추대한다는 뜻이다.

> 스스로를 제대로 규율하는 것이 아랫사람을 단속하는 근본임을 알게 된다. 知律己爲束吏之本

다산은 남을 단속하는 지도자의 태도와 아량에 대해서도 간곡한 주장을 펴고 있다.

> 높은 지위에 있으면서 너그럽지 못함은 성인들도 경계한 바였다. 너그러우면서도 이완되지 않으며, 어질면서도 나약하지 않으면 역시 일을 그르치는 경우가 없을 것이다. 居上不寬 聖人攸誡 寬而不弛 仁而不懦 亦無所廢事矣

단속한다면서 지나치게 혹독하고 가혹하게 하다 보면 오히려 일을 그르치는 경우가 많음을 경계했다. 너그럽고 어질게 아랫사람을 단속할 수 있어야만 순조롭게 일이 처리된다고 했다.

아랫사람을 지도해야 할 지도자로서 최종은 역시 의법 조치이다.

> 타일러도 깨우치지 못하고, 가르쳐도 개선의 점이 없고, 어떤 세력을 믿고 속임수나 부리는 사람으로 크게 간악한 사람은 형벌로 다스려야 한다.

관용으로 타이르고 가르쳐도 따르지 않을 때에야 의법 처리하라는 뜻이 돋보이는 부분이다. 이러한 능력의 지도자를 고르는 일은 바로 우리 국민의 몫이다.

청렴은 천하의 큰 장사다

지도자가 자신의 몸가짐, 마음가짐을 제대로 살핀 뒤에는 '청심(淸心)'이라는 덕목을 실천해야 한다. 바른 몸가짐에 맑고 깨끗한 마음을 지니면 지도자의 중요한 요건이 충족된다. 그래서 다산은 맑고 깨끗한 마음의 발현이 지도자의 큰 덕목의 하나인 '청렴'이라 여기고, 청렴한 관리인 '염리(廉吏)'가 되기를 권장하고, 그와 반대 개념인 '탐리(貪吏)'가 되어서는 안 된다고 강조했다.

다산은 매우 역설적인 비유를 통해 참으로 훌륭한 청백리가 되려면 큰 장사를 해야 하고, 진짜로 큰 욕심쟁이가 되라고 말한다.

> 재물이란 인간이 크게 욕심내는 것이다. 그러나 재물보다 더 큰 욕심이 있다면 재물을 버리고 취하지 않기도 한다. 재물에 욕심이 있다 해도 마땅히 '염리'가 되어야 하니 왜 그런가? 아무리 집안이

화려하고 훌륭한 재주를 지닌 지도자라도 몇 백 꾸러미의 돈에 유혹되어 관직을 박탈당하거나 처벌을 받고 나면 더 이상 좋은 관직에는 등용될 수 없다. 지혜가 높고 사려 깊은 사람은 그 욕심이 참으로 크므로 '염리'가 되고, 지혜가 짧고 사려가 얕은 사람은 그 욕심이 작으므로 '탐리'가 되는 것이니 진실로 생각이 여기에 미칠 수 있다면 청렴하지 않을 사람이 없을 것이다. _「율기」 청심

이러한 이유로 다산은 같은 조항에서 대원칙을 피력했다.

탐욕이 큰 사람은 반드시 청렴하려 한다. 청렴하지 못한 것은 그 사람의 지혜가 짧기 때문이다. 大貪必廉 人之所以不廉者 其智短也

인간이라면 대탐(大貪)을 지녀야지 조그만 이익에 얽매여 소소한 뇌물을 받거나 작은 이익에 현혹되어 참된 자신의 욕구가 중간에 좌절하고 마는 그런 불행을 맞아서는 안 된다는 뜻을 담고 있다.

정권 말기에 접어들자 유력했던 정치지도자나 권력의 실세들이 조그만 이익에 연연하다 줄줄이 망가지는 모습을 보면서, 역시 '대탐필렴(大貪必廉)'이구나라는 다산의 외침을 생각하지 않을 수 없다. 5선 6선의 국회의원들이 불명예로 강제 은퇴하고 대군(大君)의 호칭을 받던 지도자들이 망가지는 현실에서, 역시 율기가 부족한 지도자, 염리 되기를 거부한 지도자는 불행한 결

과를 맞게 된다는 다산의 주장에 동의하지 않을 수 없다.

청렴은 천하의 큰 장사다! 큰 욕심쟁이는 반드시 청렴하다!

◇ ◇

공직자의 집안 단속

◇ ◇

가족을 공무에서 배제해야

‘치국평천하(治國平天下)’는 고관대작이나 정치인의 꿈이자 희망이다. 나라의 민주주의를 끝없이 발전시키고, 분단된 조국의 통일을 이룩하고, 극한적인 빈부격차를 해결하여 잘 먹고 잘 사는 경제대국을 이룩해 내겠다는 각오 없이 고관대작이 되고 정치인이 되려는 사람은 아마도 없을 것이다.

여기에 하나를 더하면 오늘 우리 사회의 문제인 지역갈등을 해결하겠다는 포부를 밝히는 위정자도 많다. 민주주의가 꽃 피고, 분단의 극복으로 통일이 이룩되고, 경제대국으로 발전하고, 지역갈등까지 해소되어 화합하고, 평화로운 대한민국이 된다면 얼마나 다행한 일인가. 그야말로 다산의 꿈이던 요순시대가 이룩되었다고 말해도 좋을 것이다.

그러나 유구한 5천 년의 역사를 볼 때, 어느 때에 우리 국민들이 그러한 세상에서 산 적이 있었던가. 공정하고 깨끗한 세상도 만나지 못했고, 불공정하고 부패한 세상에서 벗어난 적이 없었으며, 참다운 민주주의 세상보다는 악독한 독재와 군부독재에 시달린 때가 더 많았고, 조국의 통일은 갈수록 멀어만 가도록 모든 교류가 차단되어 오히려 전쟁의 위협에서 벗어나지 못하는 현실이며, 경제는 해가 갈수록 어렵게 되면서 걱정과 한탄에서 벗어나지 못하는 세상이 오늘이다. 중앙정부의 반(反)균형 발전 정책으로 지역 간의 문제도 더욱 꼬여 가는 실정이 오늘의 문제이다.

다산의 『목민심서』는 임금이나 고관대작들이 어떻게 해야 치국평천하를 이룩할 수 있는가에 대한 200년 전의 답안이 적혀 있는 책이다. 행정이나 정치하는 사람들의 행동규범이자 정책 대안이 열거되어 있는 이른바 공직자 지침서이다.

다산은 치국평천하의 꿈을 이룩하려면 가장 먼저 자신의 사욕을 억누를 줄 아는 '극기(克己)'가 중요하다고 했다. 극기가 곧 율기(律己)이기 때문에 율기를 통해 사욕을 이기고 공심(公心)으로 돌아올 길을 가르쳐 주었다. 치국평천하의 전제 조건이 율기이며, 율기에 해당하는 여섯 가지 항목이 있는데, 그중에서 핵심은 수신(修身)과 제가(齊家)이다. 수신으로 청렴이 몸에 배어 실천하고 집안을 제대로 단속할 수 있으면 율기의 중심적인 일이 해결된다는 뜻이다.

형제 사이란 서로가 그리워하는 것이니 수시로 오고 가게는 해야 한다. 그러나 오래 함께 살아서는 안 된다. 昆弟相憶 以時往來 不可以久居也 _제가(齊家)

사인이라면 해당되지 않지만 공무를 오래 함께 해서는 안 된다고 했다. 아내와 자식인 '가루(家累)'도 엄격하게 단속해야 하지만 형제나 친인척의 단속이 또 하나의 제가임을 알아야 한다는 뜻이다.

수신제가 없이 평천하는 절대로 불가능하다는 것을 옛날의 어진 이들은 거듭 강조하였다. 이 나라의 고관대작이나 지위 높은 정치인들, 친인척도 제대로 단속하지 못하면서 어떻게 치국하며, 어떻게 평천하가 가능할까. 그래서 제발 『목민심서』를 곁에 두고 읽는 일부터 시작해야 한다.

시민여상 시공여사

백성을 상처 입은 환자로 보라

다산은 참으로 간절하게 '선치(善治)'가 오기를 기다렸다. 그렇지만 선치를 만나지 못한 다산은 "백세토록 선치는 없었다.(百世無善治)"라고 탄식하면서 500권이 넘는 저서를 통해 어떻게 해야 선치가 올 것인지 그 대안을 마련해 놓았다. 착한 정치, 잘하는 정치, 좋은 정치의 의미를 지닌 '선치', 그게 그렇게 어려운 것일까. 요순우탕문무주공(堯舜禹湯文武周公)의 성인(聖人) 정치 이후로는 잘한 정치가 없었다는 것이 동양 현인(賢人)들이 주장한 견해였다.

역사와 세상은 바뀌었다. 임금이 정치지도자를 임명하던 시대는 지났고, 국민의 투표로 뽑는 시대가 왔다. 그래서 총선이 중요하고 대선이 중요하다는 것이다. 우리가 맞는 총선과 대선의 해인 금년, 모두 합심하여 현명한 선거를 치른다면, 행여 '선치'가 올 수도 있다. 간절히 기도하고 염원하는 심정으로 참다운 선거를 해본다면 어떨까.

『목민심서』는 참으로 소박하게 선치의 길을 제시해 주고 있다.

> 정자(程子)는 정치를 하면서 '시민여상(視民如傷)'이라는 네 글자를 써놓고 "나는 날마다 이 문구에 부끄러움이 있다."고 하였다.

백성을 상처 입은 사람으로 여기고, 그들을 어루만지고 보살피는 심정으로 정치를 해야 한다는 뜻이다.

> 정치의 요체는 두려워할 외(畏) 한 자뿐이다. 의(義)를 두려워하고, 법을 두려워하며, 상관을 두려워하고, 백성을 두려워하면 된다.
>
> 정치를 하려면 세 글자의 오묘한 비결이 있으니 첫째는 맑음(淸)이요, 둘째는 삼감(愼)이요, 셋째는 부지런함(勤)이다.

백성을 상처 입은 환자로 보지 않고 멋대로 취급하는 사람, 의도 두려워하지 않고 법도 두려워하지 않으며 백성도 두려워하지 않는 사람, 청렴하지도 신중하지도 부지런하지도 않은 사람은 절대로 선출해서는 안 된다는 것이 『목민심서』의 정신이다. 그런 사람을 뽑았기 때문에 결국 '선치'는 오지 않았다는 결론이다.

……… 공적인 재산을 내 재산 아끼듯이 해야

제5기 지방자치 시대가 본격적으로 열렸다. 광역시장과 도지사들이 취임하고, 시장·군수·구청장까지 취임식을 마치고 희망찬 업무를 개시하였다. 그에 따라 광역의회와 시군구의회도 조직의 구성을 완료하고 본업인 의정활동에 들어갔다. 본인들의 각오도 대단하겠지만 국민들이 거는 기대도 크다. 4년 임기를 제대로 채우면서 주민들을 보살피며 정직하고 깨끗한 공무 수행으로 지방자치가 한 단계 업그레이드되기를 간절히 바라고 있다. 초심을 버리지 말고 주민들과 약속한 취임사의 내용을 잊지 말고 기필코 실천해 주리라 믿어 의심치 않는다.

취임한 모든 목민관에게 다시 한번 권하고 싶은 이야기가 있다. 금년 초봄부터 호화청사 문제로 시끄럽더니, 요즘은 지자체의 빚이 너무 많아 모라토리엄을 선언하는 단체장까지 나오기에 이르렀다. 주민들이 납부한 혈세의 세금을 흥청망청 낭비하여 빚더미에 앉더니, 끝내는 빚을 갚을 수 없어 유예를 선언하기에 이르렀다는 것이다. 이런 자치단체가 하나둘에 그치지 않고, 앞으로도 계속 되리라는 기사까지 나오고 있다.

다산은 『목민심서』에서 목민관의 본무(本務)는 청렴이고, 수무(首務)는 절용(節用)이라고 했다. 청렴이야말로 단체장들의 본원적인 임무이지만, 아껴 쓰는 절용은 첫째로 해야 할 임무라고 정의를 내린 것이다.

'절용' 조항을 읽어 보기를 취임한 단체장들에게 권한다. 아껴 쓰고 절약해서 빚을 져서는 안 되고, 풍족하고 여유 있게 남겨 주민들의 윤택한 삶을 보장해 주어야 한다. 그러려면 먼저 주민들을 자애롭게 보살피는 마음을 지녀야 하고, 자애로우려면 반드시 청렴해야 하고, 청렴하려면 검약한 생활이 앞서야 한다.

그래서 다산은 청렴하고 검약한 생활을 보장하는 대원칙을 천명했으니 바로 '시공여사(視公如私)'라는 사자성어이다. 사용(私用), 즉 개인 재산에 대한 절약이야 사람이면 누구나 할 수 있는 일이지만, 공고(公庫), 즉 공적 재산을 절약하는 일은 아무나 하기 어려우니, 사재를 아끼듯이 공적 재산도 아낄 수만 있다면 현명한 목민관이 될 수 있다는 것이다.

개인의 재물이야 쌀 한 톨도 깍쟁이처럼 아끼는 사람이 공적 재산은 물 쓰듯이 흥청망청 사용하다가 시군의 재정이 바닥난다면, 결국 피해자는 누구인가. 주민들을 자애롭게 여기는 현명한 목민관이라면 다산의 깊은 뜻을 가슴에 새겨야 한다.

아껴 쓰면서 베풀어야

여기서 아껴 쓰는 일과 베풀기를 좋아하는 일과의 관계를 살펴볼 필요가 있다.

다산은 「율기(律己)」 편에 '낙시(樂施)' 조항, 곧 베풀기를 좋아하라는 항목을 설정하여 "절약만 하고 재물을 나눠 쓸 줄 모르면 친척들도 멀어진다.(節而不散 親戚畔之)"라고 경고하고, "베풀기를 즐거워함이 덕을 심는 근본이다.(樂施者 樹德之本也)"라고 말하여 아껴 씀과 베풂의 관계를 세세하게 설명했다.

> 못에 물이 괴어 있음은 앞으로 흘러내려 만물을 적셔 주기 위함이다. 그러므로 절약할 수 있는 사람이라야 베풀 수 있고, 절약할 수 없는 사람은 베풀지 못하기 마련이다.

이렇게 비유하면서 절약하여 축적된 재화가 있어야 베푸는 즐거움을 맛볼 수 있다고 주장했다. 그러면서 설득력 있는 예를 들었다.

> 창기(娼妓)를 불러서 거문고 타고 피리 불 때, 비단옷 입고 높은 말에 좋은 안장을 차리거나, 그것도 부족해 상관에게 아첨하고, 권귀(權貴)들에게 뇌물 바치는 비용이 하루에도 수만 전을 넘고, 1년이면 소비하는 돈이 억만 전이나 되고서야 어떻게 친척들에게 베풀 돈이 있겠는가?

사치하고 낭비하면서는 베풀 수 있는 재원이 부족할 수밖에 없다는 것이다. 그래서 "아껴 쓰는 일이야말로 베풀기를 즐기는 근본이다.(節用 爲樂施之本)"라고 설파하였다. 이 대목에서 다산은 자신의 경험을 소개했다.

내가 귀양살이할 때 나를 동정하고 도움을 주는 수령들은 검소한 의복을 입은 분들이었다. 화려한 옷을 입고 얼굴에 기름기가 돌며 음탕한 짓을 즐기는 수령들은 나를 돌봐주지 않았다.

중앙정부의 절용이 부족함도 문제지만, 지방자치단체에서의 예산 낭비와 절용의 원칙을 지키지 않는 점도 큰 문제이다. 국민을 생각하고 자치단체 주민들을 생각하기보다는 자신의 업적을 과시하고, 자신의 명예만을 위해서 과도한 예산집행을 서슴지 않는 자치단체장의 행태는 우리나라의 큰 문제 중에서 큰 문제이다.

호화청사 문제는 일찍부터 거론되는 낭비의 주범이었고, 실속이나 실익이 없는 과시행정으로 엄청난 예산을 낭비하여 운영난에 허덕이는 지자체도 많은 형편이니, 장들의 절약·절용에 대한 인식 부족은 반드시 시정되어야 한다.

위의 모든 내용은 「율기」 편에 나오는 이야기이다. 모두가 자기의 사욕을 억제하고 사심(私心)을 죽여 공심(公心)을 회복하고, 만민을 위해 자신을 희생할 굳은 각오로 약속을 이행하는 그런 사람이 지도자가 될 수 있다. 제발 좀 좋은 정치가 왔으면 한다. 착하고 잘하는 정치 좀 구경하면서 살아간다면 얼마나 좋을까.

◇ ◇

부패공화국이라는 오명

◇ ◇

윗물이 맑아야 아랫물이 맑거늘

도대체 이 나라에서는 언제쯤 '부패'와 '비리'라는 단어가 사라질까. 6·25 바로 뒤인 때로 기억되는데, 그때는 '사바사바'라는 말이 유행하면서 어떤 경우에도 급행료를 지급하지 않으면 일이 처리되지 않았다. '사바사바'로 상징되던 이승만 독재부패 정권은 끝내 몰락하고 말았다. 참으로 어둡고 암담한 세월이었다.

4·19혁명을 통해 이승만정권이 무너지고 새로 등장한 군사쿠데타 정권은 말로는 '부정부패 일소'라는 구호를 내걸었지만, 부패와 비리가 더욱 심해지면서 깨끗하고 정직한 세상은 요원해졌다. 최악의 독재시대이던 유신정권이야 '절대권력 절대부패'라는 정치원리에 따라 비리와 부패가 사회 내부에 착근하여 더더욱 기승을 부릴 수밖에 없었다.

5공·6공의 군사정권은 부패가 만연되어 대통령이라는 사람들이 청와대 안방에서 1조에 가까운 뇌물을 받는 지경에 이르고 말았다. 그런 와중에도 노동자들의 피땀 어린 희생과 국민 모두의 근면 성실한 노력으로 경제적 지위야 올라갔지만, 인간의 도덕성과 인격은 갈수록 저하되면서 부패공화국이라는 오명에서는 벗어날 수 없었다. 그런 유산을 이어받은 현 정권에서는 차마 눈뜨고 볼 수 없는 부정과 비리가 극한에 이르렀음을 감지하게 된다.

다산 정약용이 바라던 세상은 간단했다. 『목민심서』에서 다산의 뜻을 간추려 보면 세 가지 종류이다. 첫째, '청심(淸心)'이다. 여하한 경우라도 청렴한 마음을 버리지 않고, 공정하고 깨끗한 마음씨를 지녀야만 정치지도자의 반열에 오를 수 있다는 것이다.

둘째는 '속리(束吏)'인데, 지도자급 공직자는 하급 관리를 제대로 통제하여 부패와 비리에는 절대로 손을 떼게 만들어야 한다는 것이다.

셋째는 '용인(用人)'인데 적재적소에 직책을 제대로 수행할 만한 인물을 골라 등용시키는 일이다. 인재를 고르는 일에 실패하는 한 절대로 바른 정치는 기대할 수 없다는 것이 다산의 뜻이었다.

그러나 우리나라의 역대 정권은 위 세 가지 일에 모두가 실패하고 말았다. 정권 말기만 되면 봇물 터지듯이 대형 뇌물 사건이 터져 부패공화국임을 여지없이 증명해 주고 있다.

중소기업자들은 절망에 빠져 있고 월급쟁이들은 희망이 없는 세상인데, 천문학적인 거액의 뇌물이 오고간 사건을 보노라면 절망이 앞선다. 정직하고 깨끗한 세상도 아니고, 공정한 사회도 아닌 오늘, 어떻게 해야 부패와 비리를 막을 수 있을까.

> 감독할 위치에 있는 상급자의 행동 또한 정도(正道)에서 나온 것이 아니면 하급관료는 간사해지기 마련이다._「간리론(奸吏論)」

다산의 말에 귀를 기울여야 한다. 고관대작들이 부패에 연루되어 있는데 누가 깨끗해지겠는가. 부패를 막으려면 우선 자신들부터 깨끗하고 정직하며 아랫사람들의 모범이 되는 방법 이외에 어떤 것이 있겠는가.

누가 진짜 큰 도적인가

큰 도둑은 손도 못 대고 좀도둑만 잡아들이는 세상

다산이 젊은 시절에 쓴 「감사론(監司論)」에서 조그만 고을의 군수나 현감도 탐학질을 하는 한 도적이겠지만, 그들이야 재물의 양이나 돈의 액수가 적기 때문에 아주 작은 도둑에 지나지 않는다면서 평안 감사다, 전라 감사다, 경상 감사와 같은 대형 지역의 관찰사야말로 진짜 큰 도적이라고 말했다.

이런 논리를 더 부연하여 청백한 관리와 탐학한 관리를 세세하게 설명한 『목민심서』의 청심(淸心) 조항에는 남의 물건을 훔치다 붙잡힌 좀도둑이 관리를 향해 자기가 왜 도적이냐면서 관리를 크게 꾸짖는 대목이 나온다.

다산은 청심을 제대로 이해하고 실천한 대표적인 공직자로 중국 명(明)나라의 정선(鄭瑄)을 유독 많이 거명했다. 명나라의 관인·학자로 이름은 선(瑄), 자는 한봉(漢奉)이며 저서에는 『작비암집(昨非菴集)』과 『작비암일찬(昨非菴日纂)』 등이 있다. 『일찬』은 목민(牧民)에 관한 내용이 들어 있는 유명한 책이다.

그 책에 나오는 일화를 소개한다.

관리가 도적을 심문하는데, 도적질 내용을 밝히라고 하자, 도적이 오히려 무엇이 도적질인가를 되물었다.

"너는 도적이면서 도적질을 모른단 말이냐? 궤짝을 열어 재물을 훔치는 것이 도적이다."

도적이 비웃으며 말했다.

"당신 말대로라면 내가 왜 도적입니까. 당신 같은 관리가 진짜 도적이지요. 관리라면서 고금(古今)을 상고하거나 천인(天人)의 이치를 연구하여 국토를 경영하고 백성들에게 혜택을 베풀 것은 생각지도 않고, 밤낮으로 정치권력과 손잡아 일확천금할 것이나 바랍니다. 관복을 입고 홀을 잡고 당당히 앉으면 아전과 하인들이 아래서 옹위하여 존엄이 마치 천제(天帝)와 같습니다. 벼슬은 이(利)를 따라 나오고 인사(人事)는 뇌물로써 이루어집니다.

조폭의 두목 같은 세력가들은 한낮에 살인을 하여도 뇌물꾸러미가 한번 들어가면 법이 어디 있으며, 권력이 황금에 있어 해도 빛을 잃고 석방되어 의기양양하게 거리를 다니는 세상입니다. 마을의 천한 백성들은 벌을 돈으로 속죄하여 더욱 가난의 고초를 겪어서 더벅머리에 살갗은 깎이고 집칸도 유지하지 못하여 처자를 팔 지경에 이르러 바다에 빠지고 구렁텅이에 묻혀도 살피고 근심할 줄을 모르니 신(神)이 노하고 사람들이 원망하여도 돈의 신령스러움이 하늘에 통하여 그 벼슬의 명예가 크게 일어나고 큰 저택은 구름처럼 이어 있고 노래와 풍악 소리는 땅을 울리고 종들은 벌떼 같고 계집들은 방에 가득하니, 이들이 참으로 천하의 큰 도적입니다.

땅을 파고 지붕을 뚫어 남의 돈 한 푼을 훔치면 곧 도둑으로 논죄하고, 관리들은 팔짱을 끼고 높이 앉아서 수만의 돈을 긁어모으면서도 오히려 벼슬의 명예는 잃지 않으니, 큰 도적은 손도 못 대고 민간의 거지들과 좀도둑만 문죄하시는 겁니까?"

이렇게 따지자 관리가 즉시 이 도둑을 놓아 주었다라는 말로 끝이 난다. 정선이 말한 그 관리는 그래도 작은 염치라도 지녔다고 보인다.

청빈의 문제는 인류의 난제인가

다산은 계속 정선의 말을 인용한다.

> 자신의 할아버지나 아버지를 계손(季孫, 춘추시대의 권력자)이나 도주(陶朱, 춘추시대의 최고 부자)와 같은 무리라면 발끈 성내고, 공의(公儀, 청백했던 사람)와 백기(伯起, 楊震의 자로 대표적인 청백리)와 같은 반열에 올려 주면 역시 매우 기뻐하니 이것은 돈 많은 것이 추한 것이고, 순박하고 청렴한 것이 귀한 것이라는 것을 분명히

알고 있다는 것이다. 그런데도 뜻을 둔 바는 귀한 것이 아니고, 귀하게 여기는 것은 추한 것에 많으니, 이는 어찌된 일인가?

속으로는 부귀를 탐하면서 겉으로는 청백을 좋아하는 것처럼 행동하는 세속의 인간을 꾸짖었다고 말했다.

정선은 겉과 속이 완전히 다른 가짜 공직자들을 비판하였다.

근래 사대부가 밖으로는 공명(公名)을 낚고 안으로는 재산을 경영하며, 천이나 되는 넓은 집채에 기름진 밭이 만 경(頃)이나 되고, 남자종이 개미떼 같고 비첩은 구름과 같은데, 입만 열면 성명(性命)철학을 고상하게 담론하고 청허(淸虛)함을 자부하니, 비록 혀끝에 오색보련(五色宝蓮, 부처님의 장중 화려한 말씀)을 토한다 하더라도 나는 믿지 않을 것이다.

예나 이제나 부귀와 청빈의 문제는 그렇게 쉽게 말하기 어렵다. 청렴한 공직자라는 소문이 난 사람도 재산신고로 나타나는 재산은 겉과는 다르며, 정의의 사도로 자처한 고관들도 속을 들여다보면 외형과는 다른 경우가 많다. 공무원(公務員)이란 공(公)에 힘쓰는 사람인데, 그 이름과는 다르게 외부로는 공에, 내부로는 사(私)에 힘쓰는 것으로 드러나니, 우리 국민들이 실망하지 않을 수 없다.

옛날 중국에서도 그랬다니 부귀와 청빈의 문제는 영원히 해결하지 못할 인류의 난제일까. 다산이 그렇게도 강조한 '청심(淸

心)', 공직자에게서 청심이 떠나면 그런 나라는 희망이 없는 나라이다.

관리의 탐학, 민란의 조짐

유교의 창시자 공자의 중심사상은 인(仁)이라는 글자에 있다. 그래서 공자는 "어진 사람은 인에 편안하고 지혜로운 사람은 인을 이롭게 여긴다.(仁者安仁 知者利仁)"라고 했다. 인은 무척 높은 도덕률이어서 다산은 인의 아랫단계인 '염(廉)'을 중심에 두고 "청렴한 사람은 염에 편안하고 지혜로운 사람은 청렴을 이롭게 여긴다.(廉者安廉 智者利廉 淸心)"라고 표현을 달리했다. 공직자들이 청렴하면 나라가 제대로 된다는 것이 다산의 뜻이었다.

그러나 다산이 살던 시대는 정말로 썩고 부패한 세상이었다. 강진에서 귀양살 때 큰 흉년을 맞아 일반백성들은 기아에 허덕이는데, 탐관오리들은 더욱 극성을 부려서 백성들이 살아갈 의욕마저 잃어가고 있었다. 힘겨운 귀양살이와 병고에 시달리던 다산은 고관(高官)인 친구에게 편지를 보내 부패한 시대를 고발했다.

> 이 몸은 풍병이 점점 심해지고 온갖 병이 생겨 죽을 날이 가깝지만, 기쁜 마음으로 유배지에 몸을 묻을 수 있겠으나, 마음속에 서려 있는 우국(憂國)의 충정을 가눌 길이 없습니다._「김공후에게 보

내는 편지(與金公厚書)」

이어서 '추악한 소리와 고약한 냄새(穢聲惡臭)'를 비참해서 듣고 맡을 수 없다면서 탐관오리의 징치를 강력히 요구했다.

그때의 편지를 읽어 보면 다산이 유배 살던 호남에는 큰 근심이 두 가지 있는데, 하나는 민란의 염려고 다른 하나는 관리의 탐학이라고 분명히 말하고 있다. 이 점에 대해 위당 정인보는 다산이 호남에서 일어난 동학농민전쟁을 미리 예견했다고 말하기도 했다. 탐학한 관리들 때문에 백성들은 죽어 가는데, 그런 실정에 아무도 책임을 지지 않는 당시의 정치에 다산은 한없는 분노를 느끼고 있었다.

요즘 우리의 현실을 보면 유독 고관대작들의 부패와 비리가 드러나고 있어 세상이 이렇게 썩고 부패할 수가 있는가를 탄식하게 된다. 권력의 핵심들이 뇌물을 주고받은 보도를 접할 때면, 그때의 다산의 탄식을 다시 생각하지 않을 수 없다. 역사란 이렇게 반복되기만 하는 것인가. 이렇게 도덕적으로 둔감한 지도자들이 많다는 생각을 하면, 우국충정에 마음 졸이며 분노를 터트리지 않을 수 없다던 다산의 마음을 충분히 이해할 수 있다.

일년 내내 일하고도 연봉 1~2천만 원도 못 받는 일용직 근로자나 비정규직 노동자들이 가득한 세상에 몇 천만 원, 몇 억의 뇌물이 일상화되어 있다면 이것을 어떻게 이해해야 할까. '예성악취(穢聲惡臭)'가 그치게 될 그날을 그렇게도 바라던 다산의 마음이 저리게 느껴지기만 한다.

청렴한 목민관은 가난을 걱정하지 않는다

청렴의 맑은 기운은 사람에게 스며든다

『목민심서』는 다산 자신이 평생의 목표로 정했던 '공렴(公廉)'이라는 대원칙을 어떻게 해야 제대로 실천할 수 있을까에 대한 방법과 모범적인 사례가 가득 찬 책이다. 공정하고 공평한 공무 집행에 청렴이라는 도덕성을 제대로 발휘할 수 있을 때에만 목민관은 제 역할을 할 수 있어서 가난하고 불쌍한 백성들은 그런 목민관을 만나야 사람다운 삶을 살아갈 수 있노라고 주장한 책이기도 하다.

「율기(律己)」편의 청심(淸心) 조항에서 그렇게도 많은 사례를 들어 목민관은 청렴할 때에만 제대로 목민관 노릇을 할 수 있다고 강조했지만, 임무를 마치고 근무하던 고을에서 집으로 돌아오는 목민관의 모습에 대한 내용이 담긴 「해관(解官)」편의 체대(遞代) 조항에서도 다시 청렴한 목민관의 모습을 자세하게 설명해 주고 있다.

> 나의 친구 한익상(韓益相, 1767~1846)은 가난한 선비다. 벼슬살이로 수십 년 동안 갖은 고생을 다했다. 만년에 경성 판관(鏡城判官)이 되자, 친구들이 모두 그의 살림이 좀 윤택해질 것을 기뻐했다. 그런데 경성부에 부임해서도 한결같이 청렴결백하고 녹봉 5~6만 전을 희사하여 굶주리는 백성들을 진휼하고 요역(徭役)을 감해 주었다. 하찮은 일로 파면되어 돌아올 적에 관내 백성 5천 호(戶)의 부로들이 교외에 나와 전송하고, 호마다 베 1필씩을 거두어 그에게 노자로 주었으나 모두 물리치고 받지 않았다. 돌아와 집안을 살펴보니 아궁이에 불을 때지 않은 지가 사흘이나 되었어도 끝내 후회하는 일이 없었다.

자신이 직접 목격한 친구의 공직생활을 그림처럼 자세하게 설명했다. 이런 대목만 보아도 『목민심서』라는 책의 귀중함을 바로 느낄 수 있다. 공직자의 자세나 마음가짐을 책상에 앉아 관념적으로 나열해서 설명하는 것이 아니라, 자신이 목민관으로 근무하면서 실제 행했던 일이나, 친구나 지인이 했던 행위들을 나열하여 누구라도 그렇게 실천할 수 있다는 경험 위주로 꾸며진 책이 『목민심서』이다. 그래서 그 책의 가치가 높고 크다는 것이다.

한익상은 순조 7년(1807) 문과에 급제하여 낮은 벼슬을 전전하였기에 가난을 면할 길이 없었으나 후회하지 않고 탁월하게 청렴한 공직생활을 하였고, 뒤에 무안(務安) 현감도 지내고, 강원 관찰사에 임명되었으나 부임하지 않았으며, 청렴만을 목표로 근무하여 언제나 가난한 삶을 면하지 못했다. 그렇게 가난했지만 녹봉까지도 더 가난한 백성들에게 희사해 버렸으며, 그 결과 임무를 마치고 떠나오던 날 집집마다에서 주민들이 나와 환송해 줄 정도로 현명한 목민관 생활을 했으니, 다산이 칭찬을 하지 않을 수 없었다.

공직자는 청렴할 때에만 백성의 사랑을 받을 수 있다. 집안에 식량이 떨어졌어도 전별금까지 사양했던 한익상 같은 목민관이 오늘에도 있다면 얼마나 세상이 좋아질까.

청렴하다는 평가야말로 지극한 영화

형조 판서를 지낸 이규령(李奎齡)이 젊어서 수원 부사를 역임했는데, 그 무렵 청렴하고 자애로운 정치를 하고 있다는 소문이 들리자, 우암(尤庵) 송시열(宋時烈)이 편지를 보내 칭찬했다.

> 큰물이 산을 둘러싸면 지척에서 말하는 사람의 소리도 들을 수 없지만, 유독 어진 소리만은 귓전에 쟁쟁하다. _『목민심서』 청심(淸心)

조선 500년, 부정과 부패가 판치던 세상이었지만, 청렴한 목민관이 곳곳에서 무너져 가는 나라를 지탱해 주었다.

세상에 무서운 것은 부정이고 비리이고 부패이다. 부패한 나라는 반드시 망하고 말았던 것도 인류 역사상 정확한 진리였다.

다산은 청백리의 역사를 서술하고, 어떤 사람이 청백리고, 또 어떻게 해야 청백리가 될 수 있는가에 대하여 참으로 자상하게 기록해 놓았다. 아랫사람을 단속하여 참으로 청백한 고을을 만들려는 의지는 우선 목민관 스스로 솔선수범하여 털끝 하나의 티끌이라도 묻지 않아 모든 공직자의 모범이 될 때에만 아랫사람을 제대로 이끌어 갈 수 있다고 역설했다. 탐관오리가 백성을 무한대로 착취하던 조선왕조 후기로부터 식민지시대를 지나 새롭게 정부가 세워진 뒤에도 부정부패는 사라지지 않아 고통을 당하는 사람은 바로 힘없는 일반 백성들이다.

청렴하다는 소리가 사방에 퍼져서 잘한다는 소문이 날마다 들려오면 역시 인간 세상에서의 지극한 영화이다. 淸聲四達 令聞日彰 亦人世之至榮也 _청심(淸心)

세상을 살아가는 인간으로서의 지극한 영화는 부귀호강에 있지도 않고, 고관대작이 되어 권력을 누리는 재미도 아니고, 오직 조그마한 고을의 목민관이라는 낮은 지위라도 청렴하고 깨끗한 정사를 편다는 소문이 사방에 퍼진다면 그 이상의 영화가 없다니, 청렴의 뜻이 얼마나 소중하고 귀한 것인가.

청렴한 고을을 지나면 맑은 기운이 사람에게 스며든다는 그런 청렴, 옥항아리처럼 맑고 봄바람처럼 은혜롭다는 청렴, 오늘의 목민관들도 그런 칭찬을 받을 수 없을까.

상명하복 말고 이정봉공

상관과 부하가 한통속이 되어서야

『목민심서』「봉공(奉公)」 편의 '예제(禮際)'라는 조항은 명칭을 풀이하기 어려운 것처럼 의미 깊은 내용이 참으로 많은 부분이다. '예제'란 서로 간에 예의를 제대로 지킨다는 뜻이니, 공직자들 사이의 에티켓이라고 쉽게 풀이할 수 있지만, 곰곰이 따져보면 더 깊은 뜻이 담겨 있다. 열거된 내용을 종합해 보면, 목민관이 상관이나 동료, 전임·후임자들은 물론 관속들과 예의 바른 관계를 갖는다는 의미로 풀이된다.

옛날이나 지금이나 공직자들은 상명하복의 관계로, 하관은 상관에게 무조건 복종하는 것만 예의 바른 처사로 생각하기 쉬운데, 다산은 분명히 말했다. 상관의 명령에 무조건 따르고, 상관을 잘 섬기는 것만이 능사가 아니라는 견해를 밝혔다.

중국의 역사상 황제로서 큰 이름을 얻은 사람이 많지만, 그 중에서도 특별히 세상에 많이 알려진 사람 가운데 광무제(光武帝)라는 후한(後漢)의 초대 황제가 있다. 유수(劉秀)가 본 이름이고 문숙(文淑)이라는 자(字)로 많이 알려졌다. 광무제가 무위(武威)라는 고을의 태수(太守, 지방장관)로 임연(任延)이라는 사람을 임명했다. 임연은 머리도 뛰어나고 인품도 훌륭했으며 학식도 넉넉하여 어려서부터 성동(聖童, 성인 같은 아이)이라고 호칭되었다. 그에게 태수 임명장을 주면서 광무제가 당부했다.

"상관을 잘 섬기어 명예를 잃지 않도록 하라."

그러자 임연이 대답했다.

"신이 듣자옵건대 충신은 사정(私情)에 매이지 아니하고, 사정에 매이는 신하는 불충하다 했습니다. 바른 것을 이행하고 공을 받드는 것이 신하의 도리요, 상관과 부하가 한통속이 되는 것은 폐하의 복이 아니오니, 상관을 잘 섬기라고 하신 말씀은 신은 감히 말씀대로 받들 수 없습니다."

"그래. 경의 말이 옳소."

『목민심서』 예제(禮際)에 나오는 이야기이다.

상관을 잘 섬기라는 말이 그렇게 나쁜 말이 아니건만, 지엄한 폐하 앞에서 감히 말씀대로 따를 수 없노라고 답변할 수 있는 그런 신하, 황제의 잘못된 생각을 바르게 고치도록 간(諫)할 수 있는 신하가 많을 때에만 나라가 바르게 다스려질 수 있음을 다산은 강조하려고 그런 일화를 소개했다.

공직자란 '이정봉공(履正奉公)', 올바른 일을 이행하고 공을 받드는 것이 중요하지 잘못된 상관이 얼마든지 있을 수 있는 세상에서 상관만 잘 섬기는 일은 국가에 도움이 되지 않는다는 그런 바른 정신이 임연에게는 있었다.

광무제는 지금부터 2천 년 전의 제왕이다. 그때 벌써 상명하복의 예제에서 벗어나 상관과 하관의 관계란 이정과 봉공으로 상하관계를 유지함이 올바른 관계라고 서로 간에 인정하였으니 얼마나 훌륭한 예제인가.

기본적으로는 공법(公法)에 어긋나고 민생(民生)에 해를 끼치는 명령을 내리는 상관은 큰 죄악을 저지른 범법자이다. 그렇다면 공법에 어긋나고 민생에 해를 끼치는 상사의 명령을 그대로 따라 시행하는 하관은 잘못이 없을까. 부당한 명령을 내리는 것도 범법이지만, 부당한 명령에 이의를 제기하지 않고 그대로 실시하는 것도 차이 없는 범법임은 말할 나위가 없다.

백성을 해치는 법은 지키지 말아야

『목민심서』 수법(守法) 조항은 말 그대로 법을 지키는 일이 공직자의 기본임을 열거한 내용이다.

> 이(利)에 유혹되어서도 안 되고, 위세에 굽혀서도 안 되는 것이 목민관의 도리이다. 비록 상사가 독촉하더라도 받아들이지 않는 부분이 있어야 한다. 不爲利誘 不爲威屈 守之道也 雖上司督之 有

所不受

수법 조항에 들어 있는 다산의 주장을 들어보면 통쾌하지 않은 부분이 없다. 200년이 흐른 지금, 공법에 어긋나고 민생에 해가 되는 명령을 내린 상관들이 있고, 그 명령에 한술 더 떠서 탐정소설에나 나오는 첩보원 하관들의 처사에 이르러서는 어안이 벙벙하지 않을 수 없다. 민주주의 기본이 무너지고 국기가 흔들릴 정도로 인간의 기본권을 명백히 침해한 범법행위가 국가기관의 이름으로 자행되었다니 무슨 말이 더 필요한가.

공직자로서의 다산의 기개는 대단했다. 준법(準法)을 누누히 강조했던 다산이지만 이롭지 못한 법령이라면 절대로 지켜서는 안 된다고 명확하게 주장하고 있다. '위민흥리(爲民興利)'가 아닌 어떤 명령이나 법령도 지키거나 응할 필요가 없다는 논지였다.

내가 곡산(谷山)부사로 재직할 때, 하루는 감사가 급한 공문을 보내 은광(銀鑛)의 광부 200명을 징발하여 재령군으로 가서 장용영(壯勇營, 정조대왕의 직할부대)에서 둑 쌓는 일을 도우라는 독촉을 했다. 내가 답서를 보내 듣지 않았더니, 다시 내려온 공문은 더욱 엄중하였고, 보낸 편지에는 "근일(近日)의 일은 자기 의견만 고집함은 좋지 않다. 더욱이 장용영은 다른 부서와는 다른데 어찌 감히 듣지 않는가."라고 하였다. 내가 답하기를 "근일이란 현재의 임금님이 다스리는 세상이다. 왜 자기 의견을 주장함이 좋지 않다는 것인가. 다른 부서의 일이라면 그래도 따를 수 있겠으나, 이 장용영의 일만은 만약 백성을 동원해서 원망을 산다면 현재 임금님의 덕에 누를 끼침이 작은 일이 아니다." 하고는 따르지 못하겠다는 보고를 올렸다. 감사는 일이 생길까 두려워하여 끝내 곡산은 덮어두고 오직 다른 고을에만 부역을 시켰다. _「호전(戶典)」 평부(平賦)

백성들을 동원하여 부역을 시키는 역역(力役)은 가능한 줄여야 하고, 하더라도 신중하게 대처하여 백성을 위하여 이로운 일이 아니면 해서는 안 된다는 원칙을 고수했던 분이 다산이다. 임금을 앞세우고, 대통령을 빙자하여 매우 고통스럽기 짝이 없는 부역을 깊은 고려 없이 백성들에게 부과하는 일은 삼갈수록 현명한 목민관이라는 것도 다산의 주장이다. 그 일을 시키면 임금이나 대통령에게도 누가 되고 덕에도 손상이 오는데, 높은 사람을 빙자하여 이롭지도 못한 부역을 시키는 일은 백성들을 고통에 빠뜨리는 일에 불과하다. 이런 통찰에 밝았던 다산이었기에 2년여의 곡산 도호부사 시절은 그의 생애에 가장 자랑스러운 목민관 생활이 될 수 있었다.

세금이나 요역(徭役)의 균등과 공평은 바로 통치의 요체이다. 그래서 다산은 백성들의 부담이 큰 세금이나 요역에는 아무리 높은 곳의 명령이더라도 그냥 응하지 않고, 법령과 사리를 따져 합리적이지 못하면 직을 걸고라도 명령에 응하지 않았던 경우가 여러 차례 있었다. 기록을 좋아하던 다산은 그런 문제에 어떻게 대처하였는가를 기록으로 자세히 남겨 역사의 거울이 되게 하였다. 요즘의 목민관들도 한번 쯤 살펴볼 일이다.

벼슬살이, 아름답게 마무리해야

권력은 교체되기 마련이다

선비나 군자가 하는 일은 시작도 중요하지만, 일을 끝마칠 때 역시 멋지고 아름다워야 한다. 다산의 『목민심서』는 바로 군왕의 지위나 권력에 버금가는 목민관(牧民官)을 제후(諸侯)에 비기고, 입법·사법·행정을 한손에 쥔 통치자로 견주어, 그들이 제대로만 임무를 수행하면 요순 세상이 온다고 주장하는 내용이다.

『목민심서』의 결론에 해당하는 「해관」 편은 요즘 말로 표현하면 권력자가 퇴임하거나 임기를 마치고 돌아갈 때 어떻게 처신하고 재산이나 물품을 어떻게 처리해야 정당하고 바른 선비나 군자의 처신인가를 설명해 주고 있다. 여기서 첫 번째 항목이 참 재미있다. '체대(遞代)'라는 말은 요즘 말로 임무교대인데, 어떤 권력자도 때가 되면 교체된다는 것을 명확히 선언하고 있다.

정말로 역사적인 선언이다.

> 권력은 교체되기 마련이다. 교체되어도 놀라지 않고 권력을 잃어도 연연해하지 않아야만 백성들이 그를 공경하게 된다.

카다피의 총살이 세상을 경악하게 했다. 그의 비참한 주검이 더욱 우리를 놀라게 했다. 42년 독재의 종말은 그렇게 참혹했다. 그는 권력은 교체된다는 다산을 배우지 못하고, 영구불변의 독재가 가능하리라는 어리석은 판단에서 그런 최후를 맞고 말았다. 남의 일이 아니다. 자유당 12년, 공화당 18년, 교체된다는 권력의 생리를 몰랐기에 그들의 최후도 너무나 비참했다. 세월은 약이다. 우리의 권력자도 이제 교체될 수밖에 없다는 것을 분명히 알았다. 다만 교체될 때, 권좌에서 물러나오면서 챙겨야 할 것이 어떤 것임을 아직도 모르고 있어 안타까운 생각이 든다.

'귀장(歸裝)'이라는 항목이 너무나 자세하고 상세하다. 끝마치고 떠나는 선비의 모습은 조촐할수록 산뜻한 바람이 사람들에게 스며든다고 했다. 재산을 몽땅 챙기거나, 권총을 순금으로 만들어도 안 된다. 은퇴한 뒤 살아갈 사저를 호화롭게 짓거나, 땅 투기 의혹을 일으킨다면 더더구나 안 될 일이라는 것이 다산의 뜻이다.

중국의 양만리(楊萬里)라는 사람의 예를 들어 허름한 사저일수록 국민들의 추앙을 받는다고 했다. 양만리는 봉급으로 쓰고 남은 돈을 관고(官庫) 속에 그대로 두고 왔고, 그의 아들도 벼슬하면서 받은 봉급을 대부분 나라에 반납했다고 한다. 그들 부자(父子)가 살던 집은 "짧은 서까래에 흙으로 섬을 만들어 농부 집과 같은 모양으로 3대에 걸쳐 증축·장식하는 일이 없었다."고 했다. 그래서 어떤 선비 목민관이 그의 집 모양을 그림으로 그려 모범으로 삼았다고 한다.

맑은 바람을 일으키며 돌아가야

옛날의 제도와 일치되지는 않아 딱 들어맞지야 않지만, 요즘의 크고 작은 지방관은 옛날로 보면 목민관으로 비교될 수 있다. 자리를 비워 주고 떠나야 할 사람들이 어떤 태도를 취하고, 어떤 자세로 임해야 하는가에 대하여 다산은 『목민심서』를 통해 참으로 자상한 설명을 해놓았다.

다산의 기본정신은 우선 떠날 때 어떤 것도 가지고 가서는 안 된다는 주장이다. '무소유'야 못하더라도 이것저것 잔뜩 챙겨서 떠나는 일이야말로 가장 수치스러운 일이며, 허름하고 검소하게 떠나는 모습이 오히려 남들에게 감동을 준다고 했다.

> 깨끗한 선비의 돌아가는 짐 꾸러미는 모든 것을 벗어던진 듯 조촐하게 떠나야 낡은 수레, 야윈 말이어도 산뜻한 바람이 사람들에게 스며든다. 淸士歸裝 脫然瀟灑 弊車羸馬 其淸飈襲人

비난과 욕을 얻어들으면서 거대한 궁실 같은 청사를 지어 놓고 떠나는 사람, 아직 준공을 못하고 떠나는 사람, 아무리 아쉽고 서운해도 떠날 때는 역시 깨끗한 선비에게서 깨끗한 바람이 나도록(淸士淸風) 깨끗하게 떠나야 함을 잊지 말아야 한다. 특정 지역의 토산품이나 특산물을 가뜩 챙겨서 떠나거나 귀중품을 많이 가지고 떠나는 일이 없어야 함은 너무나 당연하다.

> 상자나 장롱은 새로 만든 것이어서는 안 되고, 주옥·포백은 토산품이 없어야 맑고 깨끗한 선비의 떠날 때의 소지품이다.

미국 국무장관 힐러리 클린턴의 퇴임식 장면에서, 파안대소하는 그녀의 명예롭고 영광스러운 모습은 많은 것을 생각하게 했다. 오바마 대통령과 4년 임기를 함께한 장수 장관으로 국무부 직원들의 아쉬움 가득한 환송 속에 물러나는 그녀의 모습은 매우 아름답고 멋졌다. 힐러리의 카운터파트였던 일본 외무상은 여섯 명이나 바뀌었고, 한국의 외교통상부 장관도 2명이 교체되었다. 잘하는 장관에게 충분한 기회를 주었던 미국 대통령도 훌륭했지만, 그런 장수 장관에게 온갖 찬사를 보내며 앞으로 대통령이 되어 달라고 환호성을 지르던 직원들의 환송 장면은 더 멋졌다. 다산이 목민관의 퇴임에서 바랐던 모습이 한국에서는 거의 없었는데, 힐러리가 재현시켰으니 기특한 일이기도 하다.

목민관이 제대로 목민관 노릇을 했느냐 여부는 퇴임에서 나타난다는 것이 다산의 주장이다.

> 목민관의 떠남을 매우 애석하게 여겨 길을 막고 유임을 원하는 일은 역사책에 그 광채가 전해져 후세에 빛나게 된다.
> 백성들이 대궐에 달려와 그 유임을 빌면 이를 허락하여 민정(民情)에 따르는 것이 옛날의 권선(勸善)하는 큰 방법이다.

떠나는 목민관을 잊지 못해 임명권자에게 재임명을 요구할 정도가 되어야 제대로 일한 목민관이라는 뜻이다.

시사주간지 뉴스위크는 '미국 역사상 가장 막강한 여인'이라는 제목과 함께 힐러리 클린턴을 표지모델로 선정했다. 미 공화당 상원의원인 존 메케인은 "비록 정적이었지만 그가 한 일에 대해선 경의를 표한다."고 말했다. 새로 임명된 장관이 아니라 퇴임하는 장관에게 그런 찬사가 이어졌다면 얼마나 멋진 목민관이었겠는가.

우리는 왜 그런 장관을 만나지 못할까. 국민 모두가 싫다는데도 더 하고 싶어 하는 고관대작, 그가 만약 재임하다 퇴임한다면 그런 대접을 받겠는가. 고관대작을 임명하는 계절, 제대로 된 사람을 임명하여 멋진 퇴임식을 구경시켜 주기를 바라고 기대한다. 특히 지방의 시장이나 군수들, 떠나는 뒷모습이 아름다울 때에만 사람대접을 받을 수 있다. 임기 만료 며칠 전에 인사나 징계를 단행하거나, 이권에 개입하여 더러운 모습을 보인다면, 그동안의 애쓴 노고가 모두 헛되고 만다는 것을 기억해야 한다.

6부

목민심서는 공직자의 교과서

지도자로서의 위엄은 청렴에서 나오고 지도자가 아랫사람에게 믿음을 줄 수 있음은 지도자의 성실성에서 나온다고 했으니, 모든 일을 성실하게 처리하여 거짓이 없을 때에만 부하들이 지도자를 믿게 된다. 다산은 위엄과 믿음을 얻으려면 어떤 사안에도 '편향(偏向)'을 버리고 공명정대하게 일을 처리해야 한다고 했다.

지도자다운 지도자가 되려면

뒷조사는 체모를 손상시키는 일

목민관은 역시 나라의 지도자이다. 더구나 한 고을의 최고지도자가 목민관이다. 『목민심서』「이전(吏典)」은 요즘으로 보면 내무행정으로 여길 수 있다. 내무행정의 실무로서 무엇보다 중요한 부분은 바로 '속리(束吏)' 조항이다. 지방행정 실무집행자인 아전을 어떻게 단속해야 하는가에 대한 원칙과 방법인데, 목민관의 리더십을 상세히 설명했다.

목민관 리더십의 또 다른 하나는 '찰물(察物)' 조항이다. 이 조항에서 아전이나 아랫사람의 비행이나 잘못에 대하여 얼마나 엄하게 단속하고 또 얼마나 너그럽고 인자한 조치를 취해야 하느냐에 따라 목민관의 참다운 리더십이 발휘된다고 하였다. 꼼꼼하고 빈틈없는 다산의 업무처리 방법과 지도자의 리더십을 그런 데서 충분하게 짐작할 수 있다.

목민관이 아전이나 향임(鄕任, 목민관을 보좌하는 사람)의 한두 가지 숨겨진 부정(不正)을 알아내고는 마치 기특한 보물이라도 얻은 듯 그 부정을 들춰내어 온 세상에 알리고 스스로 세밀한 것까지 밝혀냈다고 자신의 밝음을 과시하는 것은 천하에 박덕한 일이다. 큰 사건이야 들춰내되, 그 작은 것쯤은 그냥 지나쳐 버리기도 하고 혹은 은밀히 그 사람을 불러 따뜻한 말로 훈계하여 스스로 마음을 새롭게 하도록 하여, '너그럽되 느슨하지 않고 엄격하되 가혹하지 않은(寬而不縱 嚴而不苛)' 온후한 덕이 있어 진심으로 감동하여 좋아하게 하는 것이 올바르게 아랫사람을 통솔하는 길이다.

아랫사람이 저지른 일을 세세하게 살피는 일이 '찰물'의 중요한 부분의 하나이지만 너무 야박하게 하찮은 비행이나 잘못까지 모두 들춰내는 일은 삼가라는 말에 큰 의미가 있다. 범죄행위에 해당하는 일이야 당연히 엄하게 처벌해야 하지만 훈계하여 뉘우칠 줄 안다면 너그럽게 용서해 주는 아량이 바로 훌륭한 리더십임을 깨우쳐 주고 있다.

그래서 다산은 또 말한다. 아랫사람의 비행과 잘못을 찾아낸다는 방법으로 미행(微行, 신분을 속이고 몰래 남의 뒷조사를 하는 일)을 해서는 절대로 안 된다고 했다. 미행을 해서야 제대로 살피지도 못하고 오히려 목민관의 체모만 손상시킬 뿐이라면서 그런 일은 하지 말라고 권했다.

그물에 걸리지 않을 물고기가 없듯이 촘촘하고 면밀하게 살펴야 하지만, 일의 크고 작음을 판별하고 사안의 중함과 가벼움을 가려 작은 일이야 과감하게 용서하여 잘못한 사람이 감동을 받아 뉘우칠 줄 알게 하는 것이 바람직한 리더십이다. 오늘의 목민관들, 한 번쯤 곰곰이 생각해 볼 일이다.

문고리권력의 폐해

『목민심서』「이전(吏典)」의 두 번째 조항은 '어중(馭衆)'이다. 부리는 사람들을 어떻게 인도해야 하는가에 대한 논의이다.

> 부리는 사람들을 인도하는 방법은 위엄과 믿음뿐이다. 지도자의 위엄은 청렴에서 나오고 믿음은 지도자의 성실성에서 나오는 것이니, 성실하고도 청렴할 수 있어야만 모든 아랫사람이 따르게 할 수 있다. 馭衆之道 威信而已 威生於廉 信由於忠 忠而能廉 斯可服衆矣

지도자로서의 위엄은 청렴에서 나오고 지도자가 아랫사람에게 믿음을 줄 수 있음은 지도자의 성실성에서 나온다고 했으니 모든 일을 성실하게 처리하여 거짓이 없을 때에만 부하들이 지도자를 믿게 된다는 뜻이다. 다산은 위엄과 믿음을 얻으려면 어떤 사안에도 '편향(偏向)'을 버리고 공명정대하게 일을 처리해야 한다고 했다.

마음에 털끝만큼의 편향도 있어서는 안 된다. 만일 편향이 있으면 반드시 사람들은 알게 된다.

공정하고 공평함에서 벗어나 한편으로 치우치는 편향이 있다면 지도자로서의 위엄과 믿음은 무너지고 만다는 경고를 했다. 특정인이나 패거리에 휩싸여 정도에서 벗어나면 위엄과 믿음은 세워지지 않는다.

어중 조항에서 강조하는 지도자와 부하와의 소통문제 역시 관심을 기울여야 할 대목이다.

지도자와 부하들 사이가 환히 틔어 가림이 없도록 해야 한다.

부하들이 지도자를 따르도록 하기 위해서는 그들 사이에 가로막히는 일이 없어야 한다는 것이다. 이 부분에서 다산은 문고리권력의 문제를 제기했다. 어중 조항에는 문고리권력의 문제점에 대한 상세한 대책이 열거되어 있다. 그때 사용하던 용어는 여러 가지가 있었으니, '문졸(門卒)'이 대표적인 용어이고, 일수(日守)·사령(使令)·나장(羅將)이라고 일컬어졌지만, 요즘으로 보면 문고리권력임에 분명하다. 신분과 직책이 오늘의 청와대 비서관과는 확연히 다르지만, 그들이 저지르는 비행을 열거해 보면 최측근의 권력이 해내는 일과 유사하여 그렇게 견주어 볼 수도 있다.

문졸이란 가장 천하고 교화하기 어려운 사람들이다. 그런데 손아귀에 틀어잡은 권리는 모두 합해 다섯 가지가 있으니, 혼권(閽權), 장권(杖權), 옥권(獄權), 저권(邸權), 포권(捕權)이다. 이 다섯 권력을 지녔기 때문에 아래 백성들은 그를 승냥이처럼 두려워하는 것이고, 목민관은 그들이 제멋대로 포학하는 것을 내버려 두니 이에 백성들이 괴로움을 당하게 된다.

지금의 문고리권력과는 다르게 옛날의 문고리권력은 신분이 천하고 하인이나 종 같은 사람들이었지만, 다섯 가지 권력을 쥐고 있어 승냥이처럼 무서운 존재라는 점에 주의를 기울여야 한다.

'혼권'이란 백성이 억울한 사연을 적어서 관청에 들어왔는데, 그 내용에 관청 아전들의 잘못에 관한 부분이 있으면 가로막고 원님을 만나지 못하게 하는 권한을 말한다. '장권'이란 잘못한 사람을 곤장으로 때리는 권한인데, 잘잘못을 가리지 않고 문졸 스스로 판단대로 매질을 하는 권한이며, '옥권'이란 범죄자를 옥에 가두는 집행권이고, '저권'이란 세금 받는 권한이고, '포권'이란 범죄자를 체포하는 권한을 뜻한다.

지금으로 보면 '혼권'이 바로 요즘의 문고리권력이 남용하기에 딱 들어맞는 권력이다. 다른 권력은 요즘으로는 여러 기관에 분산되어 있으니 완전하게 일치하는 권력은 아니다. 그러나 문고리권력을 통솔하고 관할하는 사람은 목민관 한 사람뿐이어서 요즘으로는 대통령 한 사람 아니고는 그들을 통제할 수 있는 사람은 아무도 없다. 만약 그들, 문고리권력이 횡포를 부린다면 우리 백성들은 살아갈 길이 없는 것은 그런 이유 때문이다.

'문졸'을 제대로 통솔했을 때 통치가 제대로 이룩되고, 그렇지 않을 때 나라가 어지러워진다는 것을 고려하여 오늘의 대통령도 문고리권력을 제대로 통제하여 국민 모두가 신뢰하는 지도자가 되어야 한다는 것은 나 혼자만의 바람일까.

의리의 신하, 배신의 신하

아첨은 배신과 연결된다

임금과 신하, 군주주의 시대에는 그 개념이 분명하지만 요즘 세상에서는 대통령 아래의 공무원을 신하라고 부르기는 부적당한 말이다. 그러나 그동안 대통령 중심제 제도 아래서는 절대권력의 대통령을 임금으로 비길 수도 있고, 그 아래 공무원을 신하라고 호칭해도 큰 문제는 없을 것 같다. 『목민심서』「이전」의 세 번째 조항인 '용인(用人)'을 읽어 보면, 임금 아래에는 충직한 신하도 많지만 배신하는 신하도 많다고 했다.

> 아첨 잘하는 사람은 충성스럽지 못하고, 간쟁하기 좋아하는 사람은 배반하지 않는다. 이런 점을 잘 살핀다면 실수하는 일이 적을 것이다. 善諛者不忠 好諫者不偝 察乎此則鮮有失矣

명쾌한 이야기를 통해 어떤 사람이 배신을 잘하고, 어떤 사람이 의리를 지키는 사람인가를 설명했다. 그러면서 다산은 이 문제에 대한 자세한 해설을 해놓았다.

> 목민관의 지위는 낮지만 임금의 도량을 지녀야 한다. 힘써 아첨을 물리치고 간쟁을 흡족히 받아들이도록 노력해야 한다. 아첨으로 비위를 맞추어 목민관을 악으로 유도하고, 비방하는 말이 들끓어도 "칭송하는 말이 고을에 가득하다."라고 말하고, 목민관이 쫓겨날 기미가 보여도 "오랫동안 재직할 것이니 염려할 것 없다."라고 말하면 목민관은 기뻐하여 이 사람만이 충성스럽다고 여긴다. 상부의 공문이 이미 와 있는 것도 모르고 있다가, 갑자기 조사를 당하게 되면 어제까지 면전에서 아첨하던 사람이 스스로 나서서 비행의 증인이 되어 작은 잘못까지도 들추어내지만, 혹 참고 덮어주는 사람은 전날 간쟁으로 귀찮게 여기던 사람이다. 목민관은 모름지기 크게 반성해야 한다.

오늘의 현실과 비교하면서 다산의 해설을 분석해 보면 그렇게도 정확하게 맞아떨어질 수가 있을까라는 생각을 하게 된다. 지난해와 금년, 대통령이 파면되어 감옥에 갇혀 재판을 받고 있는 중이고 또 한 분의 전직 대통령은 온갖 비행이 있다는 의혹으로 수사를 받고 재판을 받아야 할 처지에 놓여 있다. 대통령 아래에서 일하던 공무원들이 배신이라는 말을 두려워하지 않고 작은 비행이라도 자신의 입으로 증언하는 것을 보면서, 세상일이란 참으로 묘하구나라는 생각을 하게 된다.

두 번의 정권 어떤 경우에도 모두 아첨으로 일관하였고, 간쟁했던 사람은 극히 드물었기 때문에 아첨했던 신하들은 대부분 공모자로 분류되어 구속되고 재판받는 처지에 놓이고 말았다. 사건이 터지기 전에 신하의 정당한 도리로 제대로 간쟁을 했다면 임금도 무사하고 자신도 무사했겠지만, 아첨만 하다가 배신자가 되고 구속되어 재판을 받는 처지이니 얼마나 안타까운 일인가.

간쟁 잘 하는 의리의 신하, 아첨 잘 하는 배신의 신하, 간쟁은 의리와 통하고 아첨은 배신과 연결된다는 사실을 지금이라도 깨달아 아첨에서 벗어나 간쟁에 공직자의 의무가 있다는 것을 기억하기 바란다.

진정한 애민은 극빈자 구제

굶는 사람의 입에 쌀을 넣으라

『목민심서』 12편의 마지막 편인 「진황(賑荒)」의 마지막 조항인 '준사(竣事)' 조항은 흉년이나 재해를 당해 기아선상에서 허덕이는 불쌍한 백성들을 잘 보살피느냐 아니면 보살피지 못하느냐에 따라 상을 주고 벌을 주는 문제가 법령에 밝혀져 있으니, 반드시 법에 따라 철저하게 시행해야 한다는 주장으로 가득 차 있다. 사회적 약자를 보살피는 일이 얼마나 중요하고 큰일인가를 힘주어 강조한 내용이기도 하다.

국가적으로도 극빈자나 기아선상의 백성을 구휼하는 문제는 국가정책의 매우 중요한 부분이어서 『경국대전』에도 상세한 규제 조항이 열거되어 있다. 다산은 바로 그런 법령을 제시하며, 잘못한 사람은 처벌을 받고 잘한 사람은 상을 받는 사례를 열거하고 있다.

법령에 "목민관이 굶주린 사람을 진휼하여 구하는 데 마음을 쓰지 않아 사망자를 많이 내고도 숨기고 보고하지 않으면 중죄를 적용한다."라고 규정되어 있고, 『속대전』에도 "목민관이 진휼을 잘 하여 한 도에서 빼어난 사람은 논공행상한다."라고 법령을 제시하고 상을 주고 처벌한 사례를 열거했다.

숙종 계해년(1683)에 부안현의 선비 신종제(申宗濟)가 굶주림을 견디다 못한 나머지 처자를 버려 두고 얼음을 깨고 물속에 몸을 던져 죽었다. 감사가 이 사실을 보고하자, 임금이 명하여 휼전(恤典)을 베풀게 하고 그 고을 현감을 감영에 잡아들여 곤장을 치게 하였다.

숙종 병자년(1696)에 팔도에 유시를 내렸다.

특별히 진휼을 더 할 터이니 굶는 사람의 입에 들어갈 것은 단 1홉의 쌀이라도 간활한 아전의 주머니에 들어가는 일이 절대로 없도록 하라. 재물과 이익을 탐해 백성이 죽어가는 것을 보고만 있는 자는 내가 곧 잡아다가 죽이고, 절대로 용서치 않을 것이다.

그렇다. 요즘이야 절대 극빈자가 많지 않지만, 지금도 역시 끼니가 어려운 사람이 있다. 날씨가 추워지고 있다. 자본주의 말폐(末弊)로 빈부격차가 심한 오늘, 책임을 맡은 공직자들, 제발 다산의 염려대로 추위와 기아로 고통받는 사람이 없도록 최선의 노력을 기울여야 하리라 믿는다.

죄수와 유배자도 인간 대접을 해야

다산은 「애민」 편에 수록하지 못한 불쌍한 사람들이 또 있다면서, 「형전(刑典)」 편에 '휼수(恤囚)' 항목을 두어 죄수나 유배 사는 불행한 사람을 지극한 뜻으로 보살펴야 한다고 했다. 죄수가 당하는 다섯 가지 고통을 열거하여 그런 고통을 해결해 주어야만 참다운 목민관이라고 했다. 형틀에 매여 있는 고통, 간수들이 행하는 토색질, 옥 안에서 앓는 질병, 춥고 배고픈 고통, 수사나 재판의 지연에서 오는 고통 등 이 다섯 가지의 고통에서 벗어나게 해야만 죄수가 사람답게 수인생활을 할 수 있다고 여겼다. 참으로 인도주의 정신이 철철 넘치는 조치이다.

죄수보다는 조금 조건이 나으나, 죄수에 버금가게 고통을 당하는 사람은 유배 사는 죄인이다. 이들을 보살피는 일 또한 목민관의 큰 임무 중의 하나라고 다산은 강조했다.

> 유배 온 사람은 집을 떠나 멀리 귀양살이를 하고 있으니, 그 정상이 안타깝고 측은하다. 집과 곡식을 주어 편히 정착하게 하는 것이 목민관의 임무이다. 곤궁할 때 받은 감동은 골수에 새겨지고, 곤궁할 때의 원망 또한 골수에 새겨지는 것이다. 덕을 품고 죽으

면 반드시 저승에서의 보답이 있을 것이요, 원한을 품으면 반드시 저승에서의 보복이 있을 것이다. 천지가 변화하고 추위와 더위가 교대로 옮겨지듯, 부귀한 사람이 반드시 항상 즐거움을 누리는 것이 아니요, 곤궁하고 고통받는 사람도 역시 하늘의 보살핌을 받을 수 있을 것이니, 군자라면 이에 마땅히 조심조심 마음을 다해야 한다.

다산은 평소에도 약자들에 대한 한없는 애정을 지니고 살았지만, 『목민심서』는 자신이 유배살이하면서 쓴 글이기 때문에 더욱 절절한 내용으로 기술했음은 당연한 일이다.

몇 차례 민주화운동으로 감옥에 들어갔던 경험이 있는 나로서도 가장 곤궁할 때 조금이라도 온정을 베푼 교도관들을 잊지 못하고 살아간다. 인간인 이상 인간을 학대해서는 안 된다. 감옥생활, 유배생활, 인간이 당하는 가장 어려운 고통의 세월, 그런 때에 그들의 아픔을 위로하고 그들의 고통을 덜어 주는 일이야말로 가장 복 받을 일임을 다산에게서 배워야 한다.

사회적 약자를 도와야

사회보장제도를 통해 약자를 도와야 한다

다산이 『목민심서』에서 백성을 제대로 사랑하기 위한 방편으로 제시한 「애민(愛民)」 편은 일반 정상배나 무책임한 지도자들이 정치적 구호로 사용했던 내용과는 현격하게 큰 차이를 보여 준다. 「애민」 편에 열거된 여섯 조항의 제목만 보아도 구호에 그치는 '백성사랑'이 아님을 알 수 있다. 힘없고 약하며, 가난하고 천하며, 병들고 재난에 허덕이는 불쌍한 백성들에게 한없는 애정을 베풀어야 한다는 뜻임을 분명하게 밝혀 주고 있다.

첫째 조항의 양로(養老)는 힘없고 약한 노인을 보살피는 문제이고, 둘째 조항의 자유(慈幼)는 유아에 대한 부양과 교육이다. 셋째 조항의 진궁(振窮)은 홀아비·과부·고아·자식 없는 노인, 즉 네 분야의 곤궁한 사람을 무한정으로 보호하라는 뜻이다. 네 번째의 애상(哀喪)은 상(喪)을 당한 집안에 법이 허용하는 온갖 혜택을 주어야 한다고 했다. 다섯째의 관질(寬疾)은 장애인이나 중환자에게 가능한 특혜는 모두 베풀며, 여섯째의 구재(救災)는 천재지변이나 인재(人災)를 당한 사람들에게 구호의 손길을 넣어 주어야 한다는 것이다.

강하고 부한 사람, 잘나고 똑똑한 사람이야 사랑하거나 보살피지 않아도 떵떵거리고 잘 살아갈 수 있다. 애민에서의 민(民)은 절대로 그런 백성이 아니다. 「애민」 편에서 열거한 여섯 조항의 백성은 나라와 관(官)의 사랑을 받지 않으면 살아갈 길이 없는 사람들이다. 바로 그런 사람들이 '백성사랑'의 백성이다. 대기업만 혜택을 받고 연약한 중소상인은 외면당하며, 부자는 감세를 받아도 일반 서민에게는 큰 혜택이 없다면 백성사랑의 정치라고 말할 수 없다.

도움을 받지 않고는 살아가기 힘든 사람들, 가난하고 천하며, 늙고 약하며, 네 가지 궁함에 빠진 그들을 제대로 돌보는 일이 다산이 말한 애민의 뜻이다. 다시 말하면 다산의 애민은 철저한 사회보장제도를 통한 약자구제임을 보여 준다. 구호만으로 백성을 사랑한다는 현대의 지도자들의 생각과는 분명히 달랐다는 것을 알아야 한다.

우리나라가 당면한 문제가 많기도 하지만, 그 모든 것 중에서도 가장 큰 문제의 하나는 인구가 급속히 감소되고 있는 문제이다. 남녀의 결혼연령은 갈수록 높아 가고, 결혼하기를 꺼려 홀로 살아가는 여성들의 수효도 점점 급증하고 있다. 도시보다도 농어촌이 더욱 심해서 마을에 아기 울음소리가 끊기고 있는 상황은 어제 오늘의 일이 아니다. 이런 문제와 연관되어 농어촌의 폐교되는 초등학교가 늘어 가고, 교사들의 직장유지 문제까지 확산일로에 있는 것이 사실이다. 인구의 급감이야말로 국가의 존망과 관계되니 어떤 일보다도 심각한 일이 아닐 수 없다.

다산은 『목민심서』에서 중요한 정책의 하나로 '자유(慈幼)' 문제를 집중적으로 거론했다. 심한 흉년에는 먹고살기 힘든 부모가 자녀를 죽이는 일이 비일비재하고, 가난 때문에 아이를 키울 수 없는 어려움에 봉착하는 빈한한 가정이 늘어나자, 그런 어려움에 눈을 돌린 분이 다산이다.

> 인민이 곤궁해지면 자녀를 낳아도 거두지 못하니, 그들을 타일러서 아이를 기르게 하여 우리 자녀들이 보호받을 수 있게 해야 한다. 民既困窮 生子不擧 誘之育之 保我男女

자녀를 유기하거나 죽이지 않도록 제대로 기르고 보육할 수 있는 조치를 국가가 취해야 한다는 주장을 폈던 것이다. 그러면서 훌륭한 목민관이 취한 조치를 칭찬하고 있다.

> 임방(任昉)이라는 의흥(義興)의 태수는, 흉년이 들어 자식을 낳기만 하고 기르지 않으려 하자, 법제를 엄하게 개정하여 아이를 거두지 않는 사람을 살인죄에 해당하게 하고, 임신한 여인에게는 비용을 지급하여 구제하게 했으니 그 호수가 1천 호에 이르렀다.

홀아비와 과부를 맺어 주는 합독정책

며칠 전 신문 기획기사를 읽었다. 황혼연애에 대한 이야기가 주제인데, 세상이 급변하고 우리나라도 노령사회로 변화하면서 바뀌는 풍속의 일면을 다루는, 한 번쯤 관심을 기울여 볼 내용이었다. 한국은 몇 년 후면 5명 중 1명은 노인인 초고령 사회에 진입하는데, 그런 초고령 사회의 결혼·사랑·연애 등의 새로운 모습을 생각케 하는 내용을 열거하였다.

사랑에 빠진 노년 세 커플을 예로 들면서 7, 80대의 노인들이 어떻게 황혼연애를 즐기는가를 설명한다. 근거리에 따로 살면서 때때로 함께 사는 커플도 있고, 동거생활만 유지하는 커플, 젊은이 못지않은 화려한 예식을 치르고 '부부'가 된 커플도 있다. 고령사회로 접어들면서 외롭고 쓸쓸한 독거노인이 과거의 인습에서 벗어나 삶과 사랑을 새롭게 영위해 가는 풍경이어서 더욱 관심을 끌었다.

이런 기사를 읽으면서 『목민심서』「진궁(振窮)」 편에 나오는 노인의 행복을 위한 탁견인 '합독(合獨)' 내용이 생각났다. 사람이 처한 불행은 많기도 하지만 동양에서는 고대부터 네 종류의 인간이 가장 불행한 처지라고 여겨 왔다. 홀아비·과부·고아·독거노인이 바로 그들이다.

홀로 살아가는 독거노인에 대한 배려로는 홀아비와 과부가 함께 살아가는 '합독'의 정사를 펴야 한다고 권장했다. 조선시대에는 혼인제도가 무척 까다롭고 과부는 재혼이 참으로 어렵던 시대인데 다산은 도대체 어떤 사람이기에 그런 엄중한 '남녀유별'의 시대에 노인 남성과 노인 여성이 함께 살 수 있는 기회를 관에서 마련해야 한다고 했는지, 이 얼마나 선진적이고 파격적인 내용인가.

물론 '합독'은 다산의 창의적인 생각은 아니다.

> 『관자(管子)』에서 말하였다. 무릇 도읍에는 중매를 맡은 이가 있어서 홀아비와 과부를 골라 화합하도록 하니 이를 '합독'이라 한다.

조선 500년에 과연 다산 아니고 누가 그런 내용을 인용하여 합독의 정사를 펴서 과부와 홀아비가 황혼의 연애와 사랑을 즐길 수 있게 하라는 말을 했던 적이 있었는가. 요즘처럼 초고령사회를 맞으면서 뛰어난 다산의 지혜에 탄복할 수밖에 없다.

남자와는 다르게 옛날에야 여자의 '수절(守節)'에 매우 높은 도덕률이 적용되었는데, 그런 도덕적 속박에서 과감하게 탈출하여 홀로 사는 여인이 홀로 사는 다른 남자와 합해서 살기를 바랐다면 여권신장의 높은 뜻도 있지만, 남녀평등과 인도적인 인간의 삶에 대한 다산의 애정이 얼마나 깊었는가도 알아볼 수 있다. 개가할 뜻이 있어도 부끄럽고 꺼리는 것이 많아 주저하게 되니 관에서 중매를 서서 처리해야만 터놓고 황혼의 애정을 누릴 수 있다는 다산의 아이디어는 역시 멋지기만 하다.

믿을 수 없는 정부

국민에게 한 약속은 반드시 지켜야

공자는 『논어』에서 아무리 부국(富國)·강병(强兵)인 나라라도 백성들에게 믿음을 주지 못하는 나라는 제대로 된 나라일 수 없다고 분명하게 말했다. 경제가 넉넉하고 군대가 강해도 믿을 수 없는 정부는 절대로 나라다운 나라를 유지할 수 없다는 뜻이다.

『목민심서』를 읽어 보면 이러한 공자의 주장을 다산도 철저하게 믿고 있었음을 알게 해 준다. 믿음의 정치가 점점 쇠약해 가는 현대사회에서 다산이 목민관으로 재직하면서 직접 행했던 믿음의 정치를 구현하려던 뜻은 지금 읽어도 감동을 느끼기에 충분하다. 『목민심서』는 200년 전의 책이다. 200년 전의 이야기가 오늘의 일에도 어쩌면 그렇게 정확하게 들어맞는 일이 많을까. 진리란 역시 시공을 초월하여 인류의 지혜를 넓혀 주는 것임에 분명하다.

다산은 36세이던 1797년 윤6월에 황해도 곡산의 도호부사로 발령이 나 38세인 1799년 4월까지 22개월 정도, 햇수로는 3년 수령생활을 했다. 30대 후반의 왕성한 정신자세로 참으로 뛰어난 목민관 생활을 실천했음을 그의 기록을 통해 확인할 수 있다. 자신의 일대기인 「자찬묘지명」 광중본에도 상세하게 그때의 업적이나 실행한 사항을 기록했지만 다른 기록에도 여러 곳에서 훌륭한 공무집행 내력을 소상하게 밝히고 있다. 『목민심서』의 한 대목이다.

> 유행병이 돌면 사망자가 아주 많이 생긴다. 구호하고 치료해 주거나 사망자를 매장해 주는 사람에게는 마땅히 포상하도록 조정에 청해야 한다. _관질(寬疾)

원칙을 세워 놓고 그 실현을 위해 세세한 내용을 열거하였다.

> 무오년(1798) 겨울에 독감이 갑자기 성하여 죽은 자가 셀 수 없었다. 조정에서 부민(富民)으로 하여금 구호·치료·매장케 하고, 그 부민에게 3품과 2품의 품계를 내린다는 공문을 내렸다. 나는 곡산에서 근무하였는데 공문을 보여 주자 그에 응한 사람이 5명 있었다. 일을 마친 다음 감사에게 일일이 보고하니 감사는 "다른 고을에서는 받들어 행한 사람이 없으므로 한 고을 백성만을 유독 위로 보고할 수 없다."고 말하며 중지하고 말았다. 나는 즉시 승정

원에 보고를 띄워 아뢰었다. "이다음부터는 정식 공문을 백성들이 믿지 않을 것이다. 이것은 작은 일이 아니니 마땅히 바로 국정 토론 시간에 임금에게 아뢰는 것이 옳다. 만일 그렇지 않으면 내가 장차 상경하여 상소하겠다."라고 했더니, 승정원에서 임금에게 아뢰자 임금이 크게 놀라 감사에게 2등 감봉조치를 내리고 그 5명에게 모두 벼슬의 품계를 내려주었다. _관질

깐깐한 선비 목민관 정약용의 곧고 바른 태도를 보여 주는 대목이다. 옳은 목민관은 정부가 신뢰와 믿음을 잃으면 어떻게 된다는 것을 정확하게 알고 있었다. 비록 5명의 부민에 지나지 않지만, 나라의 공문을 믿고 행하기 어려운 덕을 베푼 백성들에게 보상을 약속하고 보상해 주지 않으면 백성을 속이는 일이 되고 만다. 그것을 지켜 정부의 신뢰와 믿음을 회복하게 했던 다산의 행정은 얼마나 훌륭한 조치였는가.

착한 일을 한 사람, 남의 어려움에 도움을 준 사람에게 합당한 보답을 해 준다는 임금의 약속을 아랫사람들이 지키지 않을 때, 다산이 취한 조치는 오늘의 입장에서도 얼마나 옳은 일인가. 나랏님이 국민 앞에 약속한 내용을 납득할 만한 이유도 없이 지키지 않는다면, 어떻게 세상이 제대로 굴러가겠는가. 학자 정약용은 행정가로서도 빈틈없고 치밀한 행정을 펴서 국민이 지도자를 믿고 따르게 하는 위대한 업적을 남겼다. 이래서 실용주의에 입각하여 목민관의 소임을 철저히 이행한 다산을 역사는 잊지 못하고 기억하면서 찬양하는가 보다.

전염병 대책

국가의 재난은 숨기면 안 된다

『목민심서』에는 예기치 않은 전염병이라는 재난이 일어날 때 고을을 맡은 책임자, 즉 목민관이 어떻게 대처하고 어떤 일을 해야 하는가를 상세하게 열거해 놓았다. 「애민(愛民)」 편의 '관질(寬疾)' 조항은 무서운 전염병이 창궐할 때 목민관이 자신에게 닥치는 위험을 무릅쓰고 환자들을 보호하고 구호하는 내용으로 가득 차 있다. 백성을 사랑하고 인간을 인간으로 대접하는 애민정신과 휴머니즘의 아름다운 발로를 그런 데서 찾을 수 있다.

> 염병이 유행할 때 민간의 습속은 꺼리는 것이 많다. 위무하고 치료해 주어서 두려워하지 않도록 해야 한다. 염병과 천연두 및 여러 민간병으로 죽고 요사(夭死)하는 천재(天災)가 유행할 때는 마

땅히 관에서 구조해야 한다.

『경국대전』 조항에 "환자가 곤궁하여 약을 살 수 없을 경우에는 관에서 지급하라."는 법을 상기시켜 주기도 했다. 다산은 전염병에 특효약인 '성산자(聖散子)'라는 약의 제조 원리와 사용법을 상세하게 설명하고, 관은 그런 약을 다수 구입하거나 제조하여 환자들에게 지체 없이 보급해야 한다고 주장했다.

내가 강진에서 귀양 살던 1809년과 1814년에 큰 흉년이 들었고, 그 이듬해 봄에 염병이 크게 유행하였다. 내가 성산자의 처방을 보급해서 살려낸 사람이 또한 그 수를 셀 수 없었다.

귀양 사는 역적 죄인이던 자신이 처방을 가르쳐 주어 많은 인명을 살렸다는 이야기를 했다.

또 중국이나 조선의 목민관으로 자신이 전염될 위험을 무릅쓰며 환자를 돌보거나 사망자를 염하여 장례 지낸 훌륭한 목민관의 사례도 열거했다.

유성룡의 『징비록』은 그처럼 큰 재난이었던 임진왜란을 겪고, 다시는 그런 화란을 당해서는 안 된다는 경계의 뜻으로 저술한 책이다. 임진왜란을 몸소 겪으며 그때의 경험을 『난중일기』라는 이름의 책으로 남긴 반곡(盤谷) 정경달(丁景達)의 저서에 발문으로 쓴 다산의 「반곡 정공의 난중일기에 제함(題盤谷丁公亂中日記)」이라는 글은 오늘의 관점으로 보아도 여러 가지로 참고

할 점이 많은 내용이다.

> 대체로 재난이란 숨겨서는 안 된다. 병을 숨기는 사람은 그 몸을 망치고, 재난을 숨기는 사람은 그 나라를 망치는 것이다. '대체로 숨기는 것은 계책이 아니다.(凡諱非計也)'

일어난 사건을 숨기지 않았다면 해결할 수도 있었던 재난을 확대 재생산했던 점을 비판하였다. 일본이 조선을 침략해 오리라는 정황은 여러 징조가 있었는데, 민심을 안정시키고 국가의 혼란을 막아야 한다는 이유로 사신으로 일본을 다녀온 사람이 침략의 징후가 없다고 보고하고 나라의 중신들도 거기에 동조하는 바람에, 아무런 대책을 마련하지 못하고 일본의 침략에 속수무책으로 당하고 말았던 당시의 비극을 다산은 통렬하게 비판했다.

사건을 숨기고 문제를 해결하려는 것은 절대로 좋은 계책이 아님을 다산은 거듭 강조했다. 지금까지 나타난 사실로 따져 보면 정부는 메르스의 초동 단계에 허술한 대처를 했다. 사실을 감춤으로써 민심을 안정시킨다는 헛된 생각으로 얼마나 큰 일이 벌어지고 말았던가. 정부가 잘못한 점은 국민에게 정중하게 사과하고, 책임자는 명확한 문책을 통해 다시는 그런 잘못이 없어야 하고, 재발방지의 조치가 확고하게 세워져야 하리라 믿는다.

막중한 책임이 있는 국가는 보이지 않고, 국가 지도자들은 수십 일이 지나도록 방관하거나 무능만 보이다가 나라 곳곳에 환자가 발생했으니, 이런 나라도 나라라고 말할 수 있으며, 그들을 또 국가적 지도자라고 칭할 수 있을까. 고경(古經)에 '국비기국(國非其國)'이라는 말이 있다. 나라이면서도 나라가 아닌 나라라는 말이다. 바로 대한민국이다.

전염병 대책은 국가의 막중한 책임

메르스에 이어 지금 세계는 새로운 대재앙을 맞았다. '코로나19'라는 신종 유행병이 전 세계를 공포의 도가니로 몰아가고 있다. 중국을 비롯한 외국에 대한 걱정도 해야 하지만, 우선 우리나라의 전염병이 더 큰 문제이다. 환자는 급증하는데 치료할 시설이나 장비가 부족해 더욱 크게 염려를 하지 않을 수 없다.

너무나 무섭게 번지고, 또 그 전염 속도나 전염된 숫자가 급증하여 최선의 노력을 기울인다고 해도 갑자기 당하는 일이어서, 여기저기에 허점도 드러나고 빈틈에서 잘못이 새어 나오기도 한다. 그래도 정성을 다해 최선의 노력을 기울이는 정부의 입장도 이해해야 한다. 200년 전 다산은 그런 무서운 전염병이 크게 유행할 때, 정부나 지방정부는 어떤 조치를 취하고 어떻게 처리해야 하는가에 대한 세심한 내용을 가르쳐 주었다. 특히 『목민심서』의 애상(哀喪) 조항, 관질(寬疾) 조항에도 나오지만 「진황(賑荒)」 편의 설시(設施) 조항에는 분명하게 말한 내용이 많다.

기근(飢饉)이 든 해에는 반드시 전염병이 번지게 되어 있으니, 구제하고 치료하는 방법과 거두어 매장하는 일은 마땅히 더욱 마음을 다해야 한다.

목민관이 해야 할 책임과 의무를 설명하고 있다. 물론 다산의 시대와 오늘의 시대는 다르다. 기근이 있는 해에만 유행병이 오는 것도 아니고 그때는 의료시설이나 병원제도가 제대로 정비되지 않은 상황이었다. 관에서는 약을 공급하는 일부터 하라고 했다. 전염병에 걸린 사람의 숫자를 파악하고 명부를 작성해야 하며, 사망자가 나오면 빠짐없이 그 숫자를 파악해 두어야 한다고 했다. 온 집안이 몰사하여 시체를 처리할 사람이 없을 경우는 관에서 직접 처리할 방법을 강구하고, 마을의 유족한 집안에서 돈을 내어 인부를 사서라도 유감없이 처리하기를 권장하라고 했다.

위급한 때에는 목민관이 직접 현장에 나가 순행하면서 물색(物色)을 살피고 사정을 물어서, 혹 몸소 환자의 집에 들러 환자를 위로하고, 상가(喪家)에 들러서는 장례 문제를 함께 직접 논의하기도 하라고 했다. 그런 어려운 때일수록 목민관이 자주 민간에 나가서 어진 정사를 힘써 행하면 그 애감(哀感)과 열복(悅服)이 어떠하겠느냐면서, 하루의 수고가 만세의 영광이 될 터이니 그런 일을 달갑게 행하지 않는 사람은 모두 우매한 사람이라고까지 말했다. 대통령이 직접 현장을 찾고, 국무총리가 상주하면서 진두지휘하는 조치는 다산의 뜻과 부합되는 일이다.

예나 지금이나 인심은 대동소이하다. 환자 숫자나 사망자 숫자를 정확히 파악하여 상부에 보고하는 일은 가장 기본적인 일인데, 그 당시에도 상부의 문책이 두렵고 여론이 두려워 가능한 숫자를 줄이고 숨기려는 작태가 있었다면서 그런 일은 절대로 해서는 안 된다고 했다.

정성을 들이면 어떤 일도 어렵지 않다. 방역 체제를 물샐틈없이 마련해 정성을 다하면 현대의 의학 수준은 못 잡을 전염병이 없다. 너무 두려워하거나 공포에만 떨지 말고 전문가의 말을 잘 듣고 사심 없이 공심으로 대처하다 보면 반드시 전염병은 잡힌다. 정략적인 주장만 늘어놓거나 방역에 방해되는 말은 삼가고, 국민 모두가 성의껏 대처하면 결단코 종식된다. 다산의 가르침을 잊지 않고 정성을 다하는 목민관이 많이 나오기를 바란다.

권분운동을 다시 일으키자

전통적인 빈민구제운동

『목민심서』「진황(賑荒)」 편에는 6개 조목이 있는데, 그 두 번째 조목이 바로 '권분(勸分)'이다. 권분이란 흉년이나 재해를 만나 가난한 사람들이 살아가기 어려울 때, 부유한 사람들에게 권장하여 가난한 사람들을 구제하기 위한 곡식이나 재물을 내놓거나 직접 나누어 주도록 하는 일을 말한다. 현재 전 세계는 코로나19라는 대재앙을 맞아 살아가기 어려운 사람들이 기하급수로 늘어나면서 가난한 사람들을 도와주지 않고는 큰 불행을 면할 수 없는 상태로 변해 가고 있다.

권분은 다산의 창안이 아니다. 다산 자신이 말한 대로 중국 주(周)나라 때부터 시작된 전통적인 빈민구제책의 하나이다. 코로나19가 한창 기승을 부리기 시작할 때 나는 『목민심서』의 '권분' 조항을 거론하면서 여유 있는 사람들이 생계가 어려운 코로나19 피해자들을 도와야 한다는 주장을 편 바가 있다.

이제 고전적인 권분운동만으로는 해결이 어렵게 되면서 양극화 현상이 현격하게 나타나는 실정이어서, 더 치밀하고 계획적인 권분운동을 기대해 본다. 이른바 '이익공유제(초과이익공유제)'라는 새로운 제도가 실행되기를 바라는 여론이 제기되고 있다. 대기업이 목표한 이익보다 더 많은 이익을 냈을 때, 초과 이익의 일부를 협력 중소기업에 나누어 주는 제도인데, 이 일이 또 그렇게 쉬운 일은 아니다. 본래의 뜻이야 권분에서 출발했다고 보지만, 권분도 쉬운 일은 아니다. 조선시대에야 많은 곡식이나 재물을 출연하는 사람에게 벼슬을 내리는 포상제도를 통해 그래도 효과를 얻을 수 있었지만, 오늘의 시장경제와 자본주의 세상에서 사유재산을 공유재산으로 출연하는 일은 결코 쉬운 일이 아니다.

그래서 당국에 권한다. 『목민심서』 권분의 취지를 제대로 파악하며, 오늘의 경제논리나 자본주의 원칙에 어긋나지 않으면서, 빈민이나 어려운 사람들을 구제하는 유연한 제도를 만들어야 한다는 말이다. 조선시대에도 권분운동에 강요는 있을 수 없다고 했으니, 강요 아닌 자발적으로 이익이 많은 기업이 재산을 출연하는 도덕적인 행위에 법률적으로 포상제도를 가미하는 방법을 찾아내는 일이다.

재난이나 재앙을 맞아 약자를 구제한다는 도덕적 행위에는 반드시 포상이 따른다는 원칙만 실천으로 옮길 수 있다면, 권분에서 이익공유제로 진화하는 빈민구제책은 반드시 성공할 수 있다는 생각이다. 특별한 시기, 재앙을 이겨낼 특별한 방법으로 약자들에게 모두가 손을 넣어야 한다.

코로나19가 극성을 부리자, 역시 우리 국민은 대단한 도덕성을 발휘할 줄 알았다. 의료인들이 자발적으로 의료봉사의 길을 택했으며, '달빛동맹'이라는 멋진 용어대로 광주시민들이 대구를 돕는 일에 발 벗고 나서기도 했다. 모두가 고통을 함께 나누자면서 어려운 지방에 온갖 물품을 기부하기도 하는 선한 마음을 행동으로 옮기는 사례가 이어졌다. 어느 지역에서는 '권분운동'을 실천하자는 운동까지 일어나고 있다니, 이만하면 우리 국민의 수준이 대단한 지경에 이르렀음을 알 수 있다.

다산은 그때에도 기부받은 물품의 분배에 행여라도 부정과 비리가 개재되지 않도록 하라는 경고를 했는데, 그런 일은 지금에도 유효한 권고이다. 남의 불행이 자신의 행복이라도 되듯 엉뚱한 짓으로 국민을 분노케 하는 행위는 하지 말아야 한다.

걸언례의 아름다운 전통

노인의 지혜를 존중해야

『목민심서』「애민」 편 여섯 항목은 다산의 애민사상의 실체를 보여 주는 참으로 탁월한 인간 사랑의 교훈이다. 불특정 다수의 모든 인간을 사랑하는 일이야 공자·석가·예수 같은 성인들이 아니고서야 불가능한 일이므로 일개의 목민관으로서 그런 경지에 오르기는 어려운 일이어서 다산은 여섯 조항의 특정한 사람들을 안아 주고 보살피는 일이 애민의 정답이라고 설명했다.

그 여섯 조항의 첫 번째가 바로 '양로(養老)'인데, 가난하고 힘없고 늙어서 병약한 노인을 돌보고 부양시켜 주는 일이라고 했다. 요즘으로 보면 노인복지를 최우선으로 하는 행정을 펴야 한다는 주장이다. 양로 조항은 노인들을 어떻게 모시고 어떻게 부양할까를 상세히 설명하고 있는데, 특이한 사항의 하나는 걸언례(乞言禮)를 시행하라는 내용이다. 고을 안의 80세 이상 노인들을 초치하여 잔치를 베풀고 그냥 해산하는 것이 아니라 노인들의 입을 통해 백성들이 당하는 괴로움이나 고통에 대한 이야기를 하도록 하여, 좋은 의견이나 지적이 나오면 시정할 방법을 제시해야 한다는 것이다.

걸언, 말씀을 빌린다는 뜻인데, 80이 넘은 노인들은 두려움도 없고 이해타산을 가리지 않고 시정의 득실을 거침없이 말할 수 있기 때문에 양로연에서는 민간의 불편한 점과 괴로움을 솔직하게 들을 수 있는 기회를 마련하라는 뜻에서였다.

지난 8월 12일, 광복절을 맞아 원로 애국지사와 독립유공자 유족을 위로하려고 대통령이 청와대로 초청했다. 음식을 대접받은 92세의 독립운동가 김영관 옹은 지난해 광복절 경축사에서 대통령이 언급한 '8·15 건국절'의 문제를 정면으로 언급했다.

> 대한민국이 1948년 8월 15일 출범했다고 이날을 건국절로 하자는 일부 주장이 있다. 이는 역사를 외면하는 처사일 뿐 아니라 헌법에 위배되고 실증적 사실과도 부합되지 않는 역사 왜곡이고, 역사의 단절을 초래할 뿐이다.

이 말을 듣고 200년 전의 다산의 지혜가 오늘 다시 살아나는 것처럼 느껴져 기분이 매우 좋았다. 권위주의 독재시대에도 가끔은 국가의 원로들을 대통령이 초청하여 오찬모임을 여는 경우가 있었으나 어느 누구 백성들의 아프고 쓰라린 현실을 직언했다는 기사를 읽은 적이 없는데, 광복군동지회장 출신인 김옹께서 감히 대통령 앞에서 직언을 했음이 알려졌으니 통쾌하지 않을 수 없다. 아쉽기 짝이 없음은 바로 그 자리에서 대통령은 가부간의 답변을 해야 하는데 그냥 못 들은 척 넘어가면서 딴 이야기를 했다니 안타까운 걸언례가 되고 말았다.

국가원로라는 분들이 대통령의 초청으로 식사모임에 참석하여 꿀 먹은 벙어리처럼 쓴소리 한마디 못하고 그냥 헤어지고 마는 허다한 모임만 보다가, 이번의 쓴소리는 걸언례 같은 모임이었으니 이 얼마나 다행한 일인가. 다산의 주장대로 그런 쓴소리를 듣고 곧바로 시정하는 조치가 있었다면 얼마나 유익한 걸언례였을까. 그렇다 해도 직언을 서슴지 않은 국가원로가 한 분이라도 계신다는 것만으로도 나라의 체면이 살아난 셈이다.

대동세상으로 가는 길

강자를 누르고 약자를 보듬는 사회

『목민심서』「형전」편의 '금포(禁暴)' 조항에 "호강(豪强)을 치고 누르되 귀근(貴近)을 꺼리지 않아야 한다."라는 말이 있다. 이것이 바로 목민관이 맨 먼저 힘써야 할 일이라고 했다. 호강이야 세력이 센 강자들이고, 귀근이란 임금의 측근 등 권세가를 말한다. 이들의 횡포와 난동을 그치게 하지 않는다면 백성들이 편안하게 살아갈 수 없음은 너무나 당연하다.

다산은 그 문제를 더 구체적으로 언급한다. 힘없고 약한 백성들을 온순한 양에 비교하고, 무도한 강자들을 승냥이나 호랑이에 비교하여 승냥이나 호랑이의 피해를 제거하여 양들이 편안하게 살도록 하는 것이 목민관의 기본적인 임무라고 했다.

다산의 주장과 통하는 말로 '억강부약(抑彊扶弱)'이 있다. 중국 『삼국지』 「위지(魏志)」 왕수전(王修傳)에 나오는 구절로, 강자를 억눌러서 약자를 부추겨 주어야 한다는 뜻이다. 궁인을 진작시키고 약자를 부추기는 일이 목민관이 힘써야 할 일이니, '억강부약'이 목민관의 기본 임무라는 것이다.

대통령 선거철이 되면서 세상에는 온갖 찬란한 용어들이 등장하여 세상 사람들의 이목을 끌려 한다. 어떤 후보는 우리의 귀가 번쩍 뜨이게 하는 말을 했다. "특권과 반칙에 기반한 강자의 욕망을 제지시키고, 약자의 삶을 보듬는 억강부약의 정치로 모두 함께 잘 사는 대동세상을 향해 가야 합니다."라는 내용이다.

강자의 부당한 욕망을 제지시키는 '억강', 약자의 삶을 보듬는 '부약', 특권과 반칙까지 없애자는 공평, 이 얼마나 우리가 바라던 요순정치인가. 더구나 요순정치의 최종 목표인 '대동세상'까지 이룩하겠다니 이보다 더 우리를 기쁘게 하는 주장이 있을 수 있을까. 그 후보 아니고도 다른 후보들의 현란하고 아름다운 말이 넘쳐나고 있다. 그야말로 요순시대나 유토피아에서나 가능한 언어가 넘치고 있다. 문제는 언행이 일치해서, 공약으로 내건 말이 실제 행동으로 실천될 때에만 말의 의미가 살아나는 것인데, 우리의 역사적 경험으로는 그런 경우가 거의 없는 형편이었으니, 안타까운 일이다.

『목민심서』의 「애민」 편이나 '금포' 조항에서 약자를 진작시키고 부추겨 주었던 역사적 사례가 수없이 열거되어 있고, 강자를 억누르고, 약자를 부추긴 사실(史實)들도 많이 거론되어 있다. 이제 우리 국민이 해야 할 일이 따로 있다. 하는 말에만 귀를 기울일 것이 아니라 했던 말을 실천하는 방법이 치밀하게 거론된 경우라야 실천이 가능함을 예견할 수 있기 때문에, 구호에만 그치는 공약은 절대로 믿지 말아야 한다.

경찰국가에서 야경국가로

조직폭력배를 약해서 '조폭'이라 하고, 속말로는 '깡패'라고도 한다. 언제부터인가 '조폭과의 전쟁'이니, '조폭 소탕작전'이니 소란을 피우면서 조직폭력배를 제거하는 데 국력을 기울였지만, 우리 사회에는 아직도 많은 조폭이 날뛰고 있고, 깡패가 활개 치는 세상이 계속되고 있다. 정말로 한심하고 답답한 세상이다. 며칠 전에도 인천에서 조폭의 난동이 있었는데, 경찰이 제대로 대처했느냐, 아니면 늑장을 부리거나 겁을 먹고 제대로 대응하지 못했느냐로 경찰 내부의 갈등까지 야기된 적이 있다. 아무튼 불행한 세상이다.

주로 서양의 개념이긴 하지만 '경찰국가'니 '야경국가'라는 용어가 있다. 백성들의 생명과 재산, 자유와 인권을 경찰력을 통해 보호하고 침해받지 않도록 하는 민주주의가 만개된 사회를 '야경국가'라고 한다면, 백성들의 생명·재산·자유·인권보다는 권력을 보위하고 권력자의 편의대로 경찰력이 동원되는 나라를 '경찰국가'라고 한다. 그렇다면 민주주의의 발전사는 결국 경찰국가에서 야경국가로 전환되는 과정이라고도 말할 수 있다. 요즘 곳곳에서 일어나는 시위 현장에 물대포가 등장하고, 산성까지 쌓이면서 지금의 시대가 경찰국가인가라는 질문이 언론에 등장하였다. 이렇게 세상일이 후퇴만 되는가 여겨져 안타까운 현실이다.

전제왕조 국가에서 살아가던 다산은 지금으로 보면 필연코 야경국가를 간절히 원했을 것이다. 『목민심서』의 이야기는 다산의 뜻이 어디에 있는가를 알게 해 준다. 조직폭력배와 비슷한 토호들의 깡패 행위는 일반 백성들에게는 한없이 무서운 게 사실이다. 승냥이나 호랑이와 같다면 그 이상 더 무서운 존재는 없다는 것이다.

국가권력인 경찰력은 바로 그런 승냥이나 호랑이의 피해를 제거하여 일반 백성들이 마음 놓고 살아갈 수 있게 해 주어야 한다. 바로 야경국가의 긍정적인 측면을 강조한 것이다. 오늘 우리 사회에 경찰국가의 그림자가 있다는 것은 다산의 뜻과는 정반대로 가고 있는 세상임이 분명하다. 200년 전에도 실현을 꿈꿨던 야경국가, 그런 세상의 실현에 온갖 노력을 기울여야지, 행여라도 권력 보위만을 위한 경찰국가로 가는 길은 하루 속히 차단되기를 기대해 본다.

다산의 세상, 요순의 세상을 너무나 그리워하는 마음에서 '억강부약'과 '야경국가'를 거론해 보았다.

수사권 남용은 이제 그만

범죄수사에 뛰어난 제갈공명

제갈량(諸葛亮)은 자는 공명(孔明), 시호는 무후(武侯)로, 중국 삼국시대 촉한(蜀漢)의 뛰어난 승상이었다. 모든 일에 온갖 재능을 갖춘 인물을 거론하다 보면 제갈공명이 거론되고, 어떤 특수 분야에 뛰어난 인물의 별명으로 '갈량(葛亮)'을 빌려다가 '김갈량'이니, '박갈량'이라고 호칭하는 경우가 많을 정도로 능력이 탁월한 사람의 대명사로 알려져 왔다. 많은 일화와 전설이 전하면서 재능과 지혜가 뛰어난 동양인의 상징적인 인물이기도 하다.

다산은 『목민심서』 「형전(刑典)」에서 어떻게 해야 수사와 재판이 공정하고 공평하게 이뤄질 것인가에 고심탄회한 정력을 기울였다. 특히 살인범에 대한 진실과 실체적 진실을 발견하는 데는 특별한 수사와 재판이 진행되어야 한다면서 전문적인 식견을 통해 『흠흠신서』 30권이라는 방대한 저서를 남기기도 했다.

요즘 세간에도 범죄수사에 과잉수사니 월권수사니 피의사실 공표니 등등의 온갖 이야기가 판을 치며 세상이 시끄럽다. 『목민심서』 '단옥(斷獄)' 조항에 나오는 제갈공명의 수사기법을 살펴본다.

다산은 제갈무후의 편지를 소개했다.

옥사를 결단하고 형벌을 내릴 때에는 공평하지 않을까를 걱정해야 한다. 그대가 옥사를 다룰 때, 그가 가고오고 나아가고 물러가는 거동을 살피고 그 말소리를 듣고 시선을 보되, 얼굴에는 두려움이 있고 말소리는 슬프며 오는 것은 빠르고 가는 것은 더디며 뒤돌아보며 한숨을 짓는 것은 원망하고 괴로워하는 것이 정상이니 불쌍히 여겨야 할 것이요, 고개를 숙이고 훔쳐보거나 곁눈질하면서 뒷걸음을 치거나 헐떡거리며 몰래 듣거나 중얼거리며 속마음으로 계산하거나 말이 조리를 잃거나 오는 것은 더디고 가는 것은 빠르거나 감히 뒤돌아보지 못하는 것은 죄를 지은 사람이 스스로 빠져나가고자 하는 것이다.

피의자의 거동이나 말씨, 눈동자 등의 형태를 통해 범죄 유무의 진상을 알아볼 수 있다는 이야기를 했다.

그렇다. 옛날부터 전하는 이야기에 아픈 사람의 병이나 질병의 실체를 파악하는 데는 진맥도 있고 신체를 확인하고 만져 보는 것도 있지만, 진짜 명의는 시진(視診)을 통해 병을 알아차릴 수 있다고 했다. 질병 진찰에서 오늘에야 혈액 검사, MRI 검사, 엑스레이 검사 등 과학적인 진찰이 항다반이고, 내시경이나 위투시 등을 통해 온갖 질병의 실상을 발견할 수 있듯이 과학적인 진찰이 최고 수준이지만 역시 오늘에도 시진은 또 그것대로의 방법이기도 하다.

마찬가지로 범죄수사에도 온갖 과학적인 수사기법이 개발되었지만, 인권을 침해하지 않고 강압수사나 고문 같은 원시적 수사가 아닌 시찰(視察, 눈으로 관찰함) 또한 무시할 수 없는 수사기법임을 다산은 가르쳐 주고 있다. 인간에게는 육감(六感), 영감(靈感)이 있기 때문에 비과학적이지만 그것대로의 역할을 인정하고 있음을 알게 해 준다.

법의 심판은 오직 공정하게

우리나라의 법원과 검찰, 100퍼센트 신뢰를 못 받은 지 오래이다. 세간에는 무전유죄(無錢有罪), 유전무죄(有錢無罪)라는 용어가 두루 퍼져 진실인 것처럼 행세하는 것도 법원과 검찰이 신뢰받지 못한다는 다른 표현이자 수모당하는 징표의 하나이기도 하다. 법을 지키고 법을 공정하게 집행하는 일이야말로 인류가 야만에서 문명의 세계로 발을 디디는 첫 단계이기도 하다. 그러나 우리 현실은 이런 점에서 많은 문제가 있는 것도 사실이다. 공정한 수사와 공정한 재판이 그렇게도 간절히 염원하는 국민의 바람이건만, 억울한 재판이니 불공정한 수사와 재판이라느니 비난만 많을 뿐 만족하는 사람은 별로 찾아보기 힘들다.

요즘 한창 재벌들의 불법행위에 대한 재판의 결과로 세상이 떠들썩하다. 수백억, 수천억 원의 배임·횡령으로 고객과 국민에게 엄청난 손실을 끼친 재벌총수들에 대한 재판에 언제나 세인의 주목이 쏠리지만 결과는 늘 솜방망이 처벌로, 고작 집행유예에 오래지 않아 사면을 받는 특혜가 판을 쳤을 뿐, 국민의 가슴에 시원하다는 판결이 나온 적이 많지 않았다. 천문학적인 경제사범은 집행유예나 사면으로 아무런 부끄럼 없이 천하를 호령하면서 살아가고, 힘없고 가난한 서민들은 소액의 범죄에도 중형을 받아 오랜 감옥생활을 해야 한다면 어디서 사회정의를 찾을 수 있겠는가.

다산 정약용은 오래 전에 『목민심서』「형전(刑典)」의 '단옥(斷獄)' 조항에서 수사와 재판의 공정성을 강조하고, 빈부의 격차 때문에 재판의 결과가 차이나는 문제를 심각하게 논의하였다.

> 부자죄인이 탐욕스런 관리를 만나면 혹 뇌물을 주어 요행스럽게 죄를 면할 수도 있지만, 청렴한 관리를 만나면 더러는 그가 혐의를 받을까 염려하여 지은 죄 이상으로 억울한 형벌을 받을 수도 있다. 무릇 수사나 재판을 맡은 사람은 백성의 빈부를 의식하지 말고 한결같이 공정하게 일을 처리해야 한다. 富民遇貪吏 或行賂以幸免 遇廉官 或避嫌 以橫罹 凡按獄者 忘民之貧富 一出於公正 斯可矣

이 얼마나 멋지고 정당한 주장인가. 그동안 재벌총수들에 대한 재판은 세상이 알고 있듯이, 너무 공정하지 못한 때가 많았다. 다산도 부자들에 대한 재판의 어려움을 분명히 밝혔다. 참으로 돈 많은 부자는 뇌물을 통해 죄에서 벗어날 수도 있는데, 어떤 경우 지나치게 청렴한 재판관을 만나, 부자에게는 가벼운 형벌을 내린다는 혐의가 두려워 지은 죄 이상의 중벌을 내리는 것도 다산은 분명히 경계했다. 그래서 다산은 분명하게 선언했다. 범죄자가 부자냐 가난한 사람이냐를 결코 논하지 말고 공평하게 보고 죄의 경중에 따라서만 공정한 판결을 내리라고 했다.

재벌들에 대한 재판이 계속 이어진다는 보도 내용이 있다. 그동안의 집행유예나 사면의 관행에서 벗어나 '일출어공정(一出於公正)'이라는 구절에 합당하게 법과 법관의 양심에 따라 재판해 주기만 바라고 바란다.

과거 권위주의 시대에 얼마나 참혹한 강제수사나 고문수사가 남발되었던가. 수사권 남용은 이제는 멈춰야 한다. 인간의 자유와 인권은 천부적인 것이다. 눈으로도 수사하는 참으로 날카로운 눈매의 수사관들이나 육감이 뛰어난 수사관들이 배출되기를 기대해 본다. 수사 지연이다, 재판 지연이다라는 것도 이제는 없어져 인간이 인간답게 살아가는 세상을 만들어야 한다. 요컨대 인권이 무시되는 수사는 이제 사라져야 한다.

정치검사가 웬말인가

논공행상의 부정적 측면

일반적으로 생각하면 전혀 탈을 잡을 수 없는 말이 '논공행상(論功行賞)'이란 말이다. 공(功)이 훌륭하다면 반드시 포상을 해 줌이야 참으로 정당한 일이다. 이렇게 정당한 일에도 숨은 문제점과 병폐를 발견하는 일은 높은 수준의 판단력과 관찰력의 힘이다.

『목민심서』「형전(刑典)」은 어떻게 수사하고 재판하여 진짜 죄를 지은 범인에게는 벌을 내리고 죄를 짓지 않은 사람에게는 절대로 벌을 내려서는 안 된다는 내용으로 이뤄진 그야말로 형벌에 관한 법전이다. 그래서 다산은 '단옥(斷獄, 옥에 갇힌 죄수의 유무죄와 형벌의 경중을 결단함)' 조항에서 형벌에 관한 대원칙을 천명했다.

단옥의 요체는 밝게 살피고 신중히 생각하는 데 있다.

밝음과 신중함이라는 '명신(明愼)' 두 글자를 맨머리에 올려놓았다. 사람의 생사가 자기 한 사람의 살핌에 달려 있으니 밝게 살피지 않을 수 없고, 사람의 생사가 자기 한 사람의 생각에 달려 있으니 신중하지 않을 수 없다는 설명까지 친절하게 붙였다.

그런데도 '논공행상'이라는 네 글자 때문에 밝게 신중하게 살피고 생각하는 데 소홀하여 인명에 엄청난 피해를 주고, 인권이 침해당하는 경우가 많다는 것을 다산은 세밀하고 엄격하게 밝혀냈다. '조선 유일의 법률가'라는 위당 정인보의 평가처럼 다산의 형벌에 대한 지혜는 정말로 훌륭했다.

다산은 옛날 어진 이들의 예를 들어 수사관이나 재판관이 해서는 안 될 일을 엄격하게 제시했다. 무서운 범죄자를 적발하여 가혹한 형벌을 내릴수록 옳은 수사와 재판으로 공을 인정받아 후한 상을 받는 점의 문제점을 지적했다. 중국 법에도 재판에서 실정을 파악한 경우 반드시 논공행상이 있는데, 그거야 관원(官員)에게 권면하는 일이 되지만 바로 거기에 큰 폐단이 숨어 있다면서 그 실례를 열거했다.

죄 없는 아전이 도적질했다고 거짓 자복하여 사형을 받기로 된 사건을 다시 조사한 상급심 재판관이 그대로 묵인하여 처리하면 큰 상을 받기로 되어 있다면서 그대로 처리하자고 옆에서 주장하자, 그 재판관은 "옥사를 다스리는 데 있어서는 실체적 진실을 밝혀내는 것이 나의 직책이니 남을 죄에 빠뜨려 공로를 인정받음은 내가 뜻하는 바가 아니다."라고 말하고 그의 죄 없음을 밝혀내자 듣는 사람들이 탄복했다는 내용이 있다. 그러면서 더 탄복할 만한 예를 들었다.

피일휴(皮日休)라는 당나라 때의 선비가 했다는 말이다.

"옛날의 옥사를 판결함에 있어서는 그 죄인의 진상을 파악하고는 슬퍼하더니, 오늘날에 옥사를 판결함에 있어서는 그 죄인의 진상을 파악하고는 기뻐한다."

슬퍼했던 이유는 인민을 제대로 교화할 정책이 시행되지 못해 그런 범죄자가 나와서 슬프게 여겼고, 기뻐하는 것은 상이 반드시 내릴 것을 기뻐하는 것이라는 뜻으로 풀이했다.

간첩죄니 내란죄니 반국가 사범이니, 그런 무서운 범죄사건의 실체가 드러났다면 국민을 제대로 교육시키지 못해서 일어난 사건이라고 슬퍼할 일이건만, 증거를 조작하고 고문으로 거짓 자백을 받아 유죄로 만들면서 논공행상이 될 것만 바라서 기뻐하는 관계자들에게 일침을 놓는 이야기이다. 논공행상만을 바라서 조작과 위증이 끊이지 않는 오늘, 다산의 형벌관이나 수사와 재판에 대한 견해는 참으로 탁월하기만 하다. 대단하다.

한 사람도 억울한 사람이 없도록

자신이 상 받기를 원하고, 수사능력이나 재판능력을 인정받을 욕심으로 반드시 형벌을 내리겠다는 목적으로 개인의 사생활을 꼬치꼬치 살피고, 남의 명예와 인격을 말살해서라도 수사관이나 재판관 자신들의 명성을 얻고 이익과 명예를 유지하겠다는 짓은 절대로 해서는 안 된다는 것이 다산의 '단옥'에 대한 지혜였다. 진상을 밝히고 실체적 진실에 접근하는 일이야 본령에 속하지만, 상식에서 벗어나 공정과 공평에 어긋나면서라도 자신이 노리는 목적을 위해 해서는 안 될 수사를 하는 일은 반드시 금해야 한다는 다산의 뜻이 오늘에 더욱 그립기만 하다. '머리털을 헤집고 흉터를 들춰내듯 법률을 엄밀히 적용하고 교묘하게 옭아 넣는 수사'는 하지 않아야 한다.

"참혹하고 각박하게 수사하는 사람은 대부분 뒤끝이 좋지 않았다."라는 다산의 경고도 기억해야 한다. 다산의 지혜에서 얻을 것이 많기만 하다. 먼지털기식 수사는 수사의 정도가 아니라는 것이 다산의 뜻이다.

과거 어느 때와 다르게 이번 정권에 들어와서는 정치검찰이 세상을 주름 잡으면서 무리한 수사와 억지 기소가 관행처럼 여겨져 재판의 결과는 무죄판결로 이어지고 있지만, 무리한 수사와 공소권 남발로 일신의 출세만을 기도하는 정치검사들은 승승장구로 출세 가도만 달리고 있다니, 세상에 이런 일이 어떻게 실제로 존재할 수 있다는 것인가.

멀쩡한 사람을 잡아다가 명확하고 확실한 증거도 없이 뇌물죄니 횡령죄를 적용하여서 한 인간을 파멸시켜 온갖 수모를 당하도록 모든 언론에 대서특필하게 하여 놓고는, 무죄판결이 떨어지면 믿거나 말거나 식으로 가볍게 여기거나 아니면 말고 식으로 넘어가면서, 책임도 묻지 않고 잘못도 따지지 않는 검찰제도가 엄연히 유지되고 있다. 이게 말이나 되는가. 보기에도 민망하다.

수사와 재판을 목민관이라는 한 사람이 동시에 담당하던 때였지만, 공정한 수사와 정의로운 재판이 이루어지기를 그렇게도 바랐던 다산은 『목민심서』에서 말했다.

> 지극히 원통한 일을 당하여 하늘에 호소해도 응답이 없으며, 땅에 호소해도 응답이 없으며, 부모에게 호소해도 역시 응답이 없는데, 홀연히 어떤 관원이 있어 수사기록과 재판기록을 검토하여 근원을 밝혀내어 죄 없는 보통 사람으로 풀어 준 뒤라야 형관(刑官, 수사관과 재판관)의 높음을 알게 된다. _단옥(斷獄)

억울하고 원통한 사람이 없도록 수사하고 재판하여 갇혀 있는 사람을 자유롭게 해 주는 일, 그것이 바로 법 집행자의 최대의 영광이어서, 그런 사람을 승진시키고 출셋길이 열리게 해 주어야 정상적인 나라이지, 그 반대의 사람이 승진하고 출세한다니 이래서야 온전한 세상인가.

검찰 개혁, 다른 데 있지 않다. 권력의 눈치를 보며 수사하고 기소하는 그런 정치검찰의 추방부터 시작해야 한다. 억울하고 원통한 사람이 없기를 바라는 수사와 재판을 다산은 그렇게도 바랐건만, 생사람 잡아다가 무서운 범죄자로 얽어매는 일에 종사하는 검찰관이 활개를 펴는 세상이라면 다산이 지하에서 뭐라고 말하겠는가. 백 사람의 죄인을 놓치더라도 한 사람의 억울한 죄인이 없기를 원한다는 법언(法諺)을 기억해서라도 그동안 억울한 죄인을 양산했던 정치검찰을 이번 기회에 청소하는 세상이 오기를 다산의 마음으로 기대해 본다.

간첩을 조작하다니

공정한 수사와 재판, 거기에서 인간의 자유와 행복도 살아나고, 거기에서 인권도 살아나고 인류의 평화도 살아난다. 수사와 재판이 공정하지 못하고 올바르지 않다면, 그런 나라는 절대로 문명국가라고 말할 수 없다. 조선이라는 나라가 문명국가가 되고, 그곳에서 살아가는 모든 국민이 자유와 인권을 누리고, 행복하고 평화롭게 살아가기를 그렇게도 염원했던 다산은 공정한 수사와 재판이 얼마나 큰 역할을 하는가에 대하여 누구보다도 정확히 알고 있었다. 그래서 『목민심서』 「형전(刑典)」과 『흠흠신서』에서 정확한 수사와 공정한 재판에 대하여 무한한 주문을 하였고, 어떻게 해야 올바른 수사와 공정한 재판이 가능한가에 대하여도 누누이 설명했다.

> 시골 백성들이 관청(검찰청·법원)에 이르면, 관리들이 꾸짖고 매질하는 소리가 교차하여 정신이 나가고 기가 꺾여 진실로 형틀에 묶일까 두렵고 빨리 빠져나가고 싶어 망녕되이 거짓 자복하는 경

우도 있으며, 관리들이 속히 일을 끝내는 데만 힘써 억지로 고문을 하여 강제로 자복을 받아 내는 수도 있으며, 관장(官長, 검찰총장·국정원장)이 자기 견해만 믿고 망령되이 억측을 하고, 관리들이 관장의 뜻을 좇기만 하여 자연히 그렇게 되지 않을 수 없는 경우도 있다._「형전(刑典)」 단옥(斷獄)

200년 전에 다산은 수사와 재판이 공정하게 되지 못하는 이유까지를 참으로 명쾌하게 설명했다. 그러나 그때만 해도 정치적 이유가 개재할 수 없는 일반 형사사건의 수사와 재판에 대한 이야기여서 덜 억울할 수도 있고, 또 국가 통치에 큰 영향을 미치지 않을 수도 있었다. 겁먹은 피의자를 윽박지르고 겁을 주거나 모진 고문을 통해 허위자백을 받아내 윗선에서의 정치적 목적까지를 달성해 내는 요즘의 사정으로 보면, 수사와 재판의 공정성은 더욱 크게 문제 삼지 않을 수 없다.

우리는 자유당 12년 독재, 제3공화국 및 유신시대의 18년, 5공시대의 8년, 40년 가까운 독재시대를 살아오면서 정치적 목적 때문에 부당한 수사와 불공정한 재판으로 얼마나 많은 사람이 억울하게 죽고, 고문당하고, 오랜 감옥생활을 했던가를 근래의 재심에서 계속 무죄가 선고되면서 그 진실에 대하여 똑똑히 알게 되었다. 그만큼 수사와 재판이 불공정했다는 역사적 확신을 인식하게 되었다.

1987년 6·10항쟁 이후 87년 체제가 이룩되면서 10년에 이른 민주정부도 있었고, 수사와 재판도 그렇게 우려될 정도로 불공정하지 않게 되었다고 생각하면서, 다산의 그 거룩한 정신이 200년이 지난 요즘에야 제대로 발현되는구나 여기며 그래도 조금 마음을 놓을 때가 있었다.

그런데 신문에서 '김현희처럼 해 줄 테니 오빠가 간첩이라고 말해'라는 제목의 기사를 읽고는 정말로 깜짝 놀랐다. 화교 간첩 남매가 법원에서 무죄판결을 받았으며, 얼마나 억울하게 옥살이를 했는가에 대한 자세한 내용이었다. 민주주의 국가에서, 국민행복시대의 정부 아래서 아직도 정략적으로 수사와 재판이 진행되고 있다니, 정말로 기가 막힌다. 언제쯤 다산의 공정한 수사와 재판에 대한 염원이 실현될 날이 올까. 누이에게서 허위자백을 받아내 오빠를 간첩으로 만드는 수사를 했다니 아무리 하늘이 무심하다고, 그들을 그냥 두고만 볼 것인가.

재판의 근본은 성의

시대정신을 판결에 담겠다

나는 오래전부터 수사하고 재판하는 공무원이라면 아무리 독서를 하지 않는다 해도 최소한 『목민심서』의 「형전(刑典)」 편만이라도 읽어야 한다고 강조해 왔다. 그렇게 했더라면 요즘처럼 사법개혁과 검찰개혁에 대한 국민적 요구가 강력해지지는 않았을 것이다. 법원과 검찰에 대한 개혁 요구가 거세지는 현실을 보면서 새삼스럽게 나의 생각이 틀리지 않았음을 확인하게 된다.

언론보도를 통해 '개혁적 소수의견으로 사회적 약자 권익옹호'라는 제목으로 타계한 전 대법관 이홍훈 판사를 추모하는 글을 읽으면서, 「형전」의 진리가 얼마나 훌륭한가를 새삼스럽게 느꼈다.

「형전」 첫 줄은 이렇게 시작된다.

청송의 근본은 성의에 있고, 성의의 근본은 신독에 있다. 聽訟之本 在於誠意 誠意之本 在於愼獨

이런 대원칙을 내세운 다산은 그에 대한 설명으로 많은 예문을 열거하였다. 『중용』·『논어』·『대학』 등의 고경을 두루 열거하고, 『시경』까지 인용해 왜 '성의'가 필요하고 '신독'이 요구되는가에 대한 상세한 풀이를 해놓았다.

『대학』에는 성의장(誠意章)이 따로 있어서 사람이 사람다우려면 정성스러운 뜻이 어떤 역할을 하는가에 대한 온갖 설명을 했으며, 『중용』에는 신독장(愼獨章)이 있어 신독이라는 수신(修身) 공부가 얼마나 귀중한 가치인가도 충분히 설명해 놓았다.

일생을 법관으로 살다가 대법관의 지위에 올라 개혁적인 소수의견을 많이 개진했고, 사회적 약자의 권익을 옹호하는 많은 판례를 남긴 법관의 죽음에 생전의 위대한 업적을 찬양하는 신문기사를 읽다 보니, 그분이 대법관에 취임하면서 말했다는 취임사의 한 대목에 『목민심서』「형전」 첫 줄이 인용되고 있음을 발견했다. 왜 그분이 법관들의 귀감인지 이해하게 되었다.

"다산 선생이 재판의 요체에 관해 일찍이 갈파하신 '성의'를 갖고 사건 하나하나에 정성을 다하겠다. 통합과 시대정신을 구체적 판결에 담을 수 있도록 노력하겠다."라는 내용이 취임사에 나온다는 것이다. 다산이 "재판의 근본은 성의에 있다."고 했던 의미를 기억하고 재판에 임했던 이홍훈 대법관을 타계한 뒤에야 보도를 통해 알게 된 것이 아쉬움으로 남는다.

『중용』에는 많은 내용이 있지만 '성(誠)'이라는 덕목에 대한 이야기가 주를 이룬다.

> 정성이란 하늘의 도요, 정성스러우려 하는 것은 사람의 도이다.
> 誠者 天之道也 誠之者 人之道也

'성의'를 가슴에 새기고 정성을 다해서 사건을 심리하겠다는 뜻은 바로 하늘의 뜻대로 심리하여 판결을 내리겠다는 뜻이었으니, 얼마나 진지한 재판으로 실체적 진실을 파악하는 판결을 내리겠다는 뜻인가.

다산은 공직생활 동안 절대로 잊지 않고 마음에 새길 단어는 공렴(公廉)이고, 그런 공렴도 온 정성을 다 바쳐 실천하겠다는 언약을 했던 바가 있다. 그래서 불성무물(不誠無物), 지성무식(至誠無息) 등 온갖 덕목의 최상위에는 정성이라는 글자가 등장한다.

재판의 근본이 성의에 있다고 믿고 그렇게 법관생활을 하다 옳은 판례를 남기고 세상을 떠난 이 대법관 님의 명복을 빈다. 살아생전에 만나 다산의 「형전」에 관한 대화를 나누었으면 얼마나 좋았을까, 그러지 못한 안타까움을 금할 수 없다. 그래서 법을 다루는 공직자들, 다시 또 다산의 「형전」 읽기를 권장한다.

법에도 융통성을 두어야

관의 잘못을 따질 줄 아는 국민

인류가 문명사회를 유지해 오면서 발견한 가장 큰 지혜 중의 하나는 법(法)이라는 제도를 창안한 일이다. 유사 이래 통치의 기본 원리는 법을 지키는 일이요, 법에 의하여 사회질서가 유지될 수 있었다. 그래서 다산도 『목민심서』에서 밝혔다.

> 무릇 국법에 금하는 바와 형률에 실려 있는 것은 마땅히 조심조심 두려워하여, 감히 함부로 범하는 일이 없어야 할 것이다. 凡國法所禁 刑律所載 宜慄慄危懼 毋敢冒犯 _수법(守法)

그런데 다산의 지혜가 여기에 머무르고 말았다면, 국가통치의 당연한 원리여서 새삼스럽게 언급할 이유도 없다. 다산의 더 나아간 지혜가 너무 훌륭해서 또다시 언급할 수밖에 없는 내용이 있다.

한결같이 곧게 법만 지키는 일이 때로는 너무 구애받는 것이 될 수도 있다. 다소의 넘나듦이 있더라도 백성들을 이롭게 할 수 있는 것은 옛사람도 역시 더러는 변통하는 수가 있었다. 요컨대 자기의 마음이 천리(天理)의 공변됨에서 나왔다면 법이라고 해서 얽매여 지킬 것이 없으며, 자기의 마음이 인욕(人慾)의 사사로움에서 나왔다면 법이라는 것을 조금이라도 범해서는 안 될 일이다.

위의 원칙을 제대로 풀어서 설명했다. 다시 설명하면, 법 지키는 일에 구애받다 보면 세상에 그르칠 일이 많이 나온다는 것이다. 법을 융통성 있게 해석하여 나오고 들어가는 부분이 있어야지, 법만 묵수하다가는 민생(民生)이나 인권(人權)에 막대한 피해가 있을 수 있다는 것이다. 과거 권위주의적 독재시대에 '법대로'라는 말이 우리 국민의 자유와 인권을 얼마나 괴롭히고 침범했었나를 생각해 보면 금방 알 수 있다. 그래서 다산은 더 부연한다.

법을 범하여 벌을 받는 날에 하늘을 우러러 부끄러움이 없고 땅을 굽어봐 부끄러움이 없다면, 그 범한 것이 반드시 백성을 이롭고 편하게 한 일이니, 이 같은 경우는 법의 적용에 신축성이 있어야 한다는 것이다.

법집행과 행정수행에 지켜야 할 도리도 분명히 밝혔다.

이에 유혹되어서도 안 되며, 위세에 굴해서도 안 되는 것이 공직자의 도리이다. 비록 상사가 독촉하더라도 받아들이지 않는 일이 있어야 한다. 不爲利誘 不爲威屈 守之道也 雖上司督之 有所不受

법에 어긋난다고, 행정지침에 어긋난다고 법대로만 해야 한다고 권력을 동원해 강제집행 하다 보면, 하소연할 지위와 능력도 없는 백성들의 딱한 사정들은 어떻게 해야 권력자들에게 전달할 방법이 있겠는가.

다산의 지혜는 또 있다. 수법(守法)을 그렇게 강조하면서도 잘못하는 관(官)에는 언제라도 범관(犯官)을 하라고 주장한다. 관이 잘못을 뉘우치지 않고 반복하는 이유는 관의 잘못에 백성들이 제대로 항의하고 따지지 않기 때문이라는 것이다. 아무리 힘없는 백성들도 보다보다 못하면, 기다리다 지치면, 관의 잘못에 범관을 서슴지 않을 때가 있기 마련이다.

제발 법을 융통성 있게 집행하고 국민의 마음을 상하게 하는 일을 삼가야 한다. 다산의 지혜에서 배워야 할 일이 많기만 하다.

민원처리는 소아과 의사처럼

재판관의 낮은 자세

국가 지도자의 존재 이유는 무엇일까. 요즘으로 보면 군의원, 시의원, 구의원으로부터 시장·군수·구청장에서 도지사, 광역시장, 대통령에 이르기까지 모두 우리의 지도자이다. 공직에 근무하는 국가공무원에서 준공무원 등도 우리의 지도자이다. 다산 시대로 보면 크건 작든 그들은 모두 '목민관'임에 분명하다. 국민들이 세금을 납부하여 그들에게 월급을 주고 세비를 주는 것은 또 무엇 때문일까. 그 이유를 다산은 참으로 간명하고 명쾌하게 밝혔다.

> 백성들을 위해서 일하라고 존재하게 하였다. 爲民有也 _「원목(原牧)」

바로 그 답변이 세상에서 말하는 '위민사상'이자 '민본주의'이다. 모든 지도자(목민관, 벼슬아치)는 백성의 이익을 위해서 일하지 않는다면, 기본적으로 존재 가치가 없다는 것이다. 그런 의미에서 다산의 『목민심서』는 목민관이 어떻게 일하고 어떤 마음가짐으로 업무에 임해야 백성을 위하는 일이 되는가를 밝혀 놓은 책이다. 예전에 비해서야 백성들의 의식 수준도 달라졌고 권리 주장도 확대된 것은 사실이지만 아직도 우리 사회에서 다산 시대에 관은 높고 민은 낮다는 의식이 완전히 사라진 것은 아니다. 때문에 그 당시 다산이 백성을 위한 목민관의 자세가 어떠해야 하는가를 설명한 부분은 오늘에도 역시 상당한 효용성이 있음을 알게 된다.

> 어린아이의 질병을 맡은 과목을 의서에서는 '아과(啞科)'라 부르는데, 아프거나 가려워도 능히 스스로 말할 수가 없는 까닭에서다. 촌백성들이 원통함을 호소하고자 하더라도 그 일이 혹 권세 있는 아전에게 걸리거나 혹은 간악한 향승에게 관련된 것이므로 이들의 노여움을 건드릴까 겁내서 감히 밝혀 말할 수가 없다. _청송 상(聽訟上)

말 못하는 유아를 치료하는 소아과 의사처럼, 자신이 당하는 아픔과 고통의 사연을 제대로 말하지 못하는 백성을 마치 벙어리처럼 여기면서 그들의 원통한 내용을 제대로 파악하여 해결해 주어야 한다는 내용이다. 벙어리에게 위엄과 무단으로 호통치면서 일의 진실을 파악하려는 것처럼 어리석은 일이 없다는 다산의 '위민', '민본' 정신이 너무나 높고 크기만 하다.

당시의 목민관은 요즘으로 보면 행정관이며 수사관이자 재판관이었다. 연약하고 힘없으며 지적 수준도 낮고 겁이 많아 관청에만 들어오면 벌벌 떨면서 제정신을 차리지 못하는 백성을 수사하고 재판하는 과정일수록 참으로 낮은 자세와 온화한 마음으로 질문하여 답변한 내용이 진실이 되고, 주장하는 내용이 사실일 수 있도록 낮은 자세로 임해야 위민이고 민본이 된다는 뜻이다.

이리를 막아 양을 보살펴야

『목민심서』는 48권의 방대한 분량인데, 책의 내용은 시작부터 끝까지 관(官)과 민(民)을 양립하여 관은 민을 보호하고 보살펴야 한다는 의미가 주를 이루고 있다. 관존민비(官尊民卑)가 굳어진 계급사회인 조선시대, 관이 민을 보살피지 않고서는 백성은 살아갈 방법이 없었기 때문에 다산 같은 애민·민본 사상이 투철했던 학자로서는 의당 그러한 주장을 펼 수밖에 없었을 것이다.

> 대체로 백성을 학대하는 일이란 대부분 고의범에 속한다. 관장 직책이야 이리를 물리치고 양 같은 백성을 돌봐야 하는데 백성을 괴

롭히는 일을 해서야 되겠는가. 大抵虐民之事 多係故犯 況牧之爲職 在乎去狼以牧羊 _「형전(刑典)」 신형(愼刑)

다산의 주장에는 참으로 많은 뜻이 내포되어 있다. 학민(虐民), 즉 백성을 못살게 구는 일이 대체로 고의범이라는 말에는 큰 뜻이 담겨 있다. 부주의로, 실수로, 일을 처리하다 보니 저질러지는 잘못이 아니라 애초부터 어떤 목적의식으로 백성을 학대하게 된다는 것이니, 백성을 괴롭히고 학대하는 관리는 의당 최고로 무거운 형벌로 다스려야 한다는 이유를 밝히고 있다.

국사범(國事犯)이라는 역적죄나 내란죄를 범한 사람을 수사하고 재판하는 관리가 사실이 확실하지도 않고 증거도 불충분한 사람을 그러한 범죄를 저지른 사람으로 만들려고 한다면, 의도적으로 백성을 괴롭히는 일에 해당하여, 결국 고의범일 가능성이 크다고 할 수 있다.

다산은 『목민심서』 다른 곳에서 "지극히 천하여 억울한 일을 당하고도 호소하지 못하는 사람이 약한 백성이다.(至賤無告者小民也)"라고 말했는데, 그렇게 약하고 힘없는 백성을 의도적으로 학대하고 괴롭히는 일을 한다면, 그 사람이 어떻게 국록을 받는 벼슬아치라고 말할 수 있겠는가. 과거 권위주의 시대에는 참으로 많은 국가폭력이 자행되면서 얼마나 많은 양민이 관의 학대를 받았던가를 우리는 역력히 기억한다. 다산의 정신에 따르더라도 매우 부끄럽고 수치스러운 일이다.

세월이 많이 흘렀다. 민주화가 이룩되면서 국가폭력이나 관의 학대로부터 양민의 고통이 줄어들어 다산의 뜻이 이제야 실현되는구나 여겼는데, 근일에 벌어지는 사건들을 보면 여러 부분에서 고의적인 백성 괴롭힘이 늘어나는 양상으로 보여 안타까울 때가 많다. 간첩을 많이 잡아야만 특정 기관의 존재 의의가 더 커지고, 공안사건의 해결을 통해 공안담당 기관의 위상이 더 높아진다는 목적의식 때문인지 지나치게 민을 학대하는 범법행위가 끊이지 않고 있으니, 역사의 후퇴를 어떻게 보고만 있을까.

고의범이 대부분인 "민사(民事)에는 상형(上刑)으로 처벌하라."는 다산의 목소리를 잊어서는 안 된다. 고의적으로 백성을 학대하여 자신의 목적을 달성하려는 못된 짓에는 반드시 최고형을 내려 위조하고 조작해서 백성을 구렁텅이로 몰아넣는 일은 신속히 멈추게 해야 한다는 다산의 뜻이 위대하기만 하다.

요즘에도 엉터리 수사와 재판으로 항소심이나 상고심에는 말할 것 없이 재심에서 무죄판결을 받았다는 보도를 보면서, 아직도 우리의 수사관이나 재판관이 위민 민본의 입장이 아니라는 생각 때문에 가슴이 아프다. 조작된 간첩 사건이 무죄라는 보도를 보면서 200년 전의 다산 주장이 새삼스럽게 가슴에 와 닿았다.

큰 죄엔 너그럽고 작은 죄엔 가혹한 세상

관리보다 무서운 토호

다산은 「감사론(監司論)」이라는 명쾌한 논문에서 큰 도둑과 작은 도둑을 대비하여, 지위가 높은 감사(요즘의 도지사)는 큰 도둑이고, 현감·군수는 작은 도둑이라고 설파했다. 조그마한 현이나 군을 다스리는 군수나 현감이야 도둑질을 하더라도 재물이 작지만, 수십 개의 현이나 군을 다스리는 감사는 도둑질할 거리가 많아 큰 도둑이 되는 거라고 주장했다. 그래서 권한이 크고 힘이 센 큰 도둑에게는 벌을 주어도 큰 벌을 내리고, 작은 도둑에게는 그에 비례하여 작은 벌을 내려야 한다는 의견을 제시하기도 했다.

요즘 세간에서 향판(鄕判)에 대한 문제로 시끄럽다. 향판의 본래 취지는 매우 훌륭했다. 한 지역에 오래도록 근무하는 판사는 가능한 다른 지역으로 전근 다니지 않고 일정한 고을에 오래 근무하면서 그 지역의 실정에도 밝고, 그 지역의 민심을 제대로 파악하여 올바른 정보를 통해 범죄자들을 제대로 징벌할 수 있다는 이점을 우선 고려했던 제도였다. 더구나 그 고을 출신으로 그곳에 오래 근무하면서 자신의 고을을 위해서 일하고 봉사한다는 사명감이나 자부심까지 지니게 되어, 제대로만 운영된다면 탓할 이유가 없는 좋은 제도의 하나였다.

그러나 큰 권한과 징벌권을 가진 향판이 그 고을의 토호(土豪)들과 결탁이 되거나 이권에 대한 흑심을 지니게 되면 그때는 정말 해결하기 어려운 문제에 봉착하게 된다. 때문에 다산은 그의 『목민심서』 금포(禁暴) 조항이나 속리(束吏) 조항에서 고을의 수령이나 도백이 토호와 결탁되는 경우 일반 백성은 살길이 없기 때문에, 관장(官長, 관의 책임자)은 마땅히 토호의 발호를 막는 일이 최우선의 일이고, 그들의 피해를 제거해서 양같이 순한 백성들이 마음 편하게 살아갈 수 있도록 해 주는 일이 최대의 임무라고 주장했다. 깡패와 다름없는 토호, 간악하고 악독한 토호의 비리와 불법을 막지 못한다면 백성이야 살아갈 수 없음은 너무나 당연하다.

한 지역의 건설업자로 한때는 잘나가는 기업인일 경우, 그는 당연히 그 지역의 향판이나 향검(鄕檢)과 가깝게 지내면서 많은 도움을 줄 수도 있을 것이다. 그렇게 지내다가 어느 날 기업이 기울어 큰 범죄를 저지른 경우라면, 향판이나 향검은 그동안의 정리나 도움에 감사하는 뜻을 표하지 않을 수 없을 것이다. 이렇게 되면 향판·향검 제도는 좋은 제도가 아니라 악한 제도로 떨어지고 말 것이다. 다산은 금포 조항에서 참으로 훌륭한 목민관이 곧고 바르게 수사하고 재판하여 날뛰던 토호의 무단적 행위를 어떻게 제압했던가를 무수한 사례로 열거해 놓았다.

돈 많은 기업인은 하루 노역 대가가 5억이라는 판결을 내린 향판님들, 토호를 강력히 단속하라던 다산의 뜻에 부합하는 판결인가요, 아니면 사회적 정의나 형평성에라도 맞는 판결인가요. 우리가 인간이라는 것 자체가 부끄러울 뿐이다.

지방권력을 견제해야

감사원의 지방자치단체에 대한 토착비리가 발표되면서 지방마다 토호의 무단적 형태가 아직도 근절되지 못함이 여실히 드러나고 있다. 비리 백화점의 자치단체들, 언제쯤 그런 악순환의 고리가 끊기면서 우리가 마음 편하고 안전한 분위기에서 삶을 영위할 수 있을까.

이런 경우를 만날 때마다 우리 앞에 절실하게 거론되는 책이 바로 다산의 『목민심서』이다. 『목민심서』의 72조항은 어느 것 하나 백성과 나라를 위해 긴요한 항목이 아닌 것이 없지만 그중에서도 「율기」의 청심, 「이전(吏典)」의 속리(束吏), 「형전(刑典)」의 금포 세 조항은 더욱 백성의 삶과 나라의 안위에 직접적으로 관계됨을 알아볼 수 있다.

청심은 공직자의 청렴만이 부정과 부패를 막아 비리를 근절할 수 있고, 속리는 하급관리를 제대로 단속하여 백성을 괴롭히지 못하고 국가의 재산을 돌려 빼지 못하도록 방지하라는 내용이다. 세 번째의 금포란 지방 토호세력의 발호를 막아 고질적인 지방의 부패를 근절시키자는 주장이다.

지방권력은 지방마다의 토착세력과 짜고 온갖 부정과 비리를 저질렀던 것이 오래된 관행이었다. 지방에는 성씨별로 대족이 웅거하면서 선거 때마다 큰 영향력을 행사하고, 그런 세력은 권력과 연결되어 연약한 백성만 피해를 보게 된다. 조선시대에는 극성을 부리던 일이지만, 요즘 선거를 통한 권력 창출에도 제거되기 어려운 현상의 하나이다.

토착세력은 조직폭력배와도 무관하지 않다. 관은 분명히 엄격한 법집행을 통해 토착세력의 비리도 척결해야 하지만, 조직폭력배의 퇴치에도 온갖 노력을 기울여야 한다. 다산이 말하는 승냥이나 호랑이는 토착세력뿐만 아니라 조폭도 해당된다. 관과 밀착되어 법의 두려움 없이 날뛰는 그런 세력의 척결 없이는 깨끗하고 편안한 나라는 기대하기 어렵다.

맑은 바람 같은 수사와 재판

사법부는 권력의 눈치를 보면 안 된다

『목민심서』「형전(刑典)」을 읽어 보면 범죄의 수사와 재판은 어떻게 해야 하는가에 대한 대원칙들이 참으로 상세하게 열거되어 있다.

그때나 지금이나 세상에는 "무전유죄, 유전무죄"라는 속담이 계속되고 있으며, 약하고 힘없는 사람은 언제나 억울하다고 호소하고 있고 돈 많은 재벌이나 힘 있는 사람은 아무리 큰 죄를 짓고도, 아무리 무거운 형벌을 받아도 감옥에 들어간 지 얼마 안 되어 형집행정지나 사면으로 풀려나고, 대부분은 집행유예로 처벌이 유보되는 경우가 너무나 많다.

약자들이야 사소한 사건에도 그냥 잡혀가면 구속되어 오랜 수형생활을 하지만, 아무리 큰 죄를 지었어도 힘이 세거나 권력이 있으면 미적미적 미루면서 수사도 않고 재판도 미루는 경우가 많기만 하다. 수사과정에서 분명히 드러난 죄도 힘 있는 사람은 슬금슬금 넘어가면서 후속조치는 나오지 않고 있으니, 어디에 수사의 공정성이 있다고 믿겠는가.

> 법에서 용서받지 못할 경우는 마땅히 의로써 결단해야 할 것이다. 악을 보고도 미워할 줄 모르는 것은 이 또한 결단력이 약한 아녀자의 인이다. 法所不赦 宜以義斷 見惡而不知惡 是又婦人之仁也 _단옥

죄악을 그냥 두고 보기만 하는 일이 얼마나 우유부단한 것인가를 설명해 주고 있다. 권력 주변에 부정과 비리가 난무하고 거액의 뇌물수수가 세상에 알려져 있는데, 수사를 미루는 이유는 무엇 때문일까. 형관(刑官)의 권위를 되찾기는커녕 권력에 소외된 쪽은 한없이 혹독하게 다루고, 권력 주변은 아무리 큰 죄악이 드러나도 압수수색 한번 못하는 이유에 대해서 다산은 무어라고 말했을까.

아무리 공정사회를 외친다고 해도 수사와 재판이 공정하지 않은 한 형관을 믿을 사람은 세상에 아무도 없다. 독립된 재판권이 위축당해도 법치국가의 체면이 아니고, 검찰권이 권력의 눈치에 의하여 좌우되어도 진정한 법치국가는 절대로 아니다. 손을 대지 않아도 될 사건에는 가혹하게 손을 대어 파헤치면서도, 정작 손을 대야 할 의혹 사건에는 세월만 보내고 있으니 국

민의 마음은 안타까울 뿐이다.

명백한 판단으로 즉석에서 처결해 주어서 세월을 천연하는 일이 없다면 음산한 날씨에 벼락 치듯 맑은 바람이 씻어 버린 듯할 것이다. 明斷立決 無所濡滯 則如陰曀震霆 而淸風掃滌矣 _단옥

음산한 날씨를 맑은 바람이 불어 씻어 주는 그런 수사와 재판을 언제쯤 보게 될까.

죄수를 향한 인도주의 정신

「형전(刑典)」을 읽어 보면, 다산의 인도주의 정신이 얼마나 투철했던가를 금방 느낄 수 있다. 다산은 형의 집행이 공정하고 원칙과 법에 따라야지 자의적인 법 집행은 절대로 금해야 한다면서 우선 남형(濫刑), 즉 과도한 형벌 사용은 절대로 반대했다. 죄를 짓고 수사를 받거나 감옥에 갇히는 사람이야 어떻게 보아도 사회적 약자가 대부분이므로 그들에 대한 긍휼의 심정을 지녀야 한다는 점을 강조했다. 아무리 죄가 밉더라도 사람이야 미워해서는 안 된다는 점도 철저하게 강조했다.

「형전」의 '휼수(恤囚)' 조항을 읽어 보면 인간 다산의 따뜻한 마음과 너그러운 인간애를 바로 알 수 있다. 세상 밖의 지옥이 감옥인데, 감옥에 갇힌 죄수의 어려움을 살펴서 적절한 조치를

취하지 않는 법집행자는 벼슬아치가 아니라는 강한 주장까지 했다. 몸이 아프지 않은가, 배가 고프지 않은가, 춥거나 덥지 않은가를 살펴서 인간으로서의 기본적 삶을 유지해 주지 않는다면 그들이 어떻게 생존이 가능하겠느냐면서 그들에 대한 따뜻한 배려를 거듭 요구했다. 그래서 목에 칼을 씌우는 것도 옛날의 제도이지 지금은 그것도 폐지해야 옳다고 주장했다. 그처럼 수인(囚人)에 대한 인간적 애정을 숨기지 않았다.

다산의 인도주의 정신은 옛날의 올바른 제도가 그대로 집행되기를 강조하면서, 먼저 15세 이하의 죄인이나 70세 이상의 죄인에게는 매를 때리는 일조차 해서는 안 된다면서, 고문이야 말할 것도 없다고 했다. 극악무도한 살인범이나 대역부도죄에 해당하는 범인에게도 인도적인 측면에서 허용되는 매를 때려야지 목숨이 부지되기 어려운 고문은 절대로 해서는 안 된다고 했다. 독한 형벌보다는 관용을 베푸는 일이 더 중요하다고 주장하면서, 너그러운 형벌의 결과가 어떤 것인가를 밝혔다.

> 옛날의 훌륭한 수령은 반드시 형벌을 너그럽게 하였다. 그런 일이 역사책에 실려 꽃다운 자취가 향기롭다. 古之仁牧 必緩刑罰 載之史策 芳徽馥然 _신형(愼型)

그래서 다산은 범죄수사의 대원칙으로 요즘의 말로 하면 과학적 수사를 권했다.

이치를 살피고 물정을 분변하면 어떤 경우도 그 실상을 속이지 못

하니 오직 밝은 사람만이 할 수 있다. 察理辨物 物莫遁情 唯明者爲之 _제해(除害)

고문을 하지 않고도 일의 원리를 철저하게 살피고 사물의 이치를 제대로 판단한다면 어떤 경우도 속이지 못하고 실토할 수밖에 없다고 했다. 실체적 진실을 찾으려는 노력은 하지 않고 귀한 인명에 고문을 가하는 경찰이 있다면 정말로 큰일이다.

공소권 남용을 막아야

민주주의가 시들해질수록 검찰권이 남용되기 마련이다. 대한민국 정부수립 70년이 넘었지만, 독재시대 때마다 남용된 검찰권과 독립성을 잃은 법관의 판결로 얼마나 많은 사람이 목숨을 잃고 억울한 누명에서 벗어나지 못했던가. 조봉암 사건, 인혁당 사건 등의 억울한 누명이 이제사 밝혀지고, 유신독재나 5공독재 때의 긴급조치나 반공법, 국가보안법, 간첩죄 등의 사건이 재심을 통해 속속 무죄판결을 받으면서, 검찰권과 재판권이 얼마나 부당하게 집행되었나가 적나라하게 드러났다.

『목민심서』「형전(刑典)」'청송(聽訟)' 조항에 『후한서(後漢書)』나 「당율(唐律)」에 나오는 '반좌법'에 대한 상세한 설명이 나와 있다. 허위사실을 열거하여 고소한 사건이나 사실을 과장하고 확대한 내용으로 사건을 판결하여 허위나 과장된 내용이 확인된 경우에는 고소자에 대하여 반대로 고소한 내용에 해당되는 범죄로 처벌하는 법이 바로 '반좌법'이라는 것이다.

> 소송사건으로서 관에 제출할 때는 대개가 일을 부풀려서 문구를 만든다. 재물을 다투다가는 겁탈당했다고 하며, 묘역을 침범했으면 시신(屍身)을 파냈다고 말한다. 한 사람의 소장(訴狀)에 반드시 그 부자 형제를 끌어넣으며, 심지어는 전혀 관계없는 집안까지도 묵은 감정이 있으면 역시 끌어다 붙여서 시비가 가려지기 전에 우선 불려와 한바탕 소란을 겪게 함으로써 돈이나 재물을 축내고 부녀자를 욕되게 하여 분풀이를 할 수 있다고 여긴다. 이런 경우라면 반좌법을 당연히 엄하게 적용하여 허위사실이라면 당연코 그 죄로써 처벌해야 한다.

죄 없는 사람에게 죄를 덮어씌우는 경우는 말할 것도 없고, 경한 과실의 잘못을 중죄로 다스리려는 고소나 기소의 남발은 너무나 크게 인권을 침해하기 마련이다. 결과는 문제 삼지 않으면서, 우선 고소하고 기소하여 수사를 받고 재판을 받는 '아니면 말고' 식의 공소권 남용은 다산의 시대만이 아니라 오늘에도 큰 문제가 아닐 수 없다.

검찰의 기소권 남용으로 무죄가 나거나 잘못된 기소라면 응당 그들은 반좌법에 의하여 응분의 처벌을 받아야 하지만, 아직까지 그런 숱한 무죄사건에 검사가 처벌받았다는 뉴스를 본 적이 없으니, 이건 또 어떻게 된 것일까.

정권 초기에 전 정권의 묵은 감정을 풀어 보려는 듯 무조건 수사하고 기소하여 엄청난 고난을 당한 사람들이 계속 무죄판결이 난다는 뉴스를 많이 보고 듣는다. 『목민심서』의 설명대로 이제는 제발 무고자도 처벌받아 억울하게 고소당하는 사람이 없어져야 한다. 사법부와 검찰의 개혁이 한창 논의되고 있는 때, 이 점도 고려되기 바란다.

◇ ◇

통치란 국민을 교육하는 일이다

◇ ◇

세상에 어려운 것이 교육

교육이 국가의 백년대계임은 사람이면 다 아는 사실이다. 그러나 오늘날 우리나라의 교육을 살펴보면 이런 것도 교육일까 하는 걱정이 앞선다. 나는 젊은 시절 10년이 넘도록 중고등학교 교단에 서서 학생들을 직접 가르친 적이 있고, 40대 후반부터 8여 년 동안 국가의 교육정책을 해부하여 인간을 가르치는 교육정책을 만들기 위해 노력했다. 그 이후에도 학술진흥정책을 세우고 집행하는 일을 하였고, 대학교를 운영하는 일에도 관여하고, 대학교에서 직접 강의하는 일에 10여 년 넘게 종사하면서 '교육'이라는 일과는 무관한 적이 없을 정도의 생활을 했다.

그런 경험으로 볼 때, 요즘의 우리 교육은 참으로 걱정되는 일이 많다. 다산도 『목민심서』나 여러 저서에서 교육의 중요성이나 그 본질이 어떤 것인가에 대해 많은 논의를 편 점을 보면, 그만큼 교육의 중요성이 크다는 것을 알 수 있다.

> 나라의 통치행위는 백성을 교육하는 일일 뿐이다. 民牧之職 敎民而已 _교민(敎民)

이러한 대전제를 내걸고, 교육을 위해 나라의 통치행위가 있다고 조목조목 열거하였다.

> 나라의 토지와 재산을 균등하게 분배하는 일도 앞으로 백성을 제대로 교육하기 위함이요, 세금과 요역을 균등하게 매기는 일도 앞으로 교육을 제대로 하기 위함이며, 군현을 설치하고 목민관을 두는 제도도 백성을 가르치기 위함이며, 형벌을 밝히고 법규를 밝히는 일도 장차 국민을 교육하기 위함이다.

그러나 곧바로 다산의 개탄이 이어진다.

> 나라의 모든 정치가 제대로 정비돼 있지 않아서 교육을 통한 교화를 일으킬 겨를이 없었으니, 이 때문에 수백 년에 이르도록 잘하는 정치가 없었다. 諸政不修 未遑興敎 此百世之所以無善治也

선치(善治)는 바로 옳고 바르며 좋은 정치인데, 교육이 제대로 되지 않으니 '선치'는 있을 수 없었고, 선치가 없는데 어떻게 또 좋은 교육이 이룩될 수 있느냐고 반문한 것이다. 교육과 정치는 안과 밖이고, 함께 돌아가는 수레의 두 바퀴와 같아서 절대로 하나만으로는 제대로 굴러갈 수 없는 것이다.

정치가 바르지 못한데 교육이 제대로 가지 못하고 교육이 바르지 못한데 좋은 정치가 나오지 않음은 너무나 당연하다. 책임을 지는 사람이 없는 정치, 약속과 신의가 지켜지지 않는 정치, 잘못해도 뉘우치고 반성할 줄 모르는 정치, 도덕성이 전혀 대접받지 못하는 그런 정치행위 속에서 어떤 국민이 제대로 교화를 받을 수 있겠는가. 맞물려가는 정치와 교육을 위해서라도 정치가 바르게 가야 한다.

교육은 백년지대계

세상에 어려운 것은 교육이다. 흔히 말하기를 '교육입국(教育立國)'이라 하여 국가의 장래가 교육에 달려 있음을 모두가 강조하고 또 강조하고 있다. 유아교육으로부터 시작하여 대학교육에 이르기까지 어떻게 교육제도를 세워 어떻게 학생들을 가르치느냐의 문제는 바로 국가의 큰일 중에서도 큰일이다. 더구나 요즘처럼 교육문제가 난맥상을 이루면서 교육의 방향에 중심이 서 있지 못하고, 혼란을 거듭하는 때일수록 교육제도의 개혁은 더욱 절실하게 요구되는 사항이기도 하다.

다산은 교육이나 교화의 효과가 결코 단시일에 이루어질 수 없음도 명백하게 밝혔다.

> 한 세대가 지난 뒤에야 인(仁)이 실현되고, 백 년이 지난 뒤에야 예악(禮樂)이 일어난다.

어떤 교과서로 어떤 교육방법을 통해 교화시키느냐는 교육의 가장 중요한 문제이다. 학교는 학교대로 올바른 교육을 시키지만, 사회나 고을에서는 향약(鄕約)을 제대로 시행하여 국민을 교화시키는 일도 중요하게 여겨야 한다고 했다. 효제와 예악을 제대로 가르쳐 장기적인 안목으로 교화시킬 방법을 마련하라는 주장도 폈다.

지금 우리나라의 제도는 어떤 통치자도 5년 이상은 집권할 수 없게 되어 있다. 정권이 바뀔 때마다 역사교과서 문제로 한바탕 세상이 시끄러워진다. 올바른 역사의식과 바른 가치관으로 우리의 험난한 과거사를 제대로 인식할 수 있는 교육이 절대로 필요한 시기인데, 집권 기간 안에 자기들만의 역사의식과 가치관을 국민에게 주입시키려는 무모한 일을 감행하고 있다.

국민의 교육을 그렇게도 중요하게 여겼던 다산이 살아 있다면 어떤 말씀을 하실까. 역사적 진실을 사실로 기록하고 서술할 때만 춘추필법이 살아난다. 특정계급이나 특정인만을 위한 역사관은 역사와 나라를 망칠 수도 있다. 춘추필법이 얼마나 엄격한가. 추호라도 역사를 왜곡하는 잘못은 즉시 시정되어야만 다산 선생이 눈을 부릅뜨지 않을 것이다.

선거직 공직자 퇴출제도를 제안한다

인재를 제대로 검증해야

『목민심서』를 읽노라면 "이런 대목이 있었구나!" "이 대목은 너무나 의미가 깊네!"라는 탄성을 발하는 경우가 많다. 「이전(吏典)」을 읽어 가다가 '고공(考功)' 조항에 이르러 연달아 탄성을 발하고 말았다. 고위공직자를 임명한 뒤, 그냥 방치하는 것이 아니라 세세한 평가 기준을 만들어 물샐틈없이 명확하고 정확하게 업적을 평가하여 승진이나 인사이동에 적극 활용해야 한다는 내용이 큰 의미로 마음에 닿았다.

'고공'이란 공직자의 업무 실적을 세밀히 심사하여 등급을 매겨 인사에 활용하는 제도로, 고적(考績)·고과(考課)라고도 하였다. 다산은 『목민심서』나 『경세유표』에서 국가통치에 고적제(考績制)의 완비와 철저한 평가가 얼마나 중요한 일인가를 거듭거듭 강조하였다.

국가의 안위는 인심의 향배에 달려 있고, 인심의 향배는 생민(生民)의 잘살고 못사는 데에 달렸으며, 생민의 잘살고 못사는 것은 목민관의 좋고 나쁜 데에 달렸으며, 목민관의 좋고 나쁜 것은 감사가 목민관을 어떻게 평가하느냐에 달려 있으니, 감사가 목민관을 평가하는 법은 곧 천명과 인심의 향배에 기틀이 되는 것이요, 나라의 안위를 판가름하는 것이다. _고공(考功)

공직자의 근무업적을 제대로 평가하여 인사에 반영하는 일이 천명과 인심 향배의 기틀이 되고 나라의 안위가 판가름된다니, 그런 제도와 올바른 시행이 얼마나 중요한 일인가를 금방 짐작할 수 있다.

국민들의 잘살고 못사는 것도 인사에 달려 있고 통치의 근본도 인사에 달려 있기 때문에 인사를 '만사(萬事)'라 하였으니, '용인(用人)'이야말로 통치행위의 핵심이 아닐 수 없다.

용인을 제대로 하려면 해당 인물에 대한 고과평가가 제대로 이루어져야 한다. 새로운 정권이 들어서서 반년이 훨씬 지났는데, 발표되는 인사의 결과를 보면 마음에 흡족하지 못한 경우가 정말로 많다.

과거 고위 공직자 시절에 지탄의 대상이 되었던 사람들만 골라다가 다시 임명하는 경우를 보면, 예전에도 그렇게 강조했던 고적제가 전혀 역할을 하지 못하는 것으로 여겨져서 참으로 씁

쓸하다. 천명과 인심의 향배가 걸린 고과제도, 이런 제도를 보완하고 정비하여 제대로 인재를 검증하고 스크린하는 인사제도를 살려내면 어떨까. 국회의 인사청문회도 겨우 통과의례에 지나지 않으니, 잘못을 지적하고 비리를 파헤친들 무슨 소용이 있는가.

상벌이 분명해야 한다

천명이나 인심의 향배에는 아랑곳없이 윗사람의 눈치나 비위만 살피고 그분의 의중대로만 행하면 고관의 지위가 유지되고 승승장구할 수 있다는 무리들에게 고적제의 정확한 잣대가 활용될 것을 거듭 요구하고 싶다.

이제나 좋아질까, 저제나 좋아질까 기다리고 또 기다려도 살맛 나는 세상은 오지 않으니 하늘에는 구름만 가득하고 마음에는 답답함만 쌓인다. 구름이 걷혀 활짝 빛이 나는 세상은 언제쯤 올 것이며 답답한 마음은 언제쯤 상쾌한 마음으로 바뀔 것인가.

동양의 문화전통으로 전해 오는 '사자성어(四字成語)'는 어떤 경우 명쾌한 역사와 사회적 진단인 경우가 참으로 많다. '상선벌악(賞善罰惡)','권선징악(勸善懲惡)', '일벌백계(一罰百戒)' 등 수없이 많은 성어가 실천되고 실행되면 마음이 흔쾌할 것 같다. 살맛 나는 세상이란 호화찬란한 세상만이 아니다. 그저 소박하게 잘한 사람은 칭찬받고, 잘못한 사람은 비난을 받거나 벌을 받으면 되는 것이다. 이런 간단한 일이 요즘 세상에서는 되지를 않아 이렇게 답답하고 분통 터지는 마음만 계속되니 웬일인가. 엄청난 잘못으로 세상이 뒤집힐 지경의 큰 사건이 일어나도 누구 하나 잘못했다는 판정으로 비난받거나 처벌받지 않는 경우가 허다하고, 자신의 불이익을 감수하면서도 공(公)과 대의(大義)를 위해 참으로 훌륭한 일을 했건만 별로 칭찬도 받지 못하고 또 대접도 받지 못한다면, 그게 어디 살만한 세상인가.

> 대저 사람에게 공무를 담당하게 하는 법은 오로지 권(勸)·징(懲) 두 글자가 있다. 공이 있는데도 상이 없으면 백성을 권면할 수 없고 죄가 있는데도 벌이 없으면 백성들을 징계할 수 없다. 권면하지도 않고 징계하지도 않으면 모든 백성이 해이해지고 온갖 일이 무너지게 된다. 이것은 모든 벼슬아치나 모든 이속(吏屬)에 이르기까지 다를 바 없다. 지금에는 죄를 지으면 벌을 주지만 공이 커도 상은 없다. _고공(考功)

『목민심서』에서 다산은 분명하게 말했다. 잘못하면 벌을 주고 잘하면 상을 주는 일, 이런 것조차 하지 않고서 나라가 나라 구실을 할 수 있을까.

근래에 나라에는 국기를 흔들 정도의 엄청난 사건이 연달아 일어났지만 누구 하나 책임지는 사람은 없고, 그런 사고를 일으킨 당사자가 잘못에 해당될 만큼의 벌을 받았다는 소식을 들은 바가 없다. 권선징악, 상선벌악이라는 만고의 진리가 빛을 발하지 않는 세상, 이러니 모두가 우울하고 답답해서 상쾌하거나 명쾌한 생활을 못 하고 있는 것 아닐까.

인사청문회를 시청하다 보면 아무리 큰 죄를 지었어도 당시는 관행이었으며 지금 생각하니 잘못했다며 국민께 '사과'한다는 한마디면 모든 것이 해결된다. 이런 사람들이 나라를 운영하고 이끌어 가게 된다면 어디에서 사회적 정의를 찾을 수 있고 잘못한 사람들이 경각심이라도 가지고 살아간단 말인가. 철판처럼 두꺼운 얼굴이 아니고서는 고관대작의 지위에 오를 수 없는 세상, 누가 바르게 살고 옳게 살면서 맑은 세상이 오면 대접받으리라는 희망이라도 지닐 수 있겠는가.

우리나라는 1995년도부터 단체의 장을 선출하는 지방자치제도가 정착되었으나, 선출된 공직자들이 해놓은 업적을 제대로 평가할 길이 없다. 선거과정의 불법행위, 공직수행 중의 비리행위 등으로 얼마나 많은 공직자가 투옥되고, 직위를 상실당하고 자리에서 물러나야 했던가. 업자와 담합하여 뇌물을 챙기느라 걸려들었고, 인사비리에 연루되어 패가망신까지 당했던 사람이 얼마이던가. 유권자 다수의 지지로 당선된 공직자가 유권자를 배반하고 비리와 부정을 저질러 유권자까지 망신시키는 그런 불행이 계속되었으니 얼마나 참담한 일인가.

당선된 고위 공직자에게는 자율권이라는 큰 권한만 부여되고, 업적을 평가하고 규찰하는 명확한 제도적 장치가 없고 보니 부정과 비리를 막을 방법이 없는 것은 너무나 당연하다. 다산은 목민관의 업적을 세밀하고 자세하게 평가하여 신상필벌의 원칙으로 그들을 규제할 수 있을 때만 세상이 제대로 되어 간다고 강조했다. 다산시대의 임명제도와 오늘의 선거제도는 차이가 있기 때문에 다산의 고공법으로 일률적인 규제는 어려우니, 선거를 통해 당선되는 고위 공직자를 평가하고 규제하는 타당한 법을 제정해야 한다. 직할시 단위나 도 단위로 시장·군수·구청장 등을 상대평가하여 최우수자와 최하위자를 선정하는 방법을 법제화하여 우수자는 표창받아 직위를 계속하게 해 주고, 하위자는 퇴출되거나 다시는 출마할 수 없는 제도적 장치를 마련하자는 것이다.

다산은 1년에 두 차례 6월 15일과 12월 15일에 업적을 9등급으로 평가하자고 했다. 상·중·하 3등급에 각각 3등으로 매긴다. 상상·상중·상하, 중상·중중·중하, 하상·하중·하하를 매겨 하하는 당연히 퇴출시키고 상상이야 마땅히 포상받게 한다는 것이다. 그때의 방법을 그대로야 원용하기 어렵지만, 제발 선거직 공직자 퇴출제도를 만들어 조금이라도 깨끗한 세상이 되도록 해야 하지 않을까.

다산 정약용 영정

월전 장우성이 그린 다산 표준 영정(1974). 한국은행 소장

다산 연보

1762년(영조 38) 1세

음력 6월 16일 경기도 광주군 초부면 마현리(지금의 남양주시 조안면 능내리)에서 아버지 정재원, 어머니 해남 윤씨의 4남 1녀 가운데 4남으로 출생.

1765년(영조 41) 4세

천자문을 배우기 시작하다.

1767년(영조 43) 6세

아버지가 연천 현감으로 부임하자 그곳에 따라가 아버지에게 교육을 받다.

1768년(영조 44) 7세

5언시를 처음 짓다. 천연두를 앓은 흔적이 오른쪽 눈썹 위에 남아 스스로 삼미자(三眉子)라는 별호를 칭하고, 10세 이전의 저작을 모은 시집을 『삼미집』이라 부르다.

1770년(영조 46) 9세

어머니 해남 윤씨가 세상을 뜨다.

1771년(영조 47) 10세

본격적으로 아버지에게 수학하며 경서와 사서를 많이 읽다.

1776년(영조 52) 15세

2월에 풍산 홍씨와 혼인. 장인 홍화보는 무과 출신으로 후일 승지에 오른다.

1777년(정조 1) 16세

성호 이익의 유고를 처음 읽고 성호를 사숙하다. 채제공, 이가환, 권철신 등 성호학파의 인사들과 교제하기 시작.

가을에 부친이 전라도 화순 현감으로 부임하여 함께 화순으로 내려가다.

1778년(정조 2) 17세

둘째 형 약전과 화순현 동림사에서 맹자를 읽고 「동림사독서기」를 쓰다.

1779년(정조 3) 18세

형 약전과 서울에서 과문(科文)의 여러 체를 공부하고, 성균관에서 유생들에게 보이는 시험인 승보시에 합격하다.

1780년(정조 4) 19세

경상도 예천 현감으로 부임하는 아버지를 따라 내려가 반학정에서 글을 읽으며 「반학정기」를 짓고, 진주 촉석루를 유람하며 「진주의기사기」를 짓다.

1781년(정조 5) 20세

서울에 살면서 과시(科詩)를 익히다.

1783년(정조 7) 22세

성균관에 들어가다. 2월 세자책봉 경축으로 열린 증광감시(增廣監試)에서 형 약전과 함께 경의(經義) 초시(初試)에 합격, 4월에 회시(會試)에 합격하여 진사가 되면서 정조를 처음으로 알현.

9월 큰아들 학연이 태어나다.

1784년(정조 8) 23세

정조에게 『중용강의』 80여 항목을 바쳐서 정조가 감탄하다.

이벽(형 약현의 처남)을 따라 배를 타고 두미협을 내려가면서 서교(西教)에 관한 얘기를 듣다.

6월 반제(泮製)에 뽑히다.

1785년(정조 9) 24세

10월 정시(庭試)의 초시에 합격하다.

1786년(정조 10) 25세

2월 별시(別試) 초시에 합격하다.
7월 둘째 아들 학유가 태어나다.

1789년(정조 13) 28세

1월 반제에 합격하고 곧바로 전시(殿試)에 나아가 차석으로 합격했으나 뒤에 수석으로 승급되다.
3월 7품관인 희릉 직장에 제수되고, 당하문관 중 문학이 뛰어난 자를 뽑아 쓰는 초계문신에 임명되다.
초계문신으로 『대학』을 강의하여 이를 『희정당대학강의』로 정리하다.
5월 부사정(副司正)으로 옮기고, 6월에 가주서(假注書)에 제수되다.
겨울에 배다리의 제작규제를 만들어 공을 세우다.
12월 셋째 아들 구장이 태어나다.

1790년(정조 14) 29세

2월 예문관 검열에 임명되다.
3월 한림피선 과정 문제로 해미현으로 귀양, 귀양지에 이른 지 6일 만에 풀려나다.
7월 사간원 정언과 이어서 사헌부 지평에 제수되다.

1791년(정조 15) 30세

5월 사간원 정언이 되고, 10월에 사헌부 지평이 되다.
겨울에 『시경강의』 800조를 지어 올려 정조에게 칭찬을 받다.

1792년(정조 16) 31세

봄에 홍문관 수찬에 제수되다.
4월 9일 진주 목사로 있던 아버지 정재원이 임소에서 별세하다.
5월 광주에서 여막을 짓고 거처하다.
겨울에 수원 화성을 설계하고, 기중기와 녹로를 고안하여 수원성 축조에 이용하다.

1794년(정조 18) 33세

아버지의 삼년상을 마치다.

10월 홍문관 수찬에 제수되고, 경기 암행어사가 되어 보름간 네 개 고을을 사찰하다.

1795년(정조 19) 34세

1월 사간원 사간에 제수되다. 품계가 통정대부에 오르고, 동부승지에 제수되다.

2월 병조 참의에 제수되어 임금의 수원행차 때 시위하다.

1796년(정조 20) 35세

12월 병조 참지에 제수되고, 우부승지를 거쳐 좌부승지에 올랐다가 부호군으로 옮겨지다.

1797년(정조 21) 36세

6월 동부승지를 사퇴하는 사직상소를 올리다. 이 상소는 「변방사동부승지소」로 천주교 관계의 전말을 밝힌 유명한 상소다.

황해도 곡산 부사에 제수되다.

겨울에 『마과회통(麻科會通)』 12권을 완성하다.

1799년(정조 23) 38세

5월 형조 참의에 제수되다.

6월 권철신과 정약전 등과 관련하여 무고를 받자 「사형조참의소」를 올려 7월에 체직을 허락받고 벼슬길에서 멀어지다.

12월 넷째 아들 농장이 태어나다.

1800년(정조 24) 39세

6월 28일 정조가 승하하다.

고향에 돌아와 은거하며 형제들과 모여 경전을 강(講)하다. 당호를 여유당(與猶堂)이라고 짓고 「여유당기」를 쓰다. 『문헌비고간오』를 저술하다.

1801년(순조 1) 40세

2월 책롱(冊籠) 사건으로 이가환, 이승훈, 홍락민 등과 함께 의금부에 체포되어 하옥되다. 셋째 형 약종은 사형에 처해지고 둘째 형 약전은 신지도로 유배, 약용은 경상도 장기로 유배되다.

10월 「황사영백서」사건으로 다시 투옥되다.

11월 약전은 흑산도로, 다산은 강진으로 이배되다.

1803년(순조 3) 42세

봄에 예서 『단궁잠오』 6권을 완성하다.

여름에 「조전고」를 저술하다.

겨울에 『예전상의광』 17권을 완성하다.

1804년(순조 4) 43세

봄에 『아학편훈의』를 완성하다.

1805년(순조 5) 44세

여름에 『정체전중변』 3권을 완성하다.

겨울에 보은산방에서 지내며 혜장과 함께 『주역』 연구에 몰두하다.

1807년(순조 7) 46세

7월 학문의 후계자로 여기던 형 약전의 아들 학초의 부음을 받고 묘갈명을 쓰다.

『상례사전』 50권을 완성하다.

겨울에 『예전상구정』 6권을 완성하다.

1808년(순조 8) 47세

봄에 윤단의 산정(다산초당)으로 옮기다.

제자들과 토론하면서 『주역』에 대해 묻고 답한 내용을 정리하여 『다산문답』을 완성하다.

겨울에 『제례고정』이라는 예서를 완성하고 『주역심전』 24권을 탈고하다.

1809년(순조 9) 48세

봄에 『예전상복상』, 『상례외편』 12권을 완성하다.

가을에 『시경강의』를 산록하다. 내용은 『모시강의』 12권을 첫머리에 놓고, 따로 『시경강의보유』 3권을 지었다.

1810년(순조 10) 49세

봄에 『시경강의보』 12권, 『관례작의』, 『가례작의』를 완성하다.

학연의 청으로 해배 명령이 났으나 공서파(홍명주, 이기경)의 반대로 석방되지 못하다.

겨울에 『소학주관』을 저술하다.

1811년(순조 11) 50세

봄에 『아방강역고』를 완성하다.

겨울에 「예전상기별」을 쓰다.

1812년(순조 12) 51세

봄에 『민보의』를 완성하다.

겨울에 『춘추고징』 12권을 완성하고, 「아암탑문」을 짓다.

1813년(순조 13) 52세

겨울에 『논어고금주』 40권을 완성하다.

1814년(순조 14) 53세

죄인명부에서 이름이 삭제되고 의금부에서 관문을 발송하여 석방시키려 했으나, 강준흠의 상소로 가로막히다.

여름에 『맹자요의』 9권을 완성하다.

가을에 『대학공의』 3권, 『중용자잠』 3권, 『중용강의보』를 완성하다.

겨울에 『대동수경』 2권을 완성하다.

1815년(순조 15) 54세

봄에 『심경밀험』과 『소학지언』 두 책을 완성하다.

1816년(순조 16) 55세

봄에 『악서고전』 12권을 완성하다.

6월 정약전이 흑산도에서 작고하다.

1817년(순조 17) 56세

가을에 『상의절요』 완성. 『방례초본』 저술을 시작했는데 끝내지 못했고 후에 『경세유표』로 개명했다.

1818년(순조 18) 57세

봄에 『목민심서』 48권을 완성하다.

여름에 『국조전례고』 2권을 완성하다.

8월 이태순의 상소로 유배에서 석방되어 고향인 마재 본가로 돌아오다.

1819년(순조 19) 58세

여름에 『흠흠신서』 30권을 완성하다.

겨울에 『아언각비』 3권을 완성하다.

1821년(순조 21) 60세

9월 만형 정약현 작고.

1822년(순조 22) 61세

회갑년을 맞이하여 「자찬묘지명」을 짓다.

1823년(순조 23) 62세

9월 승지 후보로 낙점되었으나 얼마 후 취소되다.

1827년(순조 27) 66세

윤극배가 상소하여 다산을 무고하였으나 실현되지 못하다.

1830년(순조 30) 69세

5월 약원(藥院)에서 익종 탕제의 일로 아뢰어 부호군에 단부되다.

1834년(순조 34) 73세

봄에 『상서고훈』과 『지원록』을 개수하고 합하여 모두 21권으로 만들다.
가을에 9권이던 『매씨서평』을 개정하여 10권으로 완성하다.
11월 순조의 환후가 급박해 명을 받고 출발했으나 홍화문에 이르러 초상이 났음을 듣고 이튿날 고향으로 돌아오다.

1836년(헌종 2) 75세

회혼일인 2월 22일 본가에서 병으로 서거하다.
4월 1일 여유당 뒷동산에 안장.

1910년(융희 4)

7월 18일 정헌대부 규장각 제학을 추증(追贈)하고 문도공(文度公)의 시호를 내리다.